京都〈千年の都〉の歴史

高橋昌明
Masaaki Takahashi

岩波新書
1503

序

この寺の姿・形、雰囲気がすきだ。大報恩寺《だいほうおんじ》、通称を千本釈迦堂《せんぼんしゃかどう》という。京都市の西北、上京区七本松通今出川上ル、といっても初めての人には見当もつかないだろうが、西方四〇〇メートルのところに菅原道真を祭る北野天満宮がある。国宝の本堂(釈迦堂)は、正面五間《けん》、側面六間の純和様建築である。間は六尺(約一・八メートル)という寸法のことではなく、日本建築で柱と柱のあいだをいう。五間なら柱が六本、柱間《はしらま》が五つになる。奥行きがあるので安定感は抜群。正面が蔀戸《しとみど》、両側面は扉・蔀戸・引き違いの格子戸で、三方すべてを開口する開放的な構成である。屋根は入母屋造檜皮葺《いりもややづくりひわだぶき》で、ひろびろとして伸びやかな勾配だ(図0−1)。信者のための正面の外陣《げじん》は二間分の幅があって、ゆったりしている。

本堂解体修理時に発見された棟木《むなぎ》や棟札《むなふだ》の文章から、安貞《あんてい》元年(一二二七)に上棟とわかる。寺は寺でも平安時代の貴族的な寺院と異なり、当時流行していた釈迦念仏《しゃかねんぶつ》(南無釈迦牟尼仏《なむしゃかむにぶつ》と唱えて成仏を祈る)の道場として建てられた民衆の寺だった。かの『徒然草』にも大報恩寺の長老

図0-1　千本釈迦堂本堂　（大報恩寺／提供：便利堂）

がそれを始めたことがみえている。本堂脇の霊宝館は鎌倉彫刻の宝庫で、十大弟子立像《りゅうぞう》（一二一八年、快慶作）、六観音菩薩像（一二二四年、定慶作）は、他の二体の仏像とともに重要文化財（重文）である。本尊の釈迦如来座像（行快作）も重文だが、内々陣の厨子《ずし》のなかに安置され秘仏である。

大報恩寺が建てられたのは、京都が歴史の大きな節目を迎えるころだった。寺が草創されたとされる承久《じょうきゅう》三年（一二二一）には、承久の乱が起こる。後鳥羽《ごとば》上皇が鎌倉幕府を倒そうとして敗れ、かえって王朝勢力の後退、武家勢力の伸展を招いた大事件である。本堂上棟と同じ嘉禄三年（安貞元年）には、平安建都以来焼亡と再建をくり返してきた内裏《だいり》（大内）が焼け、以後ついに再建されることがなかった。時代はすでに鎌倉時代に入っていたが、これらは平安時代が完全に過去のものとなったことを意味するだろう。

「京都」という大都市の始まりは、いうまでもなく、平安時代の名がそこからおこった、都としての「平安京」である。そのため、今でも京都といえば平安京、雅《みやび》な王朝文化の名残を今に伝える日本の代表的な古都、というイメージをもたれる方が多いことだろう。しかしじつは、現在の京都市街地には、平安時代に造られた建造物は何一つ残っていない。天皇の住まいである京都御所も、本来の内裏とは位置も規模もまったく違う。

郊外をみわたしても、天暦《てんりゃく》六年(九五二)建立の醍醐寺《だいごじ》五重塔が最古で、それでも平安京ができてから一世紀半以上がすぎている。そのほか古いところでは、現在大原《おおはら》三千院の本堂となっている往生極楽院《おうじょうごくらくいん》が、康治《こうじ》二年(一一四三)から久安《きゅうあん》四年(一一四八)の間に建立された。また朱塗りのため赤堂の別称がある太秦《うずまさ》の広隆寺《こうりゅうじ》の講堂が、永万《えいまん》元年(一一六五)ごろまでに建立された建物である。

平安京そして京都は、戦乱・大火・大地震など何度も深刻な危機にあい、しかもそれをしのいで不死鳥のようによみがえった。被災と復興がくりかえされた結果、京都には平安京を直接しのばせるものは何もない。少なくとも、地上に目に見えるものは何一つ残っていない。筆者は、文化財は古きが故に尊からず、新しきが故に卑しからずの立場に立つが、以上の事実は京都を理解する上で、必ず念頭に置いていただかねばならない点の一つである。

大報恩寺も応仁の乱や享保《きょうほう》一五年(一七三〇)の大火で焼け、本堂のみが残った。京都市は、一八八九年(明治二二)に市制をしく。当時の市域を旧市街という。大報恩寺本堂は旧市街の西北端にあり、その範囲に現存する最古の建物である。京都に残る最古の建物ができた年が、平安京の最終末の年だったというのは、まさに因縁めいているが、歴史はときどきそういういたずらをする。大報恩寺は時代の新旧交代を象徴するモニュメントであり、第三章以下で述べるように、天皇や上流貴族のための都市から、民衆が胎動する新しい都市へ移行しはじめたことを告知する存在なのである。

以下、本書では、平安京の建設以来、近代のとば口まで、京都がたどった長い起伏に富んだ歴史を、現代の日本史学の到達点に立って明らかにすることをめざす。そのなかで、平安京と京都の間には、都として持つ意味とその具体的なあり方に大きな変化があったことを述べたい。それはひと言でいえば、律令制という国家の支配制度を実現するための官僚施設として、いわば「頭でっかち」に造られた平安京の不便さや問題点を克服し、時代と人心にかなった新たな都市・京都が創られていく過程であった。

同時に本書は、この都市が平安京とはまったく違ったものでありながら、いまだ旅行客に平安の雰囲気を感じさせるそのゆえんを、具体的に解き明かすことを目標にしている。

もはや当時のものは何も残っていないというのに、なぜ私たちは、京都から「千年の古都」を感じとるのだろうか。その一端なりとも、明らかにすることができれば幸いである。

目次

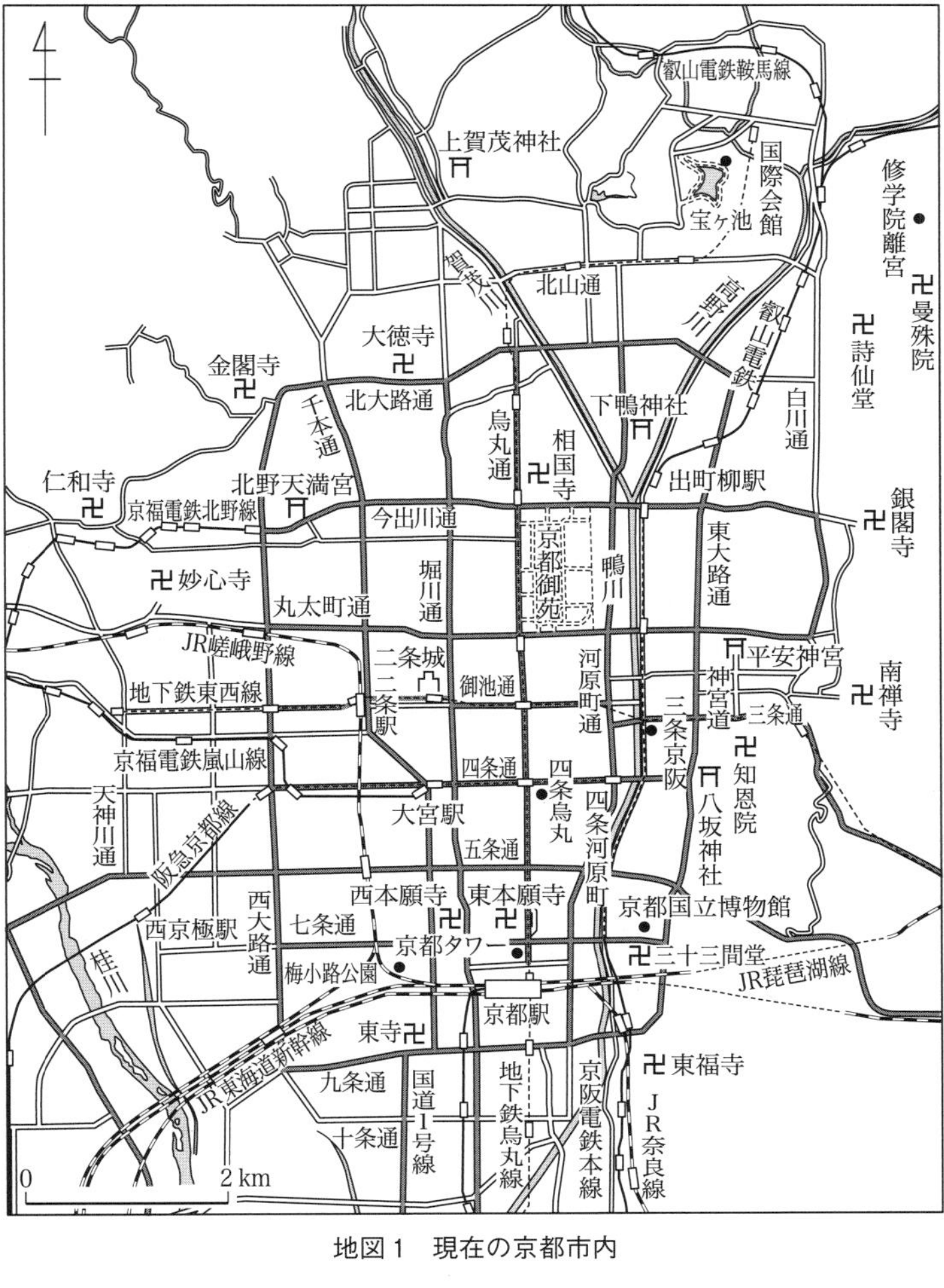
叡山電鉄鞍馬線
上賀茂神社
国際会館
宝ヶ池
修学院離宮
曼殊院
詩仙堂
賀茂川
北山通
高野川
叡山電鉄
大徳寺
金閣寺
北大路通
千本通
烏丸通
下鴨神社
白川通
相国寺
出町柳駅
仁和寺
北野天満宮
京福電鉄北野線
今出川通
銀閣寺
京都御苑
鴨川
東大路通
妙心寺
堀川通
丸太町通
JR嵯峨野線
二条城
平安神宮
南禅寺
地下鉄東西線
二条駅
御池通
河原町通
神宮道
三条京阪
三条通
京福電鉄嵐山線
知恩院
四条通
四条烏丸
八坂神社
天神川通
阪急京都線
大宮駅
四条河原町
五条通
西大路通
西本願寺
東本願寺
京都国立博物館
西京極駅
七条通
京都タワー
三十三間堂
桂川
梅小路公園
JR琵琶湖線
京都駅
東寺
JR東海道新幹線
東福寺
九条通
国道1号線
地下鉄烏丸線
京阪電鉄本線
JR奈良線
十条通
0
2 km

地図１　現在の京都市内

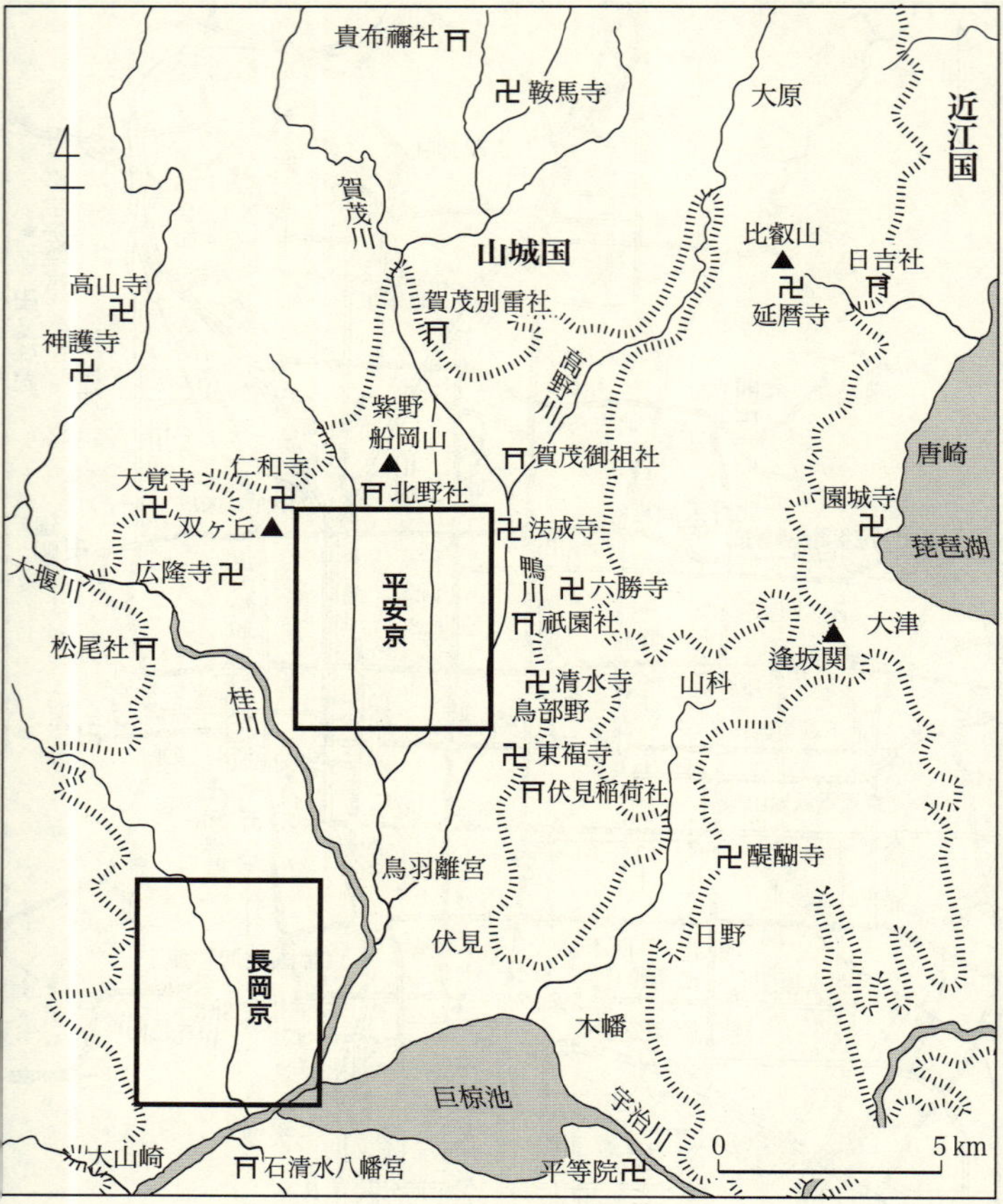

地図２　平安京・京都周辺地図

第一章　平安京の誕生──はじまりの時代

長岡京から平安京へ

天応《てんおう》元年（七八一）、桓武《かんむ》天皇が即位した。天智《てんじ》天皇のひ孫にあたる。天智の王朝は、六七二年の壬申《じんしん》の乱で、弟の大海人《おおあまのみ》皇子《こ》（天武《てんむ》天皇）に打倒され、その子孫は皇位から完全に遠ざけられていた。ところが神護《じんご》景雲《けいうん》四年（七七〇）、称徳天皇が没すると天武系の皇統が絶え、天智の皇統が久方ぶりに浮上、白壁《しらかべ》王が六二歳という高齢で即位する（光仁《こうにん》天皇）。その子桓武は天武系の皇統が造った奈良の都（平城京）を否定し、それに代わる天智系の都を造ろうと目論んだ。

そこで延暦《えんりゃく》三年（七八四）、当時副都だった難波《なにわ》宮（京）を解体し、山背《やましろ》国長岡に移建しはじめる。抵抗を回避するため、副都の移転をよそおったのである。長岡京建設が第二段階に入ったころから平城宮の解体移建が進み、事態は王都の移転であることが明らかになった。その京域は現京都市の西南、京都市の一部と京都府向日市《むこう》・長岡京市・乙訓《おとくに》郡大山崎町にまで広がる。

ところが遷都を主導した桓武の腹心藤原種継《たねつぐ》が暗殺され、事件に連座した天皇の同母弟早良《さわら》親王が、配流途中に飲食を絶って自死する。その後も造都は続けられたが、天皇の周辺に不吉なことが相次いで起こり、原因は早良親王の怨霊による、と信じられた。加えてたび重なる洪水、とくに長岡京左京部分が冠水する延暦一一年(七九二)の大洪水があり、再度の遷都が断行される。翌年正月、桓武天皇は北方の葛野《かどの》郡宇太《うだ》村の視察を命じ、その報告をまって、三月造営に着手した。造営はその後一〇年以上続いた。

平安京の基本

それでは、わたしたちもこの都を訪ねてみよう。ただし序で述べたように、現在の京都に平安京は目に見える形では残っていない。歴史学と考古学の成果を動員し、想像力を働かせながらの歴史散歩である。旅行にガイドブックがいるように、事前に多少の予備知識も必要である。すこしがまんしていただこう。

平安京は南北約五・二キロ、東西約四・五キロ、縦長の長方形プランで、平城京よりやや大きめ(図1—1)。唐長安城の四分の一強の面積である。中国にならった日本古代の都市計画を条《じょう》坊《ぼう》制という。京全体が、東西南北に通じる大路《おおじ》・小路《こうじ》の街路によって碁盤目に区画され、中心に天皇の住まい(内裏)と諸官庁が集中する大内裏《だいだいり》(宮《きゅう》・宮城)の一画がある。平安京では大内裏

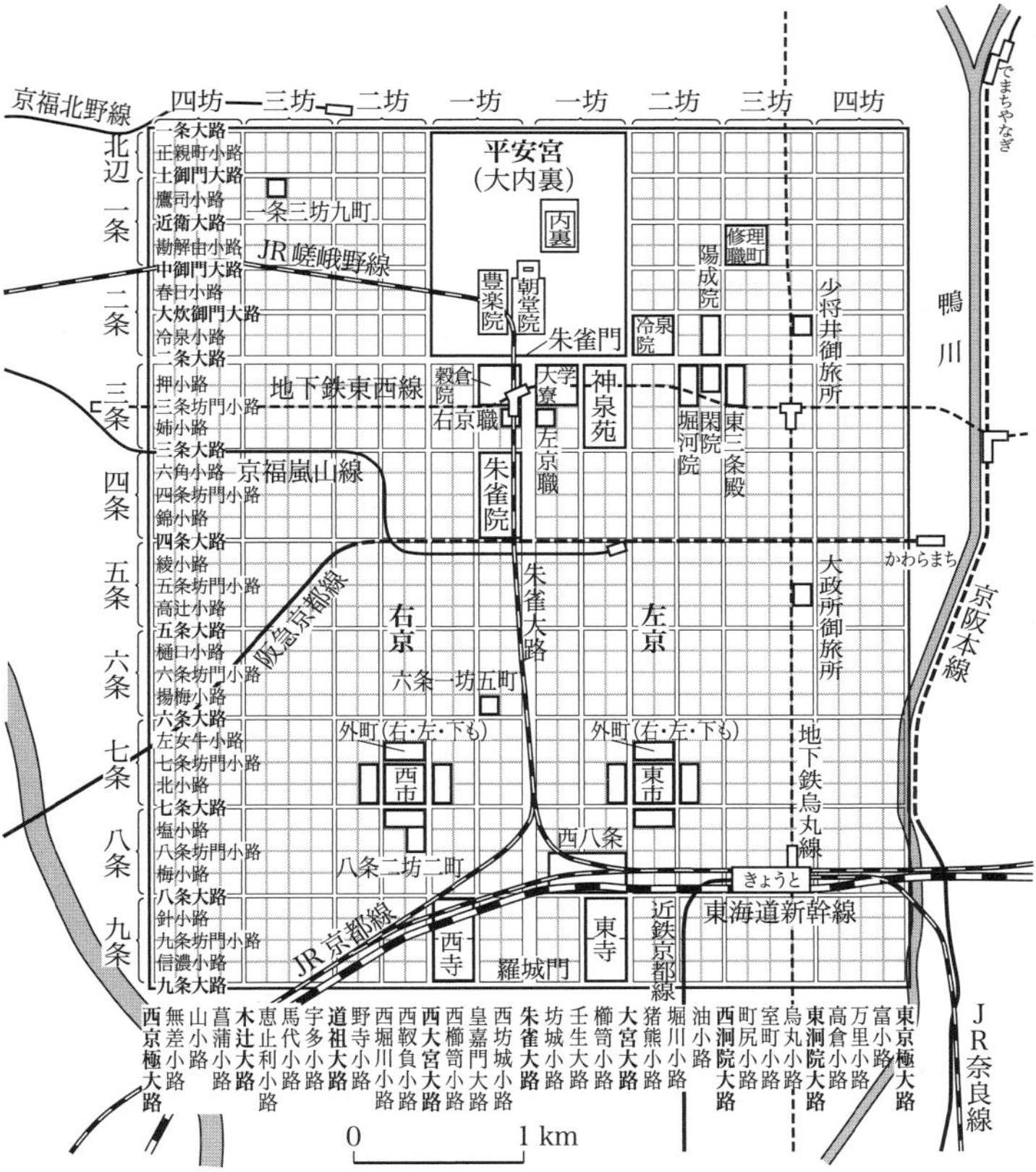

図1-1　平安京条坊図　（作成：山田邦和氏）

は、京の北部中央に配置された。
大内裏南正門の朱雀門《すざくもん》から、京域南辺中央の羅《ら》城門《じょうもん》に向かう南北の大路が朱雀大路、同大路の東が左京、西が右京。君主は南面す、で天皇から見ての左右である。中国風を好んだ平安初期の嵯峨《さが》天皇が中国の都の名をとって、左京を洛陽城、右京を長安城と名づけた。のち右京が衰微したため、左京の洛陽が京都の代名詞になった。京中を洛中、上京することを上洛というのは、そこからきている。

左京・右京をさらに縦横の大路で区画し、南北の単位を条、東西を坊と呼ぶ。坊は朱雀大路を中心に東と西にそれぞれ一坊から四坊まで、条は一条から九条までと一条の北に北辺と呼ばれる半条分の坊が加わる。

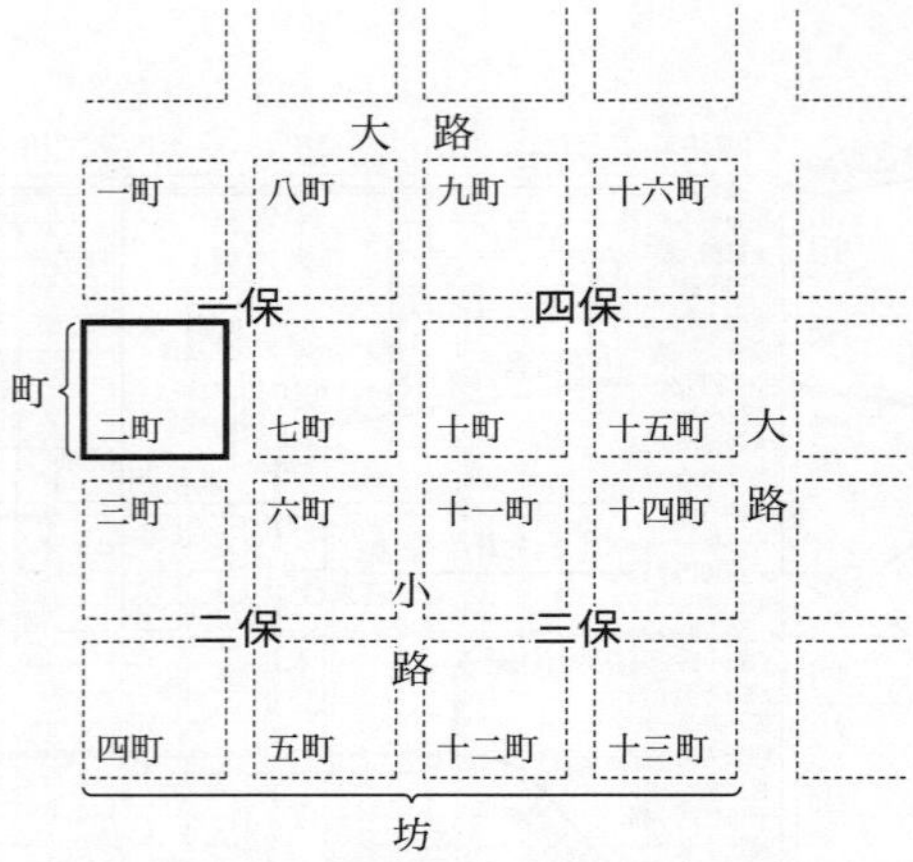

図1-2　平安京(左京)の坊・保・町

四方を大路で囲まれた各坊は、さらに縦横それぞれ三本の小路で一六の小区画に分割される。

この一番小さい区画を町《まち》と呼ぶ(図1―2)。四つの町で保《ほ》を編成したので、一坊は四保、一六の町で構成される。大内裏地域を除く京内の町数は、計算上は一一三六町になるはずだった。おもに人が居住するための空間である。

平安京以前の京、たとえば平城京の設計では、まず街路の中心から中心までを四五丈(約一三五メートル)とし、そこから宅地側に街路幅の半分ずつを割いてゆく。だから街路幅の違いにより宅地の大きさが変わってくる。これにたいし平安京では、まず一つの町の大きさを四〇丈(約一二〇メートル)四方と決め、それに道路幅を加えてゆく方法をとった。このやり方では道路幅が変わっても、すべての町は同じ大きさになる。平安京が古代都城の完成形態といわれる理由の一つだ。

造営尺と造営の方位

平安京条坊の概要は、一〇世紀に編集された律令の施行細則集である『延喜式《えんぎしき》』の関係記事に記されている。しかし、それを現在の京都市街に即して正確に復元するには、造営に使用したものさし(造営尺)の長さや、造営の方位を知る必要がある。平安時代以来現在まで動いていない定点も求めねばならない。

そこで注目されたのが東寺《とうじ》と西寺《さいじ》である(図1―1参照)。両寺は、平安京造営とともに造り始められ、平安京の南端、朱雀大路を中心線として左右対称に位置している。西寺は早く衰亡して姿をとどめていないが、発掘してみると遺構がよく残っていた。南大門《なんだいもん》・中門《ちゅうもん》・金堂《こんどう》・講堂・食堂《じきどう》が南から北に一直線にならび、講堂の周りを僧房が囲んでいる。一方東寺は、防災工事にともなう発掘で、現在の伽藍《がらん》配置や築地塀《ついじべい》の位置が、造営当初とほとんど変わっていないことが確かめられていた。両寺の基本設計は同一プランで、東寺の五重塔が境内の南東部なら、西寺のそれは南西部にあるというぐあいである。

平安京研究に大きな功績のあった杉山信三氏は、一九六二年、発掘によってわかった西寺の伽藍中軸線と現存する東寺の中軸線間の距離を、車の通行がとだえた未明、実際に巻き尺を使って測った。その値を『延喜式』にある両寺の距離三千尺で除し、造営尺は現在の一尺(三〇・三〇三センチ)に比べ、やや短い二九・九一センチの数値をえた。また西寺伽藍中軸線の方位を測定し、真北から西へ一五〜二〇分振れることを割り出している。この数値は、その後の発掘調査の進展によって精度を高め、造営尺は一尺=二九・八三センチ、方位は真北にたいし西へ一四分の振れを示すと算出されている。

壮大だが空虚な都市

読者のあなたが一二〇〇年前にタイム・スリップして、京の正面玄関である羅城門に立ったとする。そこから北方を眺めたら何が見えるだろうか。さすがに道幅一五〇メートルの長安城にはおよばないが、幅八四メートルの巨大な朱雀大路がずどんと北上し、はるかかなた（三・八キロ先）に、大内裏正門の朱雀門がケシ粒のようにかすんで見えるはず。大路は空港の滑走路のような印象だったかもしれないが、関西国際空港のA滑走路は幅六〇メートル×長さ三・五キロだから、それよりもひとまわり幅広く長い。

路面の東西には側溝《そっこう》が掘られ、大路に面した東西の各条第一坊には、高くそびえる坊城《ぼうじょう》（坊周囲の築地塀）が設けられていた。側溝と築地外壁の間には狭長な空地があり、犬行《いぬゆき》という。有力貴族（公卿《くぎょう》）は大路に面して屋根のある門を建てることを許されたが、第一坊の部分は例外。だから、条ごとに各坊に出入するための門がある以外、官庁といえども朱雀大路に向かって門を設けることはなかった。

だから平安京随一の大通りといっても、街路樹の柳が趣を添えるぐらいで、商売や雑踏の賑わいとはまったく無縁である。実用の域をはるかに超えた街路は、儀式や祭祀、仏事、とくに外国使節の迎接などに使われたことからわかるように、都城の威厳を誇示するために、ことさら巨大に造られたのである。

平安京の左京・右京の七条には、官設の東西の市《いち》が置かれ、物品を陳列・販売する店舗がならんでいた。東西市は、官人《かんにん》（役人）や役所が必要物資を調達するためのものだったから、造都事業がはじまった翌年の延暦一三年（七九四）七月には、早くも長岡京から遷され、店舗が造られ市人《いちびと》も移転してくる。市人は人別帳に登録され、売買品目・売値・営業時間も市司《いちのつかさ》という官人に統制されており、公共の広場とはかけ離れた典型的な官僚施設だった。一〇世紀には月の前半は東市が、後半は西市が開かれることになっていたが、それが成立当初からの状況を示すのかどうかはわからない。加えて罪人を公開処刑する場でもあった。

平安京にも民政を担当する役所がある。市司の上位機関で左右の京職《きょうしき》という。戸籍に登録された住民を京戸《きょうこ》といい、京外に口分田《くぶんでん》を与えられていた。遷都当時の平安京の人口について、直接それがわかる史料は残されていないけれど、九世紀段階で一二万人前後、一三万人を超えることはなかったと考えられている。

大内裏跡を歩く

平安京の中心は律令国家の司令塔である大内裏で、南北約一三九三メートル、東西約一一四六メートルの広さがある(図1—3)。大内裏は施設の性格から南北二区画に分けられるだろう。南部は朝堂院《ちょうどういん》、豊楽院《ぶらくいん》、二官八省の曹司《ぞうし》(官人の執務所)などが占める公的空間である。二官は神祇官《じんぎかん》と太政官《だいじょうかん》で、前者は神祇の祭祀をつかさどり、諸国の官社をすべ治めた。後者は、八省とその配下の諸司《しょし》(役所・官人)および諸国を総管し、国政を総括する最高機関である。八省とは中務《なかつかさ》・式部《しきぶ》・治部《じぶ》・民部《みんぶ》・兵部《ひょうぶ》・刑部《ぎょうぶ》・大蔵《おおくら》・宮内《くない》の八つの省(中央官庁)を指す。これにたいし大内裏の北部は、内裏など天皇にかかわる空間である。

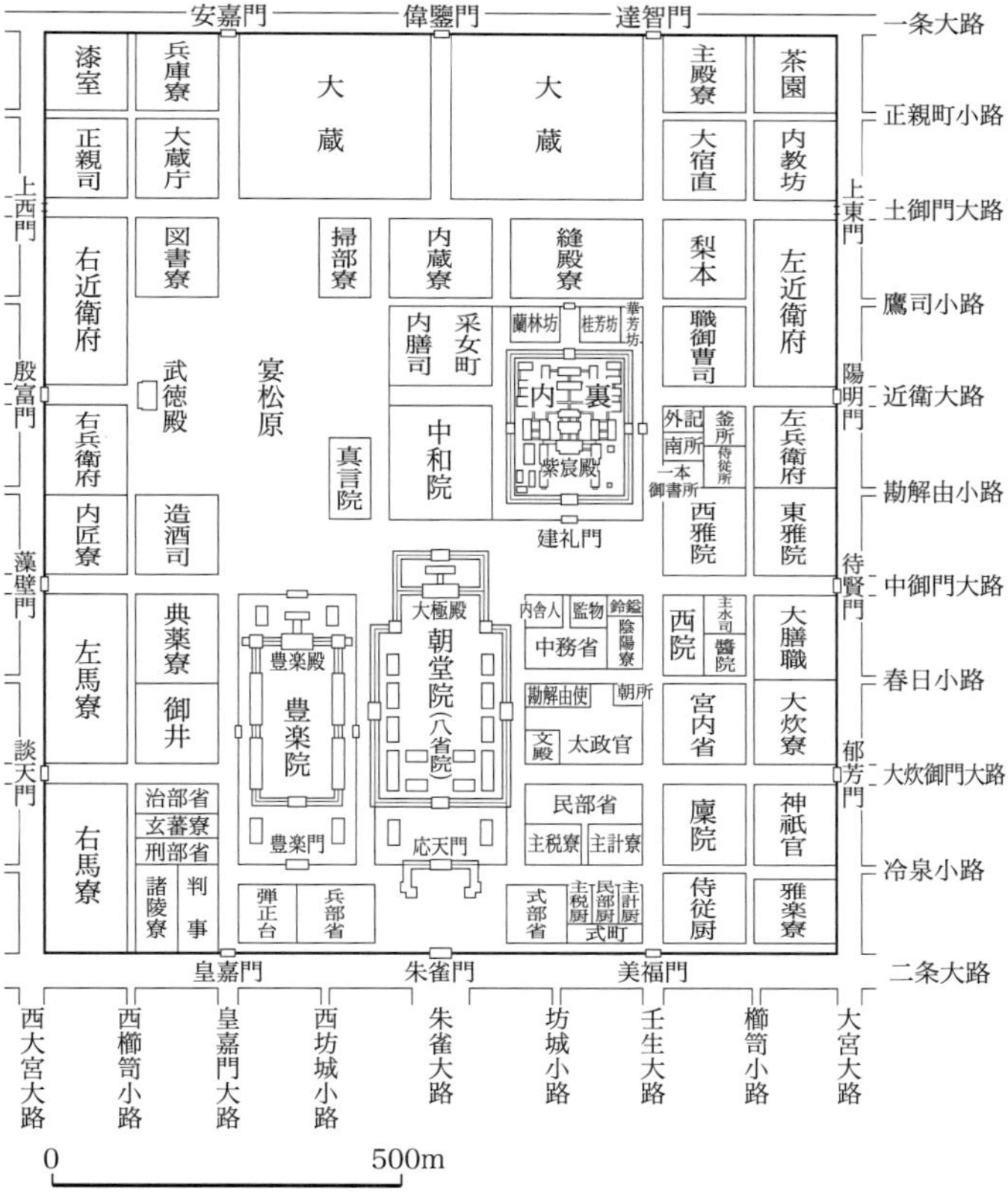

図 1-3　大内裏(平安宮)図　(作成：山田邦和氏)

大内裏は、皇居と霞ヶ関を一括したような空間だった。

大内裏跡は現京都市上京区の西南部を中心に、中京区の一部を含む。小規模な寺院が多く落ち着いた雰囲気の地域である。とくに内裏近辺は古い個人住宅や商店が密集している。大内裏の遺構もすべて地下に眠っているので、地上には場所の性格を説明した説明板や石標があるだけ。

大内裏跡の発掘調査は一九六〇年代から本格的にはじめられたが、大規模なビル建設が少なかったため、事前調査も小規模なものが圧倒的で、ガス管敷設工事のような小規模工事に立会って、遺物を含む地層や遺構の有無を確認するだけの調査も多い。遺構の残りぐあいも決してよくない。その理由の一つは、この付近の地山《じやま》が「聚楽土《じゅらくつち》」と呼ばれる良質の粘土からなっており、昔から日本壁の上塗用壁土の採取が盛んだったからである。それでも調査件数はかなりの数にのぼるから、大内裏にかんする情報は豊かになっている。それらを頼りに、駆け足の京都観光ではまず訪れることのない、大内裏跡を歩いてみよう。

行き方はさまざまあるが、今回はJR京都駅で嵯峨野線に乗り、二つ目の二条駅で降りる（巻頭地図1参照）。駅前広場の先に千本通《せんぼんどおり》が南北に走っている。これが平安の朱雀大路とほぼ重なるが、千本通は広いところで二五メートル程度だから、八四メートルの朱雀大路に比べ、横綱と平幕力士ぐらいの差があるだろう。千本通の東側歩道を約三〇〇メートル北上すると、路傍に朱雀門址と刻まれた石標が立ち、傍らの壁に説明板がかかっている。

朱雀門は大内裏一二門の一つ。大内裏外郭(宮大垣《みやのおおがき》)中央の門で、一二門中もっとも大きい。構造は正面七間、側面二間、中央の五間には扉があった。南門とも称され、また二階建てだったことから、重閣門《じゅうかくもん》とも呼ばれる。朱雀門の名は、唐の長安城にならったもので、すでに藤原宮や平城宮の時代にも用いられていた。

八省院

朱雀門から北が大内裏域である。朱雀門のすぐ北に八省院《はっしょういん》があった(図1—4)。八省院は大内裏の中枢となる施設である。その規模は、南北約四六五メートル、東西約一九一メートル、周囲は幅一二メートルの築地回廊(二六頁参照)で囲まれている。基壇をもった礎石建ち、瓦葺、朱塗り柱の堂々たる建物だった。平城京では朝堂院といい、平安京でもはじめそう呼ばれていたが、弘仁《こうにん》のころ(八一〇〜二四年)から八省院と称するようになった。本書では時期によって使い分ける。

八省院の南面の門である応天門《おうてんもん》を入ると、東西に朝集堂《ちょうしゅうどう》の建物が建つ。文字通り早朝出勤してきた貴族(五位以上の上級官人)・官人(各省で初位《そい》以上六位までの官にある人の総称、以下この意味で使用する)が集まり、正門の会昌門《かいしょうもん》が開くまで待機する場である。千本通はこの応天門・会昌

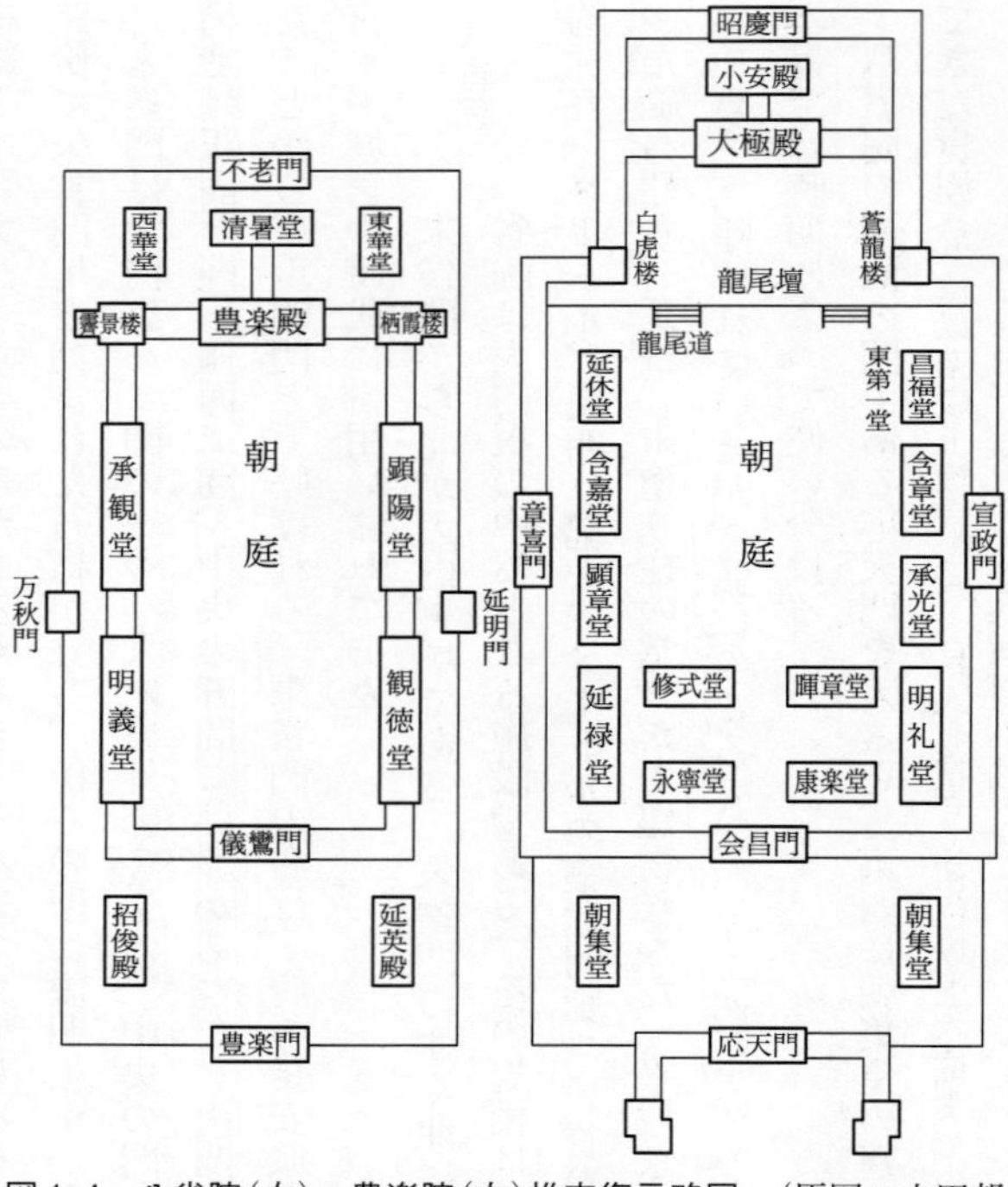

図1-4　八省院(右)・豊楽院(左)推定復元略図　(原図：山田邦和氏，寺升初代氏)

門の跡を串刺しにして北上する。会昌門を入ると、一二の朝堂が左右対称に立ちならび、広大な朝庭《ちょうてい》をとり囲んでいた。この広場は天皇に向かって臣下が列立する場として用いられた。

八省院の奥(北部)には、大極殿院《だいごくでんいん》の回廊があり、うちに大極殿、両翼に蒼《そう》龍《りゅう》・白虎の二楼が配され、大極殿の後ろには小安殿《しょうあんでん》(天皇が大極殿へ渡る前の休憩所)が建つ(図1―4

参照)。北の正殿(大極殿)、東西の脇殿(朝堂)、中央の庭(朝庭)がつくる、南に開けた「コの字」型の建物配置は、古代の儀式・政務空間に共通するものである。この点はあとの叙述に関係があるので、覚えておいていただきたい。

太政大臣《だいじょうだいじん》・左右大臣・大納言《だいなごん》(公卿官《くぎょうかん》・議政官《ぎせいかん》とも、のち中納言・参議《さんぎ》が加わる)を中心とする太政官が、さまざまな事案を処理することを朝政《ちょうせい》という。朝庭の周りに配置された朝堂群は、この朝政のための執務場所である。毎日未明に出仕してきた貴族・官人は、所属官庁の朝堂の座につき日常の政務(下級の役所から上申されてきた案件の口頭決裁)にあたる。重大な事案については太政官の判断を仰がねばならないので、その時刻がくると日常の政務をしまい、弁官《べんかん》(太政官の行政運営の実際にあたる中下級貴族)に率いられ、大臣の朝堂である一二堂中もっとも重要な東第一堂(昌福堂《しょうふくどう》)におもむき、報告し決裁を受けた。近年の発掘によりこの東第一堂の基壇北縁が見つかっている。太政官レベルで判断できない案件は、臨時に天皇に奏上してその裁可を仰ぐ。天皇が国政にかかわる案件についてみずから判断を下すことを聴政《ちょうせい》といい、このため天皇は、国家の正庁たる大極殿に出御《しゅつぎょ》(おでまし)するものとされていた。

官人たちは口頭決裁をすませると、八省院外のそれぞれの曹司におもむいて文書による政務処理(文書の作成・捺印・保管など)をすることになっている。官人が増え政務が複雑化した奈良時代の早い時期から、すでに実質的な実務は、ほとんど曹司の方で執りおこなわれていたらしい。天皇も大極殿に出御しなくなる(奈良時代からすでに内裏で日常の政務を見ていたという説が有力)。朝政がすたれると、八省院は政務の場としての性格を失ってゆく。平城宮朝堂院では、まだ政務と儀式が未分化のまま執りおこなわれていたといわれるが、平安宮になると、八省院は政務から離れた儀礼的空間になり、もっぱら国家的儀式や行事の場所になった。

二条大路と神泉苑

大内裏を囲む築地の南を東西に走るのが二条大路で、幅約五一メートルだった(図1—5)。朱雀大路に次ぐ道幅であり、現在の御池《おいけ》通(鴨川《かもがわ》西岸から堀川通まで)の道幅とほぼ同じ。いまはその片鱗もなく、朱雀門碑から少し南に、細い東西道路があるだけ。碑の東方およそ二六〇メートルのところに、江戸初期に造られた二条城の西の堀がある。京都観光の目玉二条城は、じつは大内裏の東南角に大きく食いこんで築城された。二条城の西堀外側には、美福《びふく》通という南北道路が走っている。大内裏一二門の一つ美福門に由来する道路名である(図1—3参照)。一九七六年、美福通に遊歩道を整備したとき、東西方向の溝状遺構(幅二・四メートル)が現れた。これが二条大路北側溝、つまり大内裏南限の空堀の跡である。さらにその遺構の約二メートル北寄りでは、地山《じやま》(自然のままの地盤)の上に幅二メートルの粘土層が検出され、宮大垣と呼ばれた築地の痕跡と判断された。一方、二条城北側の堀外を東西に走る竹屋町通と南北の大宮通（平安京の大宮大路に由来する）の交点付近でも、南北方向の溝状遺構が検出されている。併せて大内裏の南限と東限を示すものである。

二条城の南には神泉苑《しんせんえん》がある。もとは天皇のための庭園で、長安の興慶宮《こうけいきゅう》を模して、大内裏

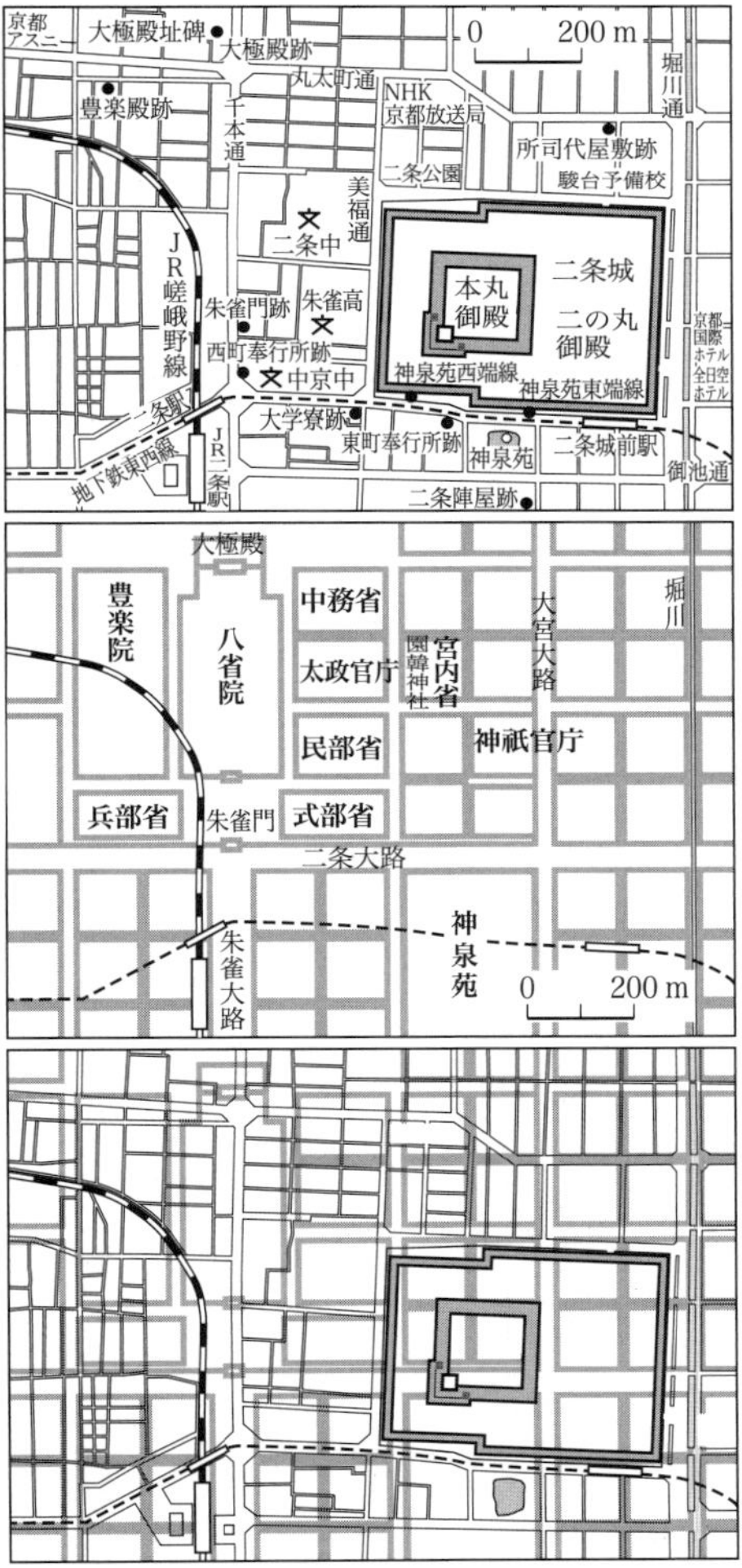

図 1-5　大内裏南東部　（上）現状，（中）平安初期，（下）は両者を重ねたもの（作成：山田邦和氏）

造営の際に創設された。宮の南東にあり、南北五一六メートル、東西二五二メートルという広大な規模で、中央に中島をもつ大池があった。桓武天皇お気に入りの離宮で、水鳥や鹿を狩ったり、詩宴や観花・観魚の宴がおこなわれた。中心の建物に使用されたと思われる緑釉瓦《りょくゆうがわら》も見つかっている。この瓦を用いるのは大極殿など国家の中心施設だけだから、神泉苑がたんなる庭園ではなく、国家的意味をもつ重要施設であったことがわかる。二条城の築城によって、その規模およそ一六分の一に縮小され、かつての面影はない。現在の御池通の名は神泉苑の池に由来するという。

二条城の東南に市営地下鉄二条城前駅がある。改札口近くに展示コーナーが設けられており、地下鉄建設時の発掘調査で出土した遺構や遺物が展示されている。神泉苑跡では、園池の岸に据えられた木材が見つかり、船着き場のそれと推定された。また出土した瓦類には「神泉苑」銘のある平瓦も出土している。

宮の南限から美福通を北上すると、左手に朱雀高校、ついで二条中学校を見る。学校の塀や柵前に式部省跡、民部省跡の説明板が設けられているのに気づく。さらにその右手前方の二条公園内には園韓神社《そのからかみしゃ》(園の神と韓の神、宮内省に祭られた)・宮内省、左手側には太政官庁があった。公園整備前の二〇〇三年の遺跡確認調査で、宮内省西面の南北築地基底部や溝と見られる遺構のほか、平安時代前期の土器や瓦を包含した層が見つかった。歩きはじめて約五五〇メートルほどで、美福通が東西の丸太町通に突きあたって三叉路になる。丸太町通北側にあるマンションの入り口には、説明板が埋めこまれ、中務省東面築地跡と内外の溝が出土したことが記されている。美福通の両側は律令制でも重要な官庁の建物が立ちならんでいた。

図1-6　千本丸太町交差点付近現況　東南の角より

大極殿跡

そこから丸太町通を西におよそ二六〇メートル引き返すと、再び千本通に出会う。四隅を切った千本丸太町の交差点である(図1－6)。車がひっきりなしに行き交うこの交差点こそ、かつて大極殿前の龍尾壇《りゅうびだん》があった場所である(図1－4参照)。

平安京になると、八省院は儀礼的空間になったと述べたが、そのことは大極殿院の変化からもいえるだろう。長岡京までは、大極殿院は朝堂院部分から独立したかたちをとり、朝庭には回廊南面中央の大極殿門で通じていた。ところが平安の大内裏では両者を隔てる回廊が撤去され、大極殿は一段高い龍尾壇上にあるだけ、大極殿前はオープンスペースになって

図1-7　第1次大極殿復元図　（原図：髙橋康夫氏，藤井康宏氏）

いる。つまり大極殿は八省院の正殿になり、龍尾道という階段で朝庭とつながった。即位や朝賀《ちょうが》（元日に天皇が百官の年頭の賀を受けた大礼）や視告朔《こうさく》（毎月一日、天皇が百官の勤務状態を閲覧する儀式）などで大極殿に出御した天皇は、前庭中央に据えられた高御座《たかみくら》（天皇玉座）に座し、それに臣下が所定の事柄を奏上する。文武百官は龍尾道南方に広がる一段低い朝庭に位階順に列立した。つまり八省院は、天皇と臣下の上下の立場が確認され、臣下が天皇への忠誠・服属を誓う儀礼がおこなわれる場だった。

交差点の西北角から千本通東端にかけて建っていたのが大極殿で、交差点の西北歩道には大極殿跡の説明板、歩道上に大極殿跡のプレートが埋めこまれている。交差点南東角歩道にも八省院跡を示す説明板が設けられ、歴史的意義を解説している。大極殿院跡の発掘調査もしばしばおこなわれているが、交通量の多い場所柄ごく小規模な発掘が多く、ここも遺構の残存状況はよくない。それでも調査の結果、大極殿院を構成する建物の遺構が、断片的ながら確認されるようになってきた。

大極殿は、正面一一間、側面四間の入母屋造《づくり》、屋根の大棟両端に後世のシャチホコにあたる鴟尾《しび》を載せたと考えられている（図1－7）。天禄《てんろく》元年（九七〇）に成立した年少者のための学習書『口遊《くちずさみ》』には、出雲大社本殿、東大寺大仏殿に次ぐ巨大建築と書いてある。東山岡崎の平安神宮は京都観光の重要スポットであるが、これは一八九五年（明治二八）の平安京遷都千百年紀念祭にむけて創建されたもので（結び図8－1参照）、本殿の前殿にあたる外拝殿《そとはいでん》は大極殿を縮小（長さ比で約八分の五）して復元したもの。平安神宮社殿が平屋であるのは、後白河法皇が作らせた『年中行事絵巻』を参考にしたからである。それは平安後期の第三次大極殿の姿であり、その後の研究で、創建時の大極殿は二階建ての建物だったらしいことがわかった。平城遷都一三〇〇年祭の一環として、奈良平城宮域に復元された第一次大極殿の偉容を思い浮かべられたい。また平安神宮社殿はすべて緑釉瓦を葺くが、平安時代の大極殿では弘仁六年（八一五）の修理時に、軒先と棟部分だけを緑釉瓦で縁どりしたらしい。

現在平安遷都は、延暦一三年（七九四）一〇月二二日とされている。受験生が「鳴くよ（七九四）ウグイス平安京」の語呂合わせで暗記する、あれである。この日桓武天皇の乗った車が新京にいたり、「遷都の詔《みことのり》」を発した。すでに長岡宮から遷された内裏は竣工《しゅんこう》していたのだろう。一一月には山背国を山城国と改称し、人々が口々にそう讃えているとして、新京を「平安京」と名づける。

延暦一四年正月一六日、宮中で宴会がもたれ、踏歌《とうか》(京中の歌舞に巧みなものが召され、年始の祝詞を歌に作って舞踏すること)を奏して、平安新京を誉めたたえた。漢詩のほめ歌を読み上げる間に、群臣は「新京楽《しんきょうらく》、平安楽土《へいあんらくど》、万年春《まんねんしゅん》」、「新年楽《しんねんらく》、平安楽土、万年春」と、間の手をいれ囃し立てた(『類聚《るいじゅう》国史』)。すなわち新京の平安京が安楽な都で、いつまでも春の穏やかさを維持するように、との意味である。ちなみに、明治の遷都千百年紀念祭は、一八九五年(明治二八)を一一〇〇年目とした。桓武天皇は延暦一五年(七九六)元旦、大極殿中央に据えられた高御座に座し、はじめて朝賀を受けている。そこから数えてのことで、大極殿で最初の朝賀を受けた年の元旦を平安京のスタートと見ている。

湯本文彦と『平安通志』　千本通丸太町上ル西側奥には内野《うちの》児童公園がある。その一角に「大極殿遺址」と刻まれた石碑が建つ。立派な台座をともなう堂々たる碑である。遷都千百年紀念事業として京都市参事会が建てたもの。

この場所を大極殿の跡地と比定したのは、在野の歴史家である京都府の役人湯本文彦で、平安京のことや桓武天皇の事績、および京都市の沿革・歴史を記した『平安通志』全二〇冊は、彼が発議し編纂《へんさん》主事となって、一八九五年、京都市参事会によって刊行された。わずか二年で完成できたのは、湯本の豊かな学識と、江戸後期以来進められてきた京都研究の蓄積、編纂に協力した田中勘兵衛(号教忠《のりただ》)・碓井小三郎《うすいこさぶろう》ら、これまた在野の学者たちの力による。田中教忠は古文書・古典籍の収集家・考証家として知られ、平安神宮の造営は彼の提案にもとづく。碓井小三郎は、京都の名所・旧跡・伝説等の研究・保存に尽力し、二〇年かけて京都の地誌『京都坊目誌《ぼうもくし》』を完成させるなど、故実家として知られる。

湯本の比定地は、現在のそれの五〇メートル北西にあたり若干のずれがあるが、平安京造営にあたって使用された造営尺の大きさが不明、造営方位も不明、京都の考古学的発掘もまだまったく手つかずという事情を考慮すると、誤差もやむをえないだろう。

なお、少し古い辞典類に載っている平安京大内裏図には、八省院と左右の中務省・豊楽院の北端が、中御門大路の延長線上に揃って描かれている。しかし、一九八四・八五年に実施された発掘調査によって、大極殿院北廊基壇の南縁と北縁が検出され、八省院は他をおさえて北に七〇メートルほど突き出していることが明らかになった(図1−3参照)。考古学の成果が江戸時代以来の通説を書き換えた好例である。

千本丸太町交差点から三〇〇メートルほど西に行くと、七本松通との交差点があり、そこから南東一〇〇メートルの地点に豊楽殿《ぶらくでん》跡と、清暑堂《せいしょどう》と豊楽殿北廊跡がある。

豊楽殿と造酒司跡

八省院の西隣りの豊楽院は季節の変りめなどにおこなう節日《せつにち》(元旦・白馬《あおうま》・端午《たんご》など)など重要な公事《くじ》(三九頁参照)のある日に、天皇が群臣を集めて宴会を催すための施設で、その内部構造は、八省院とほぼ同じ。北部中央に天皇の出御する正殿の豊楽殿、その北に清暑堂、朝庭の東西に諸臣の着座する四つの朝堂を配し、南面に回廊を通じて門を開く。さらにその南の東西に朝集殿に相当する二堂があり、南面築地にまた門を開く。天皇と臣下が共同飲食することで、一体となることを目的としたから、座のとり方も天皇と臣下が相対するのではなく、それぞれの殿堂上から朝庭に向かい、これをとり囲んだ(図1－4参照)。

清暑堂は豊楽殿で宴会がおこなわれる際の天皇の控えの間で、天皇は渡り廊下の北廊を通って豊楽殿に向かう。豊楽殿は一九八七年に基壇の北西部が発掘され、正面九間、側面四間の東西棟であることがわかった。清暑堂は二〇〇七年の発掘で、基壇南端と西端が検出され、北廊の長さも約三〇メートルであることが明らかになった。ともに史跡指定がなされフェンスで囲われている。

七本松通からさらに八〇メートルほど西に行くと、丸太町通の北側に京都市生涯学習総合センター（京都アスニー）がある。ここは造酒司《みきのつかさ》跡。造酒司は宮内省管下の役所の一つで、天皇・中宮などの飲酒用、朝廷の諸節会・神事に用いられる酒・醴《あまざけ》・酢などを醸造していた。一九七八年の同センターの建設にともなう事前発掘調査では、高床式《たかゆかしき》倉庫とみられる平安時代前期の建物跡を検出した。掘立柱《ほったてばしら》構造、規模は東西六メートル、南北七・二メートルで、京都アスニーの玄関前の床面に一六穴の柱跡の位置が描かれている。

京都アスニー内には、平安京創生館という歴史展示の区画が設けられており、一番のお勧めは平安京復元模型である。平安建都一二〇〇年記念事業の一環として、考古学・歴史学・地理学・建築学の研究者たちによる二年五カ月におよぶ討議にもとづき、その研究成果を結集して制作された。縮尺一〇〇〇分の一で鴨川以東の周辺部も含んでいるから、南北七・八メートル、東西六・六メートルという巨大なもの。我が国最大級の歴史都市復元模型に違いない。初学者はもちろん専門家でも、平安京探訪が目的なら、まずここを訪れることをお勧めする。

内裏跡を歩く

つぎに内裏跡に向かう（図1―8）。大内裏域の北半分の中心である内裏は、内《うち》・大《おお》内《うち》・御所・皇居・禁裏《きんり》・禁中などさまざまな呼び名がある。七世紀の乙巳《いっし》の変（大化改新）の際に造られた前期難波宮（長柄豊碕宮《ながらとよさきのみや》）では、内裏と大極殿院はまだ未分離の状態にあったが、時代が降《くだ》るにしたがって空間的に離れてゆき、長岡宮の第二次内裏から両

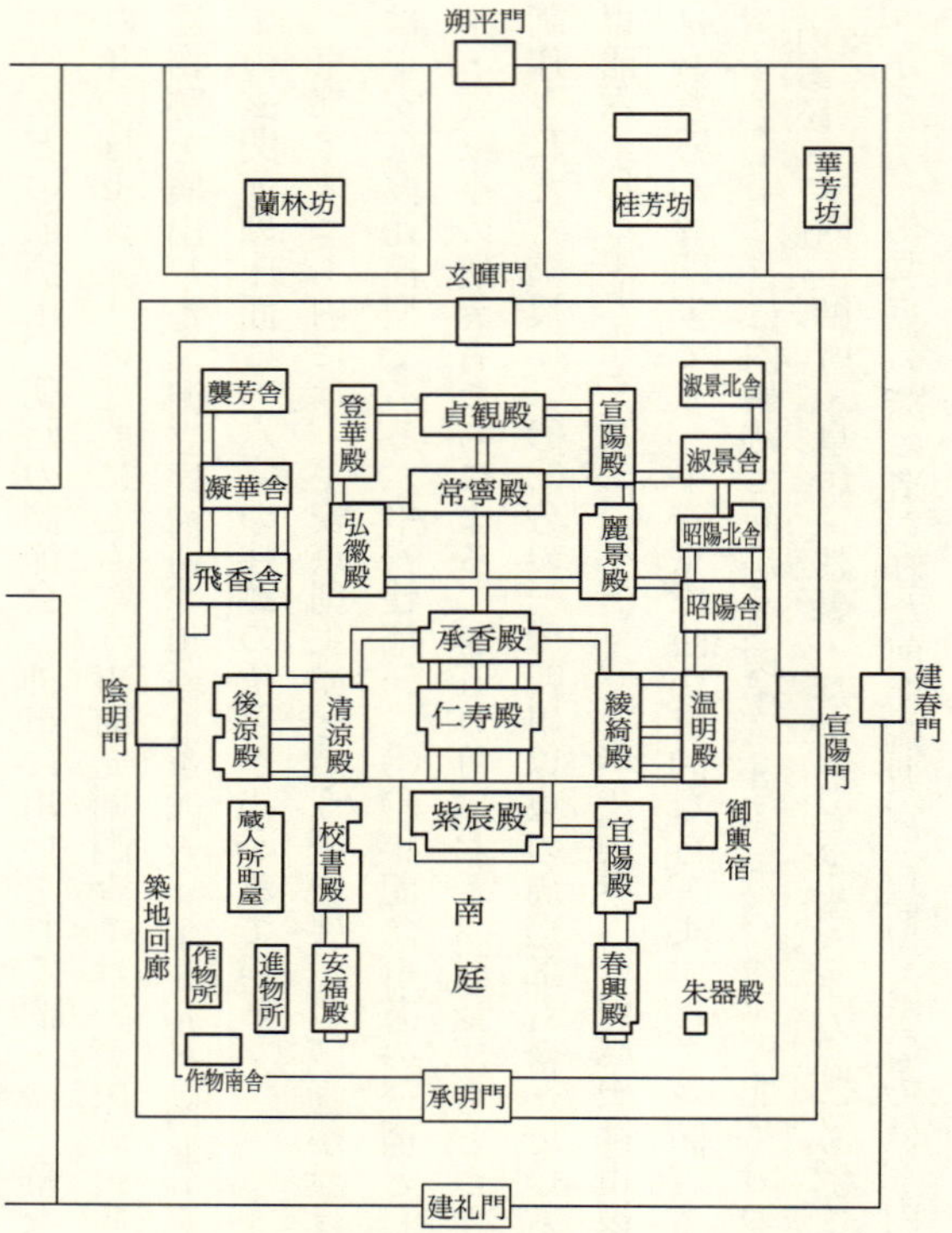

図 1-8　内裏略図　（原図：寺升初代氏）

者が完全に分離した。世界のどの王権にあっても、国家機構の整備が進むとともに、君主の私的生活のための内廷と、君主の公務の場としての外廷が分離してゆくが、日本でも、内廷・外廷の区別が建物配置の面でも明確になったことがわかる。

再び千本丸太町の交差点にもどり、千本通の西側歩道を北上する。京都は北山につながる西北部が一番標高が高い。ついで比叡山の山麓から連続する東北が高く、西南に向かってどんどん低くなる。その結果昔から高低差は、東寺の五重塔の高さ約五五メートルと大内裏北方の千本今出川が同じ高さだといわれてきた。とくに大極殿のあったあたりからは、体感できるほどの傾斜があり、登るという感じになる。

右手前方を見ながら歩いてゆくと、車道との堺の縁石上に次々と、大極殿跡・小安殿跡・昭《しょう》慶《けい》門跡の標識が置かれているのに気づくだろう。昭慶門は八省院の北の門である。約二〇〇メートル北上すると、下立売通《しもだちうり》と交差する。そこから千本通を東に渡って九〇メートルほど行くと、下立売通の南側に史跡整備地としてフェンスで囲まれ、説明板が設けられている場所がある。ここは内裏内郭回廊跡で、下水道工事が発見のきっかけとなり、一九六二年以降何度も発掘がおこなわれた。

平安の内裏は、外郭の築地と内郭の築地回廊に囲まれた二重構造になっている。外郭には南面の建礼門《けんれいもん》ほか宮門六棟、内郭は正面の承明門《じょうめいもん》ほか一二の門が設けられていた（図1−8では多く省略）。検出された遺構は凝灰岩で構築された回廊基壇（幅約一〇・五メートル）や川原石を敷きつめて化粧した雨落溝で、それが南北二七メートルも連続することが確認され（図1−9）、平城宮・長岡宮と同規模の、内裏特有の築地回廊西南部の基壇であることが判明した。

築地回廊とは、築地塀に大屋根を載せその両側に柱を立てて屋根を支え、その下を通路とする区画施設で、雨でも警備兵が築地の内外を巡回できるようになっている。この築地回廊跡の発見により、この地が内裏だと断定できるようになった。八省院・豊楽院の遺跡とともに、大内裏研究上重要な基準となる遺跡である。

図1-9　内裏内郭回廊跡　右手に基壇の地覆石，左手に雨落溝が延びる（提供：京都市埋蔵文化財研究所）

そこからさらに一〇〇メートルほど東にいった下立売通の北側に酒店が営業しており、その壁に内裏紫宸殿《ししんでん》跡の説明板がかかっている。正確には紫宸殿の殿舎は、酒店の奥と裏のかぎの手に曲った狭い路地《ろじ》のあたりにあった。酒店のある下立売通の南側三〇メートルほどのところから、承明門の雨落溝と、延久《えんきゅう》三年（一〇七一）の内裏再建の際、地鎮《じちん》の儀式がおこなわれた遺構が出現した。ここが内裏の中軸線上である。

内裏という空間

内裏内郭は南北約二一五メートル、東西約一七〇メートルの規模で、南半の天皇の空間と北半の皇后・後宮の空間に大別される（図1―8参照）。南部中央は天皇の公的空間であり、正殿たる紫宸殿があった。その前面は中庭（南庭）になっており、左右に南北二つずつ併せて五つの殿舎で「コの字」型を形成していた。

その北は天皇の私的空間で、常の御殿である仁寿殿《じじゅうでん》を中心に、東の綾綺《りょうき》殿とその脇殿、西の清涼《せいりょう》殿とその脇殿、仁寿殿の後殿たる承香《じょうきょう》殿を基本とする。中央奥（最北部）は皇后の空間で、公的・私的両方の場である正殿の常寧《じょうねい》殿を中心に、弘徽《こき》殿など六殿の殿舎からなっていた。よく見ると天皇の私的空間も皇后の空間も、南部の天皇の公的空間ほど明瞭ではないが、やはり南に開けた「コの字」型をしている。皇后の空間の左右、内裏の東北・西北は、後宮すなわち皇后以外の后妃や天皇の庶妻《しょさい》・妾《しょう》たちの居住区域で、五舎がならんでいた。さらに内裏南部の東西には御輿宿《みこしやどり》や蔵人所町屋《くろうどどころまちや》など内裏を支える施設がある。

このあたり、下立売通・浄福寺通・出水《でみず》通・土屋町《つちやまち》通で囲まれた範囲を中心に、民家の前や壁・窓枠などに、内裏の殿舎や門の位置を示す石標と説明板が数多く設置されている。説明板の総数は一四カ所に達し、すべて「源氏物語ゆかりの地」という名で統一されている。そのせいか後宮の殿舎の説明板が多いのが目につく。ごく普通の民家・商店と、かつての天皇・后妃の居所というコントラストが、はるかな時間の流れを実感させてくれる。

平安前期の町

大内裏はこのくらいにして、つぎに平安前期の町を訪ねてみよう。大路と大路に囲まれた坊内に四×四で一六ある町は、平安京の基礎的な行政単位である。左京・右京ともに、朱雀大路側の大路に面した一筋目の北から南へ、順に一町《いちのまち》から四町と名づけられた。二筋目は南から北へと折り返し五町から八町とし、三筋目、四筋目も同様に南に北に折り返し、左京は東北隅、右京は西北隅の十六町で終わる(図1-10)。

各町は縦(行)四つ、横(門)八つに区切られた三二の区画(戸主《へぬし》)からなる。これを四行八門制《しぎょうはちもん》と呼び、市中庶人《しょにん》には宅地として一戸主が与えられた。南北一五メートル、東西三〇メートルだから四五〇平方メートルある。一庶人の家族は平均六人強程度と考えられているから、現代のサラリーマン家族にはうらやましい広さだが、建ぺい率は一五~二〇パーセント程度だった

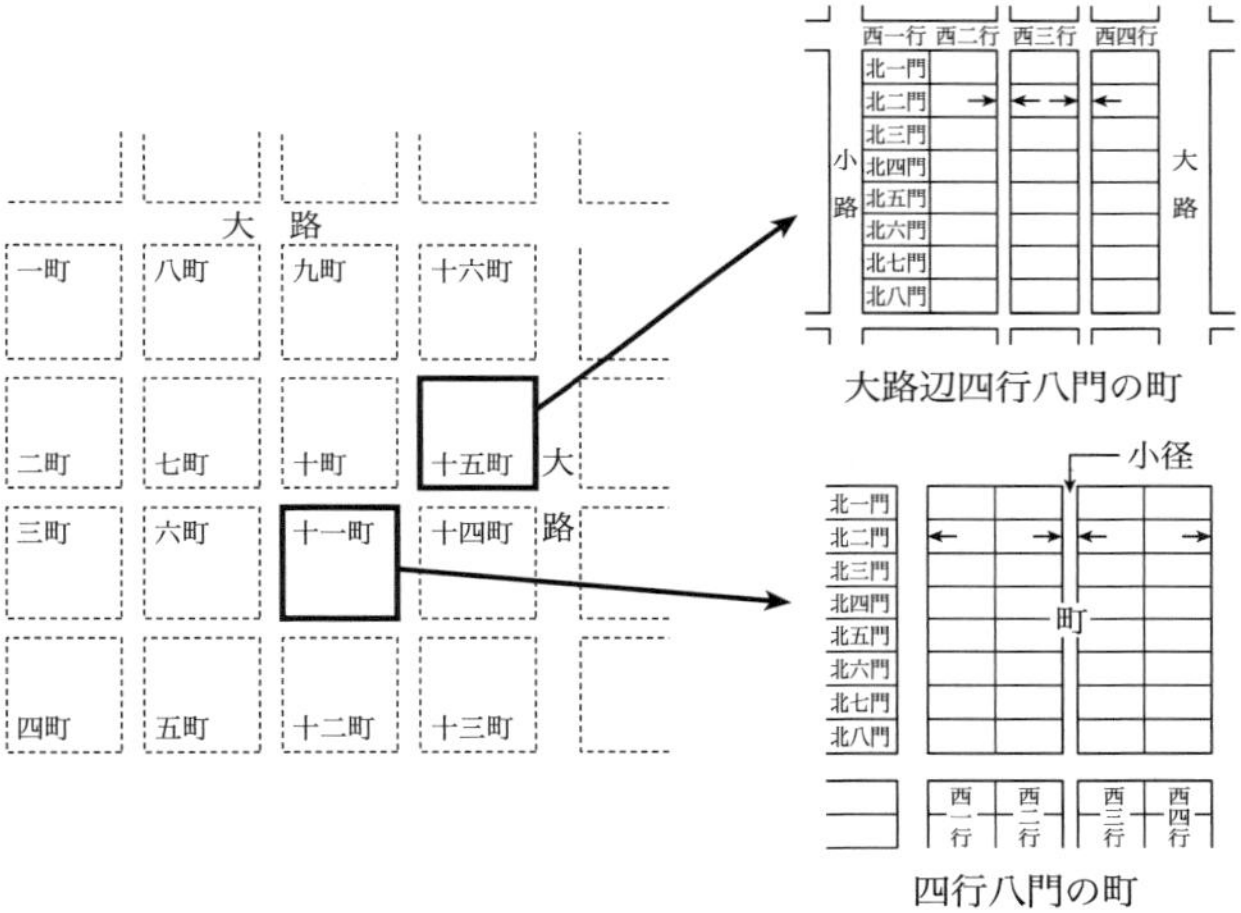

図 1-10　四行八門の宅地割　上図は左京の町を示す．右京では行の順序が逆になり，東から西へ東一行，東二行…という

らしく、残りは畠などにした。おまけに京内のあちこちには空地がある。閑静というより閑散というべきだろう。京内の各町も四周に垣や溝をめぐらしており、ここでも垣が連なる寂しい町通りである。各戸主は区割り上、東西方向にしか出入り口を開くことができず(図1―10中の矢印参照)、大路には門を開けられないので、大路辺の町では南北に二本の小径を、それ以外は一本を通し、小路もしくは小径から出入した。

我々に住所地番があるように、各戸主にもその場所を示す呼び名があり、かりに左京六条二坊二保三町の、西から二番目の行の一番南の戸主であれば、平安京左京六条二坊二保三町西二行北八門と表示された。

このころの庶人は都の都市的発展にともなって自然に集まってきたのではない。律令国家の官僚である貴族や官人の従者、中央の諸官庁と平安京それ自体を機能させるために必要な要員として、傜《よう》(人民に課する労役)を免除する特典を与えられて、他所から移されてきた一般人だったのである。

同じ町でも諸司厨町《しょしのくりやまち》というものがある。長岡京段階ですでに存在し、平城京末年にもあったことが確認されている。宮外に設けられた各官庁の宿所、いわば公務員宿舎たる町々の総称である。各官庁に所属する非常勤職員や、諸国から徴発された課役民らは、交代で出仕・宿直などの勤務にあたり、非番のときはそこで寝起きし食事をした。そのことから、厨町(厨は台所の意)と称されるが、ほぼ各官庁ごとに設けられたので、「官衙町《かんが》」(官衙は役所の意)の術語で呼ばれている。具体的には宮廷・朝廷のために手工業生産にあたったもの、警備や運搬にあたったもの、特殊な内容をもたず官庁に関係する雑役奉仕を主としたものなどがあった。平安京では主として左京の大炊御門《おおいみかど》大路以北に置かれた。

町を掘る

平安前期の町を訪ねるといっても、官庁や内裏にくらべて町の遺構はさらに見えにくい。目当てとするのは京都市の南部、下京区の七条小学校である。条坊制的に表現すると平安京右京八条二坊二町《にのまち》の一角にあたる(図1―1・11)。一九九三年に小学校のプー

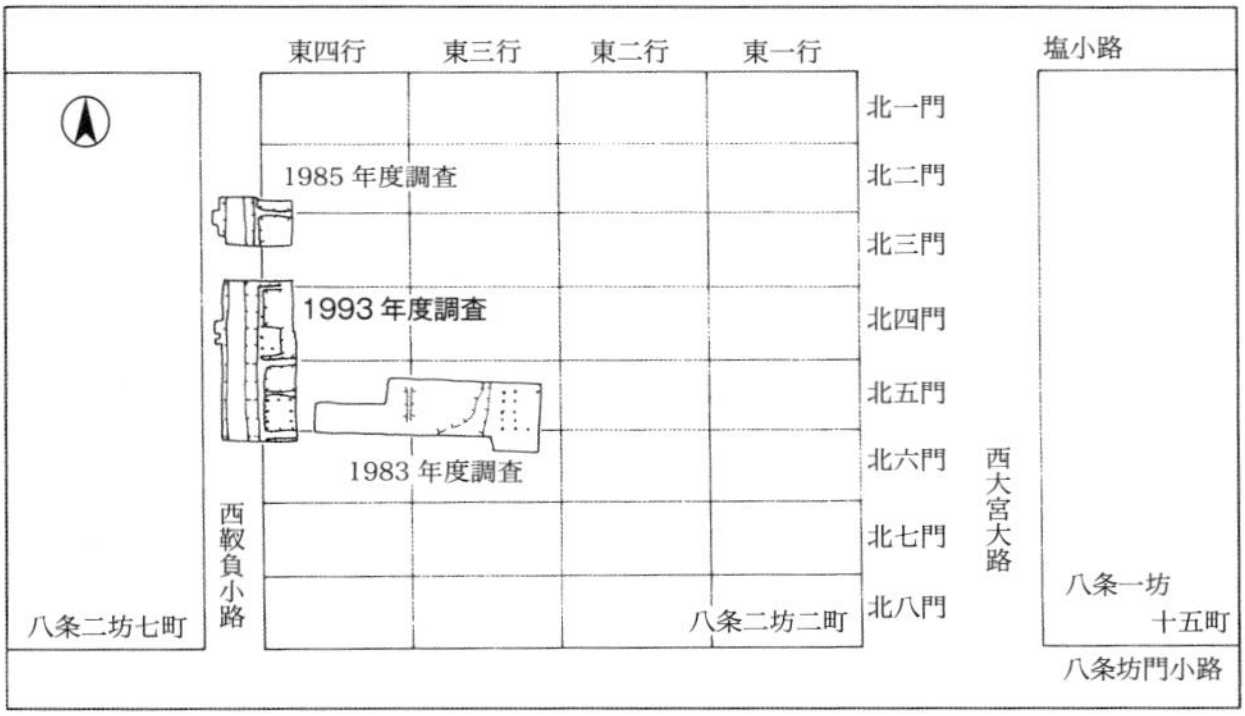

右京八条二坊二町跡

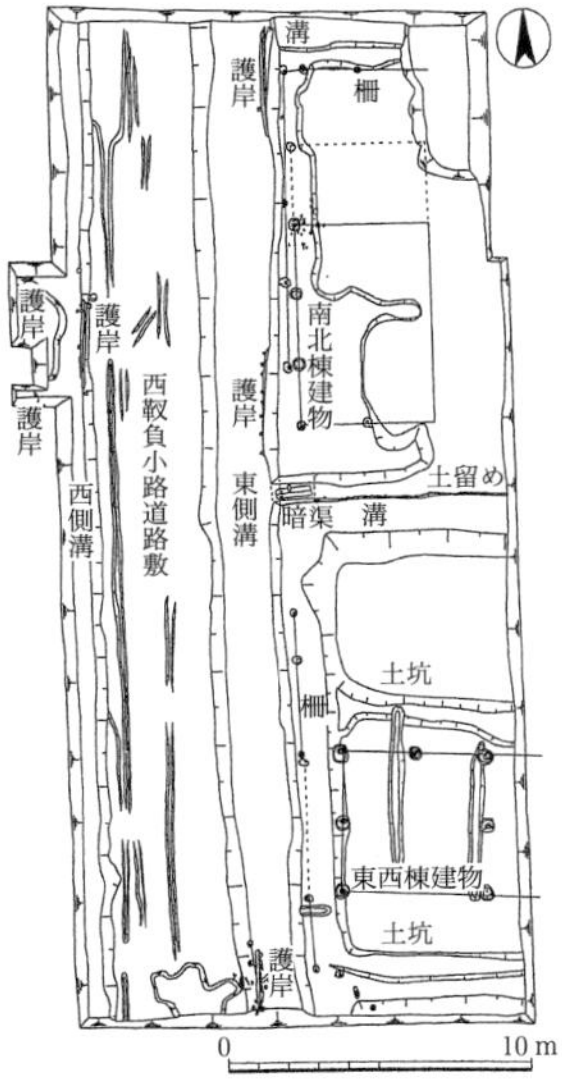

七条小学校遺跡の復元　北から南を見る（構成：杉山信三氏／イラスト：出水みゆき氏）

1993 年度調査区平面模式図

図 1-11　平安京右京八条二坊二町跡と遺跡復元図
（提供：京都市埋蔵文化財研究所）

ル建設予定地が発掘された。ここは官設の市である西市の周囲をとりまく外町《そとまち》の南に接する遺跡で、西市中央を南北に貫く西靫負《にしゆげい》小路と小路に面する建物を検出している。とはいえプールの完成後、残念ながら現地にはそれをしのばせるものは存在しない。

先に述べたように、平安京は西南に向かって傾斜している。条坊の西南隅が京都盆地の西を流れる桂川にかかっているため、右京のほぼ三条以南は桂川の氾濫原《はんらんげん》で、七条小学校の遺跡のあたりも、京が造営される直前まで、草の繁茂する沼沢状の景観を呈していたらしい。ここにその卑湿な環境を利用して、造都の物資搬入を目的とする南北の運河が造られた。しかし西市にいたる主要街路の一つが造られるべき場所だったから、造都の早い段階で埋没が進むと、運河は維持されず、上面に西靫負小路を敷設する土木工事がおこなわれた。水運から陸運への転換である。

調査では長さ三四メートルにわたって道路敷と東西両側溝を検出した。道路敷は砂と小石を敷きつめて造られ、乾燥時には極めて堅固になる。荷車などの行き交った轍《わだち》の跡も数条、はっきり残っていた。『延喜式』では、小路の道幅は約一二メートル、溝幅は約九〇センチと定められているが、両側溝は規定の三倍近い規模である。側溝の肩口には護岸施設が四カ所あった。それぞれに橋が架けられていたのだろう。

二町内の西端には東西方向の区画を示す積土《つみど》があった。四行八門制にもとづく各門の境を示しているとみられ、東四行西半の北四門・北五門および北三門・北六門の一部が姿を現したことになる。発掘を担当した辻祐司氏は、ここに生きた平安前期のある一家について、つぎのような想像をめぐらしている。

一家は北四門の地を与えられたが、その地は宅地にするには宅地境より三〇センチ以上も低い。そこで、小路に面する場所に建物を建てる面積分だけ土盛りして高くし、宅地内に溜まった水を排出するため、西靫負小路の東側溝に向けて、暗渠の排水施設を設ける。そのさい、外部から侵入してくる水や病やケガレから宅地と家族を守るため、隣地ならびに外界との境界にあたる宅地の南西隅に斎串《いぐし》(麻・木綿などをかけて神に捧げる榊や薄い木片の類)を何枚か埋納し、板で覆って埋めもどした。宅地周囲には柵をめぐらし、小路に通じる橋を架け、ようやく平安新京での生活をはじめることができた。

一家の隣人が北五門に引っ越してきたのは、少し後の時代だったらしい。空地のままだった北五門はいつしか廃棄物の投棄場所と化し、土器や木製品に混じって裏に「延暦廿四年(八〇五)五月十九日　秋穂記す」と墨書された荷札木簡も捨てられている。また側溝も木製品や土器で埋まっていた。いまなら粗大ゴミになるような大きさの木片も、平気で捨てている。小路の下となったかつての運河には牛馬の骨が散乱していた。

平安京は未完の都

大内裏・平安京についてざっと説明してきた。大切なのは、平安京はプランとしては日本の都城の完成型であるとともに、未完のまま造営事業が中断されたことである。桓武天皇が新京で遷都の詔を発した七九四年であれ、天皇が大極殿で初めて朝賀を受けた七九六年であれ、造営ははじまったばかりだった。延暦一五年(七九六)六月、工事が宮域から京域へ拡大されたのを機に、造宮使は造宮職《しき》に格上げされ、機関の充実・整備が図られた。初代の長官は和気清麻呂《わけのきよまろ》である。

以後も鋭意造宮が続けられ、延暦一六年三月には遠江《とおとうみ》・駿河《するが》などの国の民二万四〇人を強制雇用して、造宮の人夫にあてている。また延暦一九年一〇月には、山城・大和などの諸国の民一万人を徴発、堤を修理して葛野《かどの》川(桂川)の氾濫した水が、平安京に流れこむのを防がせた。過酷な労働には囚人があてられた。堀川は左右京の物資を集散する川幅一二メートルの重要な水路であるが、『日本後紀』延暦一八年六月二三日(現グレゴリオ暦では八月三日)条には、桓武天皇が建設中の平安京を見て回ったとき、真夏の炎天下に刑具をつけたまま堀川の開削に従事する囚人たちを見、その苦しみを哀れんで恩赦の詔を出したとある。また大内裏豊楽殿の完成は、少なくとも延暦一九年以後のことだろう。東寺・西寺については、延暦一五年ごろ、両寺同時に造営着工されたと考えられる。
長岡・平安と続く二度の遷都事業自体がとんでもない負担である上に、「三八年戦争」といわれるように、律令国家は奈良時代末期以来、蝦夷《えみし》(古代東北地方に住み中央政権に服従しなかった人びとに対し律令国家が用いた呼称)相手の大戦争を続けていた。すでに延暦一三年九月二八日、諸国の神々に奉《たてまつ》り物を捧げているが、それは「新都に遷る、及び蝦夷を征せんと欲するとを以てなり」とあるように(『日本後紀』逸文)、遷都とともに蝦夷経略の成功を祈願するためであり、「造都と征夷」が桓武朝の二大事業であったことを物語っている。そして延暦一六年六月二八日の詔で、平安京の造営に動員された諸国の田租《でんそ》を全免もしくは半免したのは、「万民の勤苦殊に甚し」い状況を、さすがに無視できなかったためである(同右)。

桓武天皇の決断

延暦二四年(八〇五)一二月七日、桓武天皇は、疲弊した百姓の負担を軽くするため仕丁《じちょう》・衛士《えじ》(いずれも上京し、朝廷の雑役、宮内の警備にあたる)らを減らし、伊賀・伊勢など二一カ国のその年の庸《よう》の税を免除することを許した。それとともに、天皇の御前で、参議兼右衛士督《うえじのかみ》藤原緒嗣《おつぐ》と参議左大弁《さだいべん》菅野真道《すがののまみち》に「天下の徳政」を論じさせた。緒嗣は「方今《ほうこん》(ただいま)天下の苦《くるし》む所は、軍事と造作となり、この両事を停むれば百姓《ひゃくせい》安《やす》んぜん」と主張し、真道は反対意見を述べる。真道は造宮使時代には長官、造宮職に改組されてからは造宮亮《すけ》（次官）で、かたちの上では格下げになったが、事業を推進してきた事実上の責任者である。ところが桓武は「緒嗣の議を善《よ》し」とした（『日本後紀』）。天皇が緒嗣にいい含めて中止をいわせた可能性があるが、いずれにせよ、桓武はみずからが追求してきた政策が破綻したことを、おおやけに認めたのである。これにより、国家と民衆に多大な負担をかけ続けてきた蝦夷征討と平安京の造営はともに中止になり、一〇日には造宮職も廃止された。ともかくも政治的な幕引きを終えた天皇は、翌延暦二五年（八〇六）正月病の床につき、三月一七日、七〇年におよぶ生涯を閉じた。

このため平安京といっても、左京の東南部、右京の北西端・南西端はまったく市街地化されることがなかったし、そこでは街路の設定すら不十分に終わっている。そして右京の三条以北は木辻《きつじ》大路から東側、四条以南では馬代《ばだい》小路または道祖《さい》大路から東側だけが市街地化されるにとどまった。つまり右京のほぼ西半分は一部に条坊が設定されただけだったし、その他はそれすらなしのままだったらしい（図1－1参照）。それが平安京遷都の実際の姿だった。

第二章　「花の都」の光と影

摂関政治への道

桓武の没後即位した平城《へいぜい》天皇は、有名無実の役所や官職の統廃合、仕事量の多い役所には書記官の増員、中下級官人の待遇改善、観察使を全国に遣わして地方政治を監督させるなどの施策をとった。ところが弟の嵯峨《さが》天皇に譲位し上皇《じょうこう》（天皇譲位後の尊称）になった直後、一部の公卿と多数の官人を率いて平城宮に遷った。そのため「二所《ふたところ》の朝廷《みかど》（廷）」の並立する状態が生まれた。弘仁元年（八一〇）、上皇は再即位を企て、奈良への遷都を命じる。天皇側は役所・役人らが二分し、人心騒動する事態の解消を決意、奈良の公卿・官人らを召喚、形勢不利とみて東国に脱出しようとした上皇らの行く手をさえぎる。平城はすごすごと奈良に帰り、出家して政界から退いた。危機を乗り切った嵯峨は、平安宮は先帝桓武が「万代《よろずよ》の宮と定め」たもの、と宣言する（『日本後紀』）。以後三〇年にわたり天皇や上皇として君臨、律令国家に代わる平安王朝への道を開いた。このことが示すように平安京は、はじめから千年の都が約束されていたわけではなく、ことと次第では短命の都で終わったかもしれないのである。

事件の最中、蔵人所《くろうどどころ》が設けられる。非常時における天皇の意思の速やかな伝達と機密保持、大内裏内外を警備する軍事力を天皇の直接指揮下に置くなど、多くのねらいがあった。少し後れて天皇直属の官庁として検非違使《けびいし》が設置され、京都の警察・裁判をつかさどるようになった。ともに順次他の多くの官庁の機能を吸収ないし支配下に入れて肥大化、貴族政権内で重要な役割を果たし続ける。

嵯峨朝にはじまった格式《きゃくしき》(格は律令の部分修正や追加、式は律令の施行細則)と儀式書の編纂は、中国で生れ育った律令と儀式にかんする制度を、日本の土地柄に合わせる試みで、やがて前者は平安後期以降運用される王朝の公家法《くげほう》を生み、後者は有職故実《ゆうそくこじつ》(朝廷の儀式・作法・官職・法令などにおける古来のきまりを故実といい、それに通じていること〈または人〉を有職といった)の世界へと継承されていった。今日では儀式は、形式ばかり重んずる虚礼、という否定的なニュアンスで理解されることが多いが、当時は貴族社会の価値理念や秩序を目に見えるかたちで表現し、貴族社会を活性化し再生させる政治的な役割があった。平安期は政治が儀式化したのではなく、儀式がそのまま政治だったといわれるゆえんである。

嵯峨天皇の腹心として活躍した藤原冬嗣《ふゆつぐ》は、政界における北家藤原氏の優位を確立し、その子良房《よしふさ》は他氏を朝廷から排除し、冬嗣の外孫文徳《もんとく》天皇を皇位につけることに成功する。良房はさらに娘が文徳との間に生んだ乳児の惟仁《これひと》親王を皇太子にし、ついで即位させた（清和《せいわ》天皇）。良房は臣下で初めての太政大臣に任命され、さらに貞観《じょうがん》八年（八六六）応天門の変を機に政務を総覧したが、これは事実上ののちの摂政《せっしょう》（天皇に代わって政務をおこなう重職）に相当し、摂関政治への道を開いた。

一〇世紀の後半から一一世紀にかけて、一族内の政争を勝ち抜いた道長《みちなが》、ついでその子頼通《よりみち》が、天皇の外戚《がいせき》として、摂政・関白《かんぱく》（天皇を補佐して政務を執りおこなった重職）または内覧《ないらん》（准関白）の地位につき、政治を切り回す。彼らの威勢は他の貴族家をはるかに凌駕しており、王権の後ろ盾、天皇と皇子女をみずからの家に包摂しているという意味で、一種の「王家」とさえいえる。

年中行事と小朝拜

平安の朝廷でおこなわれた政務や儀式を公事《くじ》という。平安中期になると、さらに公事行事の数は増えたが、国家的儀式は以前ほど盛んではなく、むしろ宮廷を中心とした年中行事が多くなった。行事のおこなわれる場所も八省院や豊楽院より、内裏の紫宸殿や清涼殿が多く使われるようになった。この時代になると政務、饗宴、仏教・神道、修法《しゅほう》・呪禁《じゅごん》(まじないをしてモノノケなどを払うこと)、季節などに関するいろんな行事が年中行事化され、宮廷の生活は、元日の四方拝《しほうはい》から大晦日の夜の追儺《ついな》にいたるまで行事の連続で、その数二〇〇を数えたという。

第一章でも述べたように、朝賀《ちょうが》は、正月元日に、天皇が大極殿に出御し百官の拝賀を受ける重要儀式で、唐の行事をまねたものである。朝賀当日には、これに呼応して諸国の国庁においても、国司が配下や郡司らを率いて、都の大極殿にみたてた正殿に向かって朝拝を実施することになっていた。そこには、年頭に全国的規模で、天皇と臣下の君臣関係、および君臣間の序列を確認し更新していく、政治的意図が貫かれている。

ところが、平安時代になると、清涼殿で小朝拝《こちょうはい》がおこなわれるようになった。小朝拝は朝賀と違ってごく簡略な内輪の礼で、親王以下六位以上の群臣中、昇殿を許された人びとが、朝賀ののちに清涼殿の東庭に参入して天皇に拝礼する。昇殿とは清涼殿南面の殿上の間に昇ることで、天皇の側近であるあかしである。九世紀中ごろの文徳・清和天皇ごろからおこなわれていたと考えられているが、九世紀末に即位した醍醐《だいご》天皇は、「王者に私無し」として、これを廃した(『西宮記』)。ところが、延喜一九年(九一九)の元旦に右大臣藤原忠平《ただひら》が、肉親の親王が天皇に拝賀するのであれば、子も同然の臣下にとっても、そうすることが正しい道だ、と主張し復活した。それ以後次第に朝賀が廃れ、一〇世紀末から一一世紀初めの一条天皇以後は、小朝拝のみがおこなわれるようになる。そのほか、それまで豊楽院でおこなわれていた白馬《あおうま》の節会《せちえ》、踏歌、豊明《とよのあかり》の節会《せちえ》、あるいは武徳殿や八省院での相撲《すまい》の節会、神泉苑の重陽《ちょうよう》の宴なども紫宸殿に移行しはじめ、清和天皇のころになるとそれが常態化する。

外記政と陣定

平安初期の天皇は内裏の紫宸殿で政務をみていたが、やがて九世紀半ば以降になると、毎日の政務に出御しなくなった。これは幼帝の出現に示されるように、天皇が直接国政にかかわらなくても、支障をきたさない体制・機構が成立したことを意味する。この場合、実務的な政務処理は、太政官の構成員(公卿)のみで進められ、諸官庁の官人たちが上申する案件を聴取裁定する場も、八省院外の太政官の曹司(太政官庁)に移った。さらに九世紀後半になると内裏建春門のそばに太政官庁の出張所(外記《げき》庁)が設けられ(図1―3・8参照)、そこに大臣以下の公卿が詰めて、太政官の事務方から略式で上申される行政事項を聞きとり、裁定するようになる(外記政《げきせい》)。

こうした実務処理の方式とは別に、天皇から示された国政案件を公卿が参集して議論する、政治的な意志決定の方式があった。そのなかで、摂関期に主に用いられたのが陣定《じんのさだめ》であり、評議は内裏の警衛にあたる左右近衛の陣(詰所)でおこなわれる。案件はその場では議決されることなく、諸卿の見解を並記したものを、蔵人頭《くろうどのとう》(蔵人所の長官)に付して上奏し、天皇もしくは摂政・関白の最終的な判断を仰ぐ。陣定はあくまでも審議の域を出なかったが、たいていは多数意見が採用された。

紫宸殿前の広場は南庭と呼ばれ、橘と桜が植わっている。「左近の桜」はもと梅だったのが、天徳《てんとく》四年(九六〇)初めて内裏が焼けたとき失われ、代わりに桜を植えた。梅は中国文化とともに薬になる木として渡来したもの。それが葉と花が同時に開くわが国古来のヤマザクラになった背景には、日本的な美意識が芽生えつつあったからといわれ、いわゆる国風文化(日本風貴族文化)の胎動を予感させている。

清涼殿と後宮

天皇の日常起居の場は仁寿殿だったが、やがて清涼殿が使われはじめ、九世紀末年ここに固定する。清涼殿では、官人の位階を授けたり(叙位)、中央・地方の官人を任命する儀式(除目《じもく》)などの政務や、四方拝・小朝拝などの行事がおこなわれた。

後宮の殿舎のうち、弘徽殿《こきでん》が清涼殿とつながっているため(図1－8では省略)、重んぜられるようになる。清涼殿の西北にあり、坪庭に藤を植えたので藤壺《ふじつぼ》とも称されたのが飛香舎《ひぎょうしゃ》で、藤原道長の娘で一条天皇女御《にょうご》の彰子《しょうし》が住まいした例があり、藤壺女御と称された。フィクションだが、『源氏物語』で光源氏が苦しい恋に悩んだ父桐壺《きりつぼ》帝の中宮藤壺もいる。一方、庭に桐が植わっていたので桐壺とも呼ばれた淑景舎《しげいしゃ》は、清涼殿からもっとも離れた東北の隅にあり、紫式部は光源氏の母の居所をここに設定することによって、彼女の身分の低さを表現している。

なお朝廷・朝堂院・朝政など律令政治には朝と名のつく施設・行事が多い。これは早朝、陽の昇らない前に、天皇が祭祀を中心とするまつりごとをおこなったことに由来するといわれている。ところが『古今著聞集《ここんちょもんじゅう》』には、一〇世紀前半の村上天皇が、ある下部《しもべ》から、主殿寮《とのもりょう》にはたくさんの松明《たいまつ》が必要であり（公事が夜遅くになってもおこなわれていることをいう）、大蔵省正倉院内の率分所《りつぶんしょ》（率分蔵）には草が生えている（諸国からの貢物が運ばれていないことをいう）、というのを聞いて大いに恥じたという話を収める。主殿寮は、宮廷の灯火の配給、清掃などにあたった。貴族政治の展開に対応して夜の公事が増加していったことを示す逸話である。

寝殿造とは

八世紀の難波宮では、位・身分に応じて配分される宅地の規模にきまりがあった。三位以上は、一町四方（約一万四四〇〇平方メートル）を基準とし、五位以上は半町、六位以下は四分の一町である。律令制では常勤の官人はみな位をもつが、五位以上が貴族、三位以上の上流貴族を公卿という。両者の間には権能・待遇の面で大きな差がある。それにもまして五位と六位の間には断絶があり、身分待遇上の厳然たる差別があった。

難波宮の宅地規模にかんする規定は、平安京でも踏襲されたと思われる。一般庶民は三二分の一町の一戸主だった。ところが平安中・後期になると、「一町家」を営む「諸国の吏（国守ら）」にたいし、「四分の一の宅」を過ぎてはならないと禁止令が出ている（『日本紀略』）。国守《くにのかみ》は五位・六位クラスの官人がなるものだったが、このころは貴族の数が大幅に増えた。国の数は増えないから、重要国は四位、普通の国でも五位でないとポストにつけなくなった。それで、貴族であっても宅地面積は、かつての六位なみに制限されたのである。建築様式についても身分による規制があり、「一町家」は「左右の対《たい》・中門等をあひ備」えねばならず、六位以下が「築垣（築地塀）ならびに檜皮葺《ひわだぶき》」を設けることは禁止だという（『中右記』・『日本紀略』）。

「左右の対・中門等をあひ備」えるのは、いわゆる寝殿造《しんでんづくり》、平安時代の上流貴族住宅の様式である。寝殿造は、①正殿である寝殿を中央に、南庭をとり囲むように、対屋《たいのや》・中門廊《ちゅうもんろう》が「コの字」型に建つ、②建物の間を廊（通路などに使用する細長い建物）・渡殿《わたどの》（渡り廊下）で連絡する、③中門廊が塀となって南庭を囲み、その外に築地塀があり、邸宅全体は二重構造をとる、中門廊と築地塀に開く二つの門で、邸の東西に出入り口を作る、④寝殿南方に広大な池を作る、⑤寝殿の内部は間仕切のない広い空間で、用途に応じて屏風《びょうぶ》・御簾《みす》・几帳《きちょう》などを適当に配置し区切る、などを主な特徴とする。

しかし、実際にこのような住宅が一般的だったとは考えにくい。たとえば一九八一年に北区の府立山城高校の敷地(右京一条三坊九町)で(図1－1参照)、平安初期の貴族住宅が発掘された。ここでは中央北寄りに切妻の正殿が置かれ、それを「コの字」型にとり囲んで後殿と四棟の脇殿がある。それらは②とは違い、それぞれ独立した建物だった。④の池もない。

図2-1　右京六条一坊五町，貴族邸遺構の復元模型　手前中央が正殿(所蔵：京都リサーチパーク)

また、五条通とJR嵯峨野線の交点にJR丹波口駅があり、その近くに京都リサーチパーク株式会社がある。一九八七～八八年、この地(右京六条一坊五町)で(図1－1参照)、九世紀中ごろの上・中流貴族の住宅遺構が発掘された(図2－1)。五町の地の東三分の二を占める縦長の区画が、塀によって南北に二分され、南部が主人のオモテ(ハレ)の場、北部は従者のためのウラの場になっている。オモテは南に池がないだけでなく、正殿の南はすぐ塀で、その外に六条大路が走っている。正殿と廊でつながっているのは西の脇殿(対)のみで、これとは別に東北・東南の脇殿・北の後殿が廊でつながっていた。対屋の配置は左右対称ではない。

ハレの場は立てこんでいるが、ウラはゆったりで、中央の空地には畠も作られているから、池や庭を作るスペースがなかったわけではない。リサーチパーク東地区の中庭にある「平安貴族のくらしと文化展示室」にいけば、その四〇分の一の模型と遺物を見せていただけるので（要予約）、興味ある方はご自分の目で確かめていただきたい。

これらは平安前期のもので、平安中期に完成する寝殿造への過渡的な姿、時代が降れば寝殿造が現れる、という意見もある。果たしてそうだろうか。注目すべきは、基本特徴①の「コの字」型の建物配置である。第一章でそれが古代の儀式・政務空間に共通する配置だ、と述べたことを思い出していただきたい。寝殿造の完成期はつぎに述べるように後院《ごいん》や貴族邸が「里内裏《さとだいり》」としてひんぱんに活用された時期だった。それで寝殿造の成立には内裏や後院の様式の影響が大きいと考える説が出されている。

内裏の影響か

教科書などに模型の写真などが掲載されている東三条殿《ひがしさんじょうどの》（左京三条三坊一・二町の南北二町）は、確かに①〜④の特徴を備えている（図2―2）。ここは平安中期になると、藤原北家の邸宅のなかでも、最重要のものとみなされた。一一世紀後半には摂関家の儀式専用住宅となり、大饗《だいきょう》（大臣家で例年または臨時におこなわれた大饗宴）など儀式のときだけ利用された。そもそも寝殿造において⑤のように、寝殿や対屋が広い空間を有していたのは、大勢の客を招いて儀式をおこなう場だったからである。そのためには、固定的な間仕切や設備はかえって不都合だった。

東三条殿は藤原氏の氏長者《うじのちょうじゃ》（氏の首長、氏人中の最高官位者がなるのが原則）の地位を象徴する邸宅だった。寝殿造が実在したとすれば、それは普通の公卿邸のそれではなく、東三条殿のような特別の役割を期待された、限られた建物だけだっただろう。だがこの問題の決着には、発掘による確かな実例の積み上げが必要である。

図2-2　東三条殿復元模型　（所蔵：京都府京都文化博物館）

後院と里内裏

後院は内裏（本宮）にたいする予備の別宮の呼称だったが、やがて天皇が譲位後に遷りすむ御所の意味になった。冷泉院《れいぜいいん》や朱雀院は平安初期以来の後院で、代々の天皇・上皇に利用されたので、累代《るいだい》の後院といわれた。冷泉院は四町の大きさで、その南半分はいまの二条城の東北部にあたっている。はじまりは嵯峨天皇のときで、弘仁七年（八一六）の秋、行幸した天皇が文人らを召して詩宴を催したのを初見とする。嵯峨天皇は譲位後の一〇年余りをここで過ごした。

在位中あるいは退位後に同邸を居所とした天皇は多い。二条城内の発掘でも、一一世紀前半の池跡が見つかっている。

天皇の隠居所である後院にたいし、大内裏外に設けられた皇居を里内裏という。初めて内裏が焼亡したとき(九六〇年)、村上天皇は冷泉院に遷ったが、貞元《じょうげん》元年(九七六)内裏が再び焼失すると、円融《えんゆう》天皇は太政大臣藤原兼通《かねみち》の堀河院(左京三条二坊九・十町)に遷って、約一年間皇居にした。普通この堀河院への居所変更を里内裏の初例とする。貴族の私第を仮皇居とする場合、本来の家主は他所に移り、天皇と同居することはない。

堀河院は二条城の東向かいの地にあった。現在は、堀川通をはさんで北から順に京都国際ホテル、全日空ホテル、堀川音楽高校(もと城巽《じょうそん》中学校)がならんでいる(図1―5参照)。全日空ホテルは堀河院のほぼ中央にあたる位置で、一九八四年ホテル本館の建設工事に先立ち発掘調査がおこなわれ(第一次調査)、平安後期のものではあるが、園池の痕跡を検出した。池のなかには景石《けいせき》(庭に趣きを添えるために置かれている石)が据えられており、堀河院時代の栄華をしのばせる遺構として注目された。いま東岸の滝口だけが、ホテルの駐車場隅に移されている。さらに二〇〇七年に城巽中学校跡地の発掘がおこなわれ(第二次調査)、ここでも一二世紀初頭以前に埋められた池跡二つが検出された。

一一世紀に入ると、内裏が再建されても天皇は里内裏に居住する傾向が強まった。また内裏の有無にかかわらず、はじめから皇居にする目的で内裏様式に造られたものが現れる。里内裏が常時用いられるようになると、内裏の再建も進まなくなり、永承《えいしょう》三年(一〇四八)に罹災した内裏の再建がなるのは、二〇年以上後、後三条天皇の延久《えんきゅう》三年(一〇七一)のことだった。

一二世紀前期の鳥羽《とば》天皇のころになると、内裏には大嘗会《だいじょうえ》などもっとも重要な儀式や方違《かたたがえ》のため一時的に行幸するにとどまり、通常の公事も里内裏でおこなわれた。里内裏が常用されるようになったのは、時代とともに、荘重で手続きも面倒だった政治運営が、簡略かつ便宜的に処理されるようになり、後宮も変質縮小していったからである。規模が大きく不要な建物が多い平安内裏の使い勝手の悪さが目立つようになり、寝殿造を基礎としたスリムな里内裏のほうが便利とされたのだろう。

右京の衰亡

一〇世紀後半の平安京の変貌を示す史料として必ずとり上げられるのは、文人の慶滋保胤《よししげのやすたね》が書いた『池亭記《ちていき》』である。そこではこの二〇年の間、西京《にしのきょう》(右京)には、住人の流出と家屋減少で「幽墟《ゆうきょ》」に近い状態が生じていたという。それを根拠に、右京は卑湿が原因で早く衰微し、農村化したなどの主張がみられる。大勢としてはその通りであるが、『池亭記』の「幽墟」云々《うんぬん》には、文学的誇張が含まれている。考古学者で京都都市史の研究者である山田邦和氏は、平安京全域でおこなわれた膨大な試掘・立ち会い調査の結果をもとに、平安中期の右京には中規模以下の邸宅が各所に点在しており、都市的な景観はまだ失われていなかった、衰退がはっきりしてくるのは平安後期以降であるが、それでも四条大路や七条大路など東西幹線道路沿いでは、「町家」が建ちならぶ地域が新規に出現しており、右京の西北部にも遺構が密集する地区があった、と主張した。

『池亭記』が指摘しているもう一つは、応和《おうわ》年間(九六一〜四)以来、一種の建築ブームがあったことである。右京とは対照的に、東京《ひがしのきょう》(左京)の四条以北では「人々貴賤となく、多く群《くん》聚《しゅう》」し、「高家《こうか》(権勢ある家)は門を比《なら》べ、小屋《しょうおく》は壁を隔て簷《のき》を接《まじ》ふ」という状態が顕著になっていたという。そして貴族があらたに邸宅を置き、門戸を広げ、付近の小屋を兼併していくことで、そこの住人との間に軋轢が生じ、「小人あひ訴ふる者多し」という事態が生まれていた。小屋の所有者たる「小人」は一般庶民とは限らず、家地の正当な所有権者と、空地に手を加えて小屋を建てた事実上の占有・用益者の双方があったと考えられている。

貴族はしばしば転居し、主人の不在は邸宅を荒廃させる。紀貫之《きのつらゆき》は国守となって土佐に赴任し、その家を隣人に預けるが、帰京したとき想像以上に「こぼれ破れ」ていたので、歎き悲しんだ(『土佐日記』)。陽成《ようぜい》上皇の後院である陽成院は、大炊御門南・西洞院《にしのとういん》西・二条北・油小路東の南北二町を占めていた。しかし上皇死去後、中央に冷泉小路が貫通し、「北の町」は「人家共《ども》」となり、「南の町」は池が少し残ったが、そこにも「人」が居住している(『今昔物語集』)。これらの空地が再開発されたとき、そこを占拠する「小人」との間に紛争が起こった。平安京では宅地の私的所有権は強固に存在したが、小屋の建設や宅地の耕地化など占有・用益の権利は、いちがいに排除されてはいなかったのである。

京の郊外と葬地

右京が衰退してゆくとともに、京の中心は東に遷った。里内裏が常用されるようになったのも、平安京の繁栄が左京に片寄り、内裏が京の中央からずれてしまったことも影響しているだろう。さらに市街地は北野や東河《とうか》に広がってゆく。北野は大内裏の北の野という意味で、現在の京都市上京区・北区一帯。東河は鴨川のことで、鴨川のほとりから川東にも広がってゆく。北野では、元慶《がんぎょう》年間(八七七〜八五)に太政大臣藤原基経《もとつね》が雷神を祭って以後、毎年秋に祭がおこなわれるようになった。古く右近馬場《うこんのばば》もあり、菅原道真を祭る北野社は同地に造営されたものと伝える。

東山は、延暦寺《えんりゃくじ》のある比叡山から稲荷《いなり》大社の稲荷山にいたる、山城盆地の東を限る峰々である。漢詩の世界では、平安時代から東山が詠まれ、中国河南の嵩山《すうざん》に見立てて「三十六峰」と称された。平安京の東に位置することによる呼び名で、広義には鴨川の東をさす。平安京が造営される以前には、この地域の庶民は、死者を家のそばに葬るのを習慣にしていた。平安貴族はさまざまなケガレのなかでも、人の死を最高のケガレ、不浄と考え、その呪的で強力な伝染力を深く恐れている。死のケガレへの忌避観は肥大化し、天皇の都である京中やその近辺から死者を閉め出す動きとなった。それが葬送場所の地域的限定になり、一〇世紀の中ごろ以降、鴨の河原や東山南部の鳥部《とりべ》(辺)野《の》(愛宕郡《おたぎぐん》鳥部郷を中心とする地域)が、葬地になってゆく。『源氏物語』にも、光源氏が頓死した恋人夕顔の遺骸を、「東山の辺」の板葺の家に移すくだりがでてくる。さらにそののち西の蓮台野《れんだいの》・化野《あだしの》が、鳥部野とならぶ平安京・京都の人びとの一般的な墳墓の地になった。ただし墳墓といっても、葬送の儀礼を済ませると遺体は捨てられ、やがて場所もわからなくなった。貴族が故人の遺骨を拝したり、墓参りをするようになるのは一二世紀に入るころからである。

側溝の役割と掃除

都市の衛生環境を考えるとき、人や動物の排泄物や塵芥が、どんなかたちで処理されているか、自然の浄化力や生活者個人の努力を超える部分が、どの程度制度的・社会的に解決されているか、が焦点になるだろう。多数の人びとが集まり住む環境にあっては、すべてを自然の浄化力や住民の個別努力にまかせるのでは、よごれや悪臭は避けがたいからである。平安京の場合とくに重要なのは溝掃除である。平安京の街路両端にはそれぞれ側溝が掘られていた。これらは都の造営時に造ったり、自然の川を整備改修したものである。用水や雨水の流路であるとともに、専用の下水道網をもたない平安京にとっては、生活雑排水の流路も兼ねた。

都市工学では、人工の環境である都市生活を維持し、利便化・快適化する基礎的な環境装置を都市装置と呼ぶ。側溝は為政者自身が「京城の固め、溝渠《こうきょ》を以て本《もと》となす」(『類聚三代格』)と述べたように、平安京の大切な都市装置の一つである。その規模は『延喜式』によれば、総延長距離七〇〇キロ、朱雀大路で幅一・五メートル、普通の大路で一・二メートル、小路で九〇センチになる。なお現在人口一四六万人の京都市の下水道は、全長四一五五キロという。

問題はこの溝に住民が塵芥を投棄して省みないことである。奈良平城京の側溝の発掘でも塵芥投棄の習慣が確認され、はるかに降った江戸時代の京都でも、河川・溝への「ちりあくた」投棄は、為政者の悩みの種だった(『京都町触集成』)。塵芥投棄の習慣は、溝をつまりやすくさせ、ドブ川化を招く。浄化能力を維持するには、水底に溜まった泥を掃除する溝さらえが不可欠だが、それが励行されていたとは考えにくい。

便所とオマル

斉衡《さいこう》二年(八五五)に太政官が下した公文書によって、側溝から水が溢れて、道行く人がぬかるみに悩まされ、側溝そばの家も水の浸透で被害が出ていたことがわかる。

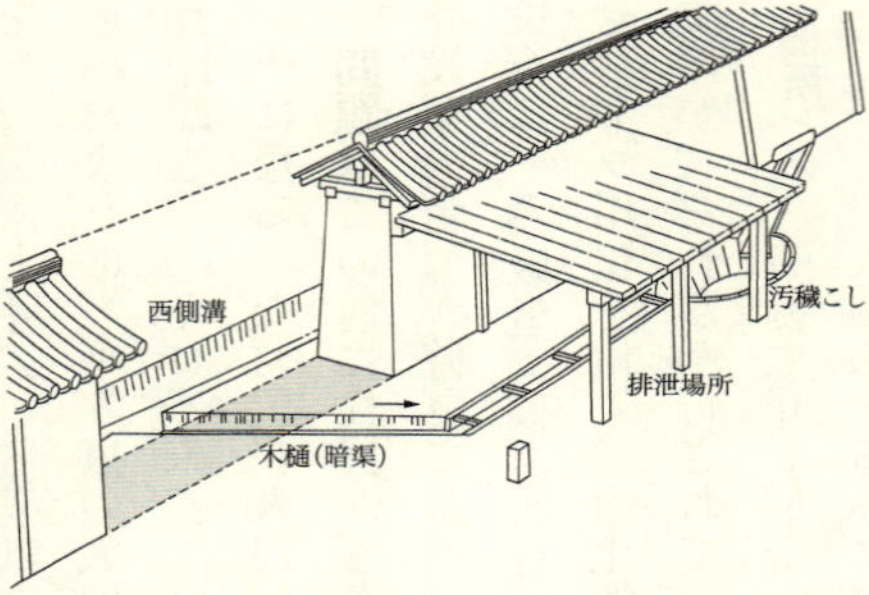

図2-3　平城京跡「水洗式」トイレ模式図
（原図：松井章氏）

塵芥の投棄が原因のようだ。また同文書と平城京の発掘事例から、道路側溝の流水をいったん暗渠で築地内壁がわに設けた木枠溝に引きこみ、邸内で生じた汚水を混ぜて、別の暗渠を使って築地外の溝へと流し出していたことがわかる。その木枠溝では人間の排泄もおこなわれ、一種の水洗便所を兼ねていた（図2―3）。

平安京の溝渠には、人間の排泄物も流されていた。ただでさえつまってドブ化しやすい上に、溝沿いの各家からの汚水のたれ流しがある、というのが初期平安京のいつわらざる姿だったのである。一〇〇年以上前の藤原京ですでに「京城の内外に多く穢臭《わいしゅう》有り」（『続日本紀』）といわれていたが、平安京も相当な悪臭都市だった。

築地塀脇の水洗便所で用を足したのは、その役所や貴族家の関係者だった。しかし、上流貴族はこういうところでは排泄しない。彼らの便所は樋殿《ひどの》と呼ばれる。貴族住宅の対屋か渡殿の一角を几帳や衝立《ついたて》で仕切ったもので、樋筥《ひばこ》という箱形便器、つまりオマルを置いてする。ここには大壺(小便壺)なども備わっていた。主人の排泄が終わると、便器は樋洗《ひすまし》・御厠人《みかわやうど》などと呼ばれる卑賤視された奉仕者によって運び出された。

オマルのその後のゆくえを明らかにするのは難しいが、樋洗が貴族邸内の所定の場所で、内容物を水に捨てながら洗浄した、さらに築地塀脇の水洗便所が、その処理場そのものだったとの想像が可能である。いずれにせよ、便器をあらった汚水は、やがて築地外の側溝に流れこむ。

街頭排便の習慣

主人たちがこのようであるなら、貧しい従者や一般民衆の場合はどうしていたのだろうか。一〇世紀後半成立の『落窪《おちくぼ》物語』に、雨降る闇夜に小路から大路に出た男主人公が、身分高きものの行列に出会い、控えろの叱声にしゃがんだところ、「屎《くそ》のいと多かる上にかがま」ってしまう場面がある。平安京の街路の一部に糞便が溜まっていたことを伝える情報である。『今昔物語集』にも「此《こ》の殿に候《そうろ》ふ女童《めのわらわ》の大路に屎まり(ひり)居て候つるを」、あるいは「若き女の……築垣に向て南向に突居《ついい》て(しゃがんで)尿《ゆばり》をしければ」などとみえており、前述の樋洗のような「下賤」な従者の排便放尿は、邸外路上でおこなわれていたことがうかがえる。邸内の便所を使用するには、一定以上の身分と資格が要求されたのだろう。一二世紀末成立の『餓鬼草紙《がきぞうし》』絵巻には、有名な街頭排便の場面があり、排泄に高足駄《たかあしだ》が利用され、尻をふくのに紙と捨木《すてぎ》(へら状の木片、籌木《ちゅうぎ》・糞ベラともいう)が使われている(図2―

図 2-4　街頭排便図　『餓鬼草紙』をもとに著者描く

4）。また食糞餓鬼の図でも、墓地内のひり捨てられた大便のかたわらに、紙や捨木が散乱している。一種の共同便所という意見があり、うなずける。

こうした事実を紹介することは、ことさらな露悪趣味と感じられるかもしれない。だがロンドンでもパリでも、じつに一九世紀半ば過ぎまで、都市は人畜の糞尿まみれ、汚水まみれだったのである。天皇の遊覧場であり、空海《くうかい》がここで雨乞いの修法をして以来、請雨《しょうう》祈願の道場となった神泉苑ですら、平安中期には「四面の垣ことごとく破壊、不浄の汚穢池中に盈満《えいまん》（充満）す」（『小右記』）といわれ、鎌倉初期にはもっとはっきり「死骸充満、糞尿汚穢、あげて計《かぞ》ふべからず」（『玉葉』）と指摘されるありさまだった。当時の京都はじつに野犬が多かった。餌としての糞便や死体が豊富だったからである。

人口密集、人びとの往来盛んな大都市の公衆衛生にとって、情景の意味するところは明らかである。街頭の死骸・糞便は、たまたま行き倒れた、捨て場に困った、生理的欲求にかられた、という次元の問題ではない。路上が捨て場、排泄の場として意図的に選択された結果である。道路は、世界史的にみてもゴミ捨て場である。貴族官人が糞尿混じりの汚水を溝に流し出したのは、汚穢を邸内にとどめ置くことを嫌ったからに違いない。主人の排泄物すらそうだったとすれば、従者の排泄行為が邸外とされたのは当然である。

平安中期以降、恒例・臨時の公的行事、禊《みそぎ》や行幸のとき、その場所や洛中路地の掃除は、京職や衛門府の機能を吸収した検非違使の仕事になった。検非違使は警察・裁判にあたるだけでなく、掃除夫(衛士《えじ》・召次《めしつぎ》・庭掃《にわはき》など中世の被差別民にもつながる人びと)を使って、貴人や行事担当者が、路上に散乱する死骸や排泄物に接触し、ケガレに汚染されないよう予防することを、重要な職務にしていた。

鴨川の氾濫

鴨川は大都市を流れる川としては、まれにみる急流である。しかも地形的に高いところを流れているから、水源の北山で大量の雨が降ると、氾濫してしばしば市中を水没させた。天長《てんちょう》元年(八二四)より以前から鴨川堤が決壊すると、防鴨河使《ぼうかし》を任命し主に畿内五カ国に命じて修築にあたらせているが、効果がなかった。鴨川は摂関期に入ってより氾濫しやすくなる。鴨川堤や河原の開発が進み堤が脆弱になったこと、国家財政の窮乏により、堤の補修が十分におこなわれなくなったことが原因だろう。

そもそも大雨で「京城の内、溝渠《こうきょ》みな溢る」(『三代実録』)という事態になれば、溝内の汚物・塵芥に影響がおよぶ。囚獄司《しゅうごくし》(罪人の囚禁・徒役や刑罰の執行をつかさどった役所)が雨あがりの早朝、囚人を率いて宮内の汚穢や厠《かわや》溝の清掃をすることになっていたのは、まとまった雨が降ると、便所・溝から汚物やゴミが溢れ出るからである。それが鴨川が氾濫し、「河水暴溢《ぼういつ》、京師の道橋流《る》損《そん》せるもの衆《おお》し、人の廬《ろ》舎《しゃ》(小屋)を壊すこと、その数を知らず」(同右)の事態になれば、路上の汚穢・排泄物も、水に流されながら一挙に京中に拡散する。

とりわけ危険なのは、飲料水をもっぱら井戸に頼っていた平安京で、そこに汚水・汚物が流入することだろう。水を介し感染する水系伝染病や寄生虫の脅威があるからである。万寿《まんじゅ》三年(一〇二六)四月、京中の井戸にヒルのような形をした小虫が発生し、これを飲んだ者にはれものができた。庶民は北陸道方面から来たとも、空から降ったとも噂したが、井戸が浅井戸で水が汚染されていたのだろう(『左経記』)。それでなくとも、京都は石の多いやせ地や小砂利が多い地質で、雨水・汚水が地下に浸透しやすい。河水や溝水が溢れるのは、梅雨から夏の台風シーズンにかけてが一番多い。市中に拡散した汚物は、おりからの暑気とあいまって、疫病の流行を招かずにはおかない。平安時代の京都において、赤痢の流行は、八六一年・九一五年・九四七年・一〇一六年・一〇二五年・一〇二七年・一〇七七年・一一四四年の計八回にのぼっている。これは勢いが盛んなので記録に残ったまでで、潜在的・散在的な罹患を入れればずっと増える。

それ以外にも、大都会は人の出入りが激しく、病人に接触する機会も多い。だから疱瘡《ほうそう》(天然痘)・はしか・インフルエンザなどの流行が頻発する。九九五年から一〇二七年までの道長政権期を例にとると、赤痢も含めた四病だけで計八年、一一回の流行をみた。京都は四年に一度は確実に、疫病の発生に苦しんでいたわけである。

水と御霊会

平安京では、とくに夏、疫病に備え、その蔓延を防止する各種神事・祭礼・法会がくりかえされた。疫病や天災を、非業の死や政争に敗れて憤死した人の怨魂《えんこん》(御霊《ごりょう》)の働きとみて恐れ、これを慰めた上で移し流す御霊会《ごりょうえ》もその一つである。御霊会は貞観五年(八六三)に神泉苑でおこなわれたそれが、公的行事の初見である。けれども、祭場がなぜ神泉苑なのか問われることは少なかった。しかし、疾病や災厄の原因を流し払うことを目的とする祭なら、神泉苑のような水辺こそもっともふさわしい。

水は過剰なら洪水、少なければ旱魃《かんばつ》の原因になり、氾濫があれば疫病も流行する。同時に万物の生育に不可欠であり、ケガレを落とす浄化力があるとも信じられていた。水神が祟り神であると同時に、国土の豊饒《ほうじょう》や人の命をつかさどる両義的性格をもち、水辺が塵芥・屎尿の投棄場所であるとともに、禊や祭祀の場所、よごれと聖なるものが共存する空間であるのは、こうした理由による。

水辺といえば、正暦《しょうりゃく》五年（九九四）疫病大流行の最中の六月二七日、北野船岡山でおこなわれた御霊会も注目される。このとき木工寮《もくりょう》・修理職《しゅりしき》所属の人びとが作った二基の御輿《みこし》が船岡山の山頂に安置された。こと終わって御輿は、船岡山の「山境に還《かえ》」され、「難波海《なにわのうみ》に還し放」たれている（『本朝世紀』）。

「難波海に還し放」つとは、神輿《しんよ》を船岡山麓の水流に流し入れるという意味である。該当する流れは、大徳寺周辺の諸川が集まって南下するそれだろう。これは、大宮通を通って上立売《かみだちうり》で東に流れ、堀川に入って南下し、九条通から西流して四つ塚から鳥羽作道《とばのつくりみち》に沿いながら南下、やがて天神川に合流する。天神川は桂川に流れこむから、理屈の上では、船岡山の麓から流した神輿も、やがて日本国の「祓所《はらえどこ》」と考えられていた難波の海に流れ入る。神泉苑で祓われたケガレも、堀川を通って難波の海に流れこむ。

祇園社と祇園御霊会

祇園《ぎおん》祭の前身は、平安中期にはじまる御霊会の一つである（以下祇園御霊会、または祇園会《ぎおんえ》という）。八坂《やさか》神社の名は明治元年（一八六八）の神仏分離に際してつけられたもので、この地がかつて愛宕郡八坂郷に属していたことにちなむ。それ以前は祇園社、神社に付属する寺を祇園感神院《かんしんいん》と称していた。感神院は一〇世紀中ごろまでは、清水寺とともに、奈良興福寺の末寺だったが、天徳三年(九五九)、清水寺《きよみずでら》との間に紛争を生じ、そのことがきっかけで延暦寺の末寺化した。以後それが長く続く興福寺と延暦寺の確執・抗争の一因となってゆく。

本来の祭神は疫神であり、かつ疫神を除く神でもある牛頭天王《ごずてんのう》。草創の時期は九世紀後半ごろらしいが、延喜二〇年(九二〇)に、右大臣藤原忠平が流行の「咳病《がいびょう》(せきの出る病気)」を除去すべく、祇園社に幣帛《へいはく》(神に供える麻の布)と走馬《はしりうま》(競馬《くらべうま》に用いる馬)を奉納したことが知られる。当時はまだ、八坂郷の鎮守程度の存在だったらしい。それが御霊信仰の広まりにつれて、人びとの期待を集め、祇園社での祭礼も盛んになっていった。

祇園祭といえば、豪華絢爛な山鉾《やまほこ》巡幸やその前夜祭である宵山《よいやま》に関心が集まりがちだが、神社の内外で、七月いっぱいかけておこなわれる一連の行事・風習全体が祭である。関西の梅雨明け日の平均は七月二一日であるが、それまでの蒸し暑さや長雨による水害は、疫病の原因になる。祇園御霊会の中心は、神霊の乗物たる神輿が京内を巡行する行事である。これを神輿渡《と》御《ぎょ》といい(図2—5)、平安期には山鉾巡行はまだなかった。

図2-5　祇園神輿渡御　鴨川の仮橋を渡って京中へ，上杉本『洛中洛外図屏風』下京隻第二～三扇，部分(所蔵：米沢市(上杉博物館))

祭礼区域(氏子地区)を巡るため、神社を出た神輿が、一時安置される場所のことを御旅所《おたびしょ》という。現在の御旅所は四条寺町の一つだけだが、かつては旧暦の六月七日(現七月一七日)の夕方、祇園社を出た三基の神輿のうち二基が大政所《おおまんどころ》御旅所(高辻東洞院)、一基が少将井《しょうしょうのい》御旅所(冷泉東洞院)に渡る(図1―1参照)。これを神輿迎え(現神幸祭)といい、七日の間御旅所にとどまった神輿が、六月一四日(現七月二四日)の夕刻、祇園社に還ることを還幸《かんこう》(現還幸祭)といった。還幸はまた祇園御霊会・祇園会ともいった。

祇園社側の史料によれば、大政所御旅所の敷地は天延《てんえん》二年(九七四)、少将井御旅所の敷地は保延《ほうえん》二年(一一三六)、祇園社に寄付されたという。だが御旅所は、南北朝期までは祇園社のものではなく、祇園の祭神を平安京の住人が主体となって迎え祭るための場であり、神主も祇園社のたんなる出先機関ではなかった。右のような神輿渡御の形式は、遅くとも一二世紀前半には成立していただろう。

東寺と空海

平安京では、東寺・西寺を除き、京中に寺院を建立することはなかった。これを従来は、奈良時代に仏教を重視しすぎて生じた弊害を除こうとしたから、と考えてきた。しかし吉川真司氏は、平城京に集中していた諸大寺を移転させる費用と混乱を考え、そこで育成される僧侶集団を平安京の法会に登用し、王権護持と仏教興隆に貢献させようとする「王都・仏都分離策」だ、と新提言をしている。興味深い見解である。いずれにせよその結果、南都七大寺といわれるように、奈良は仏都として生き残ることになった。

例外の一つ東寺は、平安遷都とともに造営が開始されたが、弘仁九年(八一八)ごろになってやっと金堂が竣工するような状態だったらしい。弘仁一四年、嵯峨天皇は、唐から最新の密教《みっきょう》(密教は顕教《けんぎょう》と対をなし、秘密の教えという意味。顕教が言葉によって説明された仏教であるのにたいし、教理の造形化〈象徴的・芸術的表現〉や宗教的儀礼を重視尊重する仏教)をもたらした空海に未完成の東寺を与え、以後東寺は真言《しんごん》密教の根本道場になった。平安時代東寺の最大行事は、後七日御修法《ごしちにちのみしほ》であるが、これは毎年正月八日から一四日まで、大内裏内の真言院という道場で、天皇の身体護持・国家隆昌・五穀豊穣・万民豊楽を祈願する修法である。このほか毎年恒例の国忌《こき》(先皇・皇祖・母后などの忌日に政務を休み追善の法要をおこなうこと)、さらには政府の命ずる恒例臨時の仏事祈禱がおこなわれた。紀伊の高野山《こうや》金剛峯寺《さんこんごうぶじ》が、空海が真言密教の真理を実践するための道場なのにたいし、こちらは国家が維持経営する官寺としての性格が強かった。

空海は、講堂に二一体の彫像を安置しようとした。その完成は没後の承和《じょうわ》六年(八三九)である。このうち一五体が今日もほぼ作られた当時の姿をとどめ、わが国密教彫刻の最古の像として珍重されている。筆者もときどきここを訪れるが、ほの暗い堂内に安置された多くの仏たちは、不思議で神秘的な雰囲気を漂わせ、粛然として襟を正す気分になる。金剛法・金剛宝両菩薩などの人体を思わせる肉感的な表現もじつに魅力的だ。諸仏の配置は空海独自の発想で、彫像によって立体的な曼荼羅《まんだら》(一定の方式に基づいて、諸仏・菩薩および神々を網羅して描いた図)を作っているとの説がある。その当否を論ずる能力はないが、平安時代をしのばせる厳粛な宗教空間であることは間違いない。

京都の繁華街(四条河原町)から真北、直線距離にして一三キロ弱の山中にある鞍馬《くらま》寺は、東寺の造営長官だった藤原伊勢人《いせんど》が延暦一五年(七九六)に創建したという。本尊は毘沙門天《びしゃもんてん》であるが、最初は観音を祭る小寺だったらしい。それが毘沙門天の寺として再出発するのは、九世紀終わりの時期で、寺の性格転換を推進したのは、東寺の僧侶だったらしい。平安京の死命を制する水源の地に、北方守護にあたる毘沙門天を配する心憎い演出といえる。

賀茂社と石清水八幡宮

山紫水明の平安京郊外は京内とは対照的で、鞍馬寺以外にも巨大寺院、有力神社が目白押しである。賀茂《かも》社は北区上賀茂にある賀茂別雷《わけいかづち》社（上賀茂《かみがも》神社）と、左京区下鴨にある賀茂御祖《みおや》社（下鴨《しもがも》神社）をさし、両社は賀茂川に沿って南北約三キロ離れて鎮座する。上賀茂社は遅くとも七世紀末、平安遷都の一〇〇年前には成立していた。山城国の一宮《いちのみや》（各国の第一位格の神社）である。長岡・平安京遷都以後、王城の鎮守神としてたびたび行幸・奉幣を受けた。大同《だいどう》元年（八〇六）には賀茂祭が天皇の命によっておこなわれる祭になり、弘仁元年（八一〇）、未婚の皇女または女王《じょおう》が斎王《さいおう》として、神社に奉仕する斎院《さいいん》の制がはじまった。これは斎院制が維持できなくなった鎌倉時代の前半まで続いている。

寛仁《かんにん》元年（一〇一七）、後一条天皇が山城国愛宕郡を神郡として寄進することを約束し、翌年、郡内八郷が賀茂上下社に寄せられた。さらに院政期になると、両社ともに多くの荘園を有するにいたる。

古来、京都では祭といえば賀茂祭を意味した。祭に先立ち斎王が賀茂川で禊をおこない、四月の中《なか》の酉《とり》の日（現在は五月一五日）、勅使および東宮・中宮の使とともに行列を整え、夕刻以降両社へ向かう。葵蘰《あおいかずら》を身にまとうので葵祭の別名がある。現在は、平安後期装束も華やかな斎王代《さいおうだい》と女人の行列が、王朝の風流をしのばせる祭の呼び物である。斎王代は斎王に代わるものとして、一九五六年、観光を意識して創設されたもので、京都ゆかりの一般女性から選ばれる。しかし祭本来の主役は勅使で、近衛中将が遣わされる慣例があった。

そのほか、平安京南方の現在八幡《やわた》市の男山《おとこやま》には、石清水《いわしみず》八幡宮が鎮座する。貞観二年（八六〇）、九州の宇佐《うさ》宮から同地に八幡神を勧請したのがはじまりという。八幡神を「皇大神《すめおおかみ》（天照大神の別称）」と称し、天皇の祖先神、伊勢神宮に次ぐ天下第二の宗廟として尊崇された。神社と護国寺が一体になった宮寺形式をとっているのが特徴である。

大覚寺と仁和寺

洛西ではまず大覚寺《だいかくじ》。もと嵯峨天皇の離宮だった嵯峨院を、貞観一八年（八七六）淳和《じゅんな》天皇の皇后が寺に改め、皇子を開山にして大覚寺と号した。寺の東には大沢池がある。北岸に近い大小二つの中島と池中の立石、また北側の名古曽《なこそ》の滝跡などが、平安時代初期園池の面影をしのばせている。滝は早くから枯れ、石組みだけが残ったが、一九九四年からの発掘調査で中世の遣水《やりみず》が発見され、復元が完了している。

右京区の双ヶ丘《ならびがおか》の北にある仁和寺《にんなじ》は、仁和二年（八八六）、光孝天皇が鎮護国家の道場として造営を発願、その志を宇多《うだ》天皇が継いで金堂を落成させた。ときの元号をとって仁和寺と号す。宇多天皇は譲位後出家して法皇となり、延喜四年（九〇四）、寺内に僧房を設けて隠棲した。その僧房が「御室《おむろ》」と称されたことから、法皇や仁和寺、さらに当地域の別称になった。そののち、代々法親王《ほっしんのう》(皇子の出家後に親王宣下を受けたもの)が法灯を継いで、格式の高い宮門跡《みやもんぜき》寺院(門跡は皇子・上流貴族などの住する寺、または住職の称)として近代にいたっている。鎌倉初期までが盛んなときで、門跡は六勝寺《りくしょうじ》など王家の御願寺《ごがんじ》(天皇・皇后などの発願によって建てた寺)を監督する検校《けんぎょう》を兼ね、広大な寺域には歴代の天皇や皇族によって堂舎や子院《しいん》・院家《いんげ》(出家した貴族の子弟が止住する子院)が次々に造営された。

延暦寺・清水寺

洛東東山に目を移すと、一番北に延暦寺がある。奈良時代の最末、最澄が一乗止観《いちじょうしかん》院《いん》(比叡山寺)を建立したのにはじまる。比叡山中の東塔《とうとう》・西塔《さいとう》・北の横川《よかわ》という三つのゾーン(三塔)に、最盛期には三〇〇〇の坊がひしめいた。寺内門徒の対立から分離独立した園城寺《おんじょうじ》(寺門《じもん》)にたいしては「山門《さんもん》」、興福寺(南都《なんと》)にたいしては「北嶺《ほくれい》」と称し、武力を擁し権威と実力を誇っている。延暦寺と対になる日吉社《ひえしゃ》(現日吉大社《ひよしたいしゃ》)は、古い山岳信仰が起源、最澄が天台宗の護法神としたもので、神仏習合・本地垂迹《ほんじすいじゃく》(神は本地である仏・菩薩が衆生救済のために姿を変えて迹《あと》を垂れたものだとする神仏同体説)のかたちをとって発展した。延暦寺はその後、平安京・京都に聖俗両面にわたって絶大な影響をおよぼしたが、三塔や日吉社そのものは近江国志賀郡(現滋賀県大津市)にあり、山城国外である。

祇園社はすでに紹介した。清水寺は創建年代はさだかではないが、延鎮《えんちん》という僧が、坂上田村麻呂の助勢を受けて草創したと伝える。のち興福寺の末寺となり、祇園社とたびたび争った。本尊は十一面観音像である。観音の慈悲は広大無辺であり、あらゆる人間の苦悩を救うといわれる。観音信仰が盛んになった平安中期ごろから観音霊場として知られ、日本無双の霊場とうたわれた。平安時代以来、種々の縁起《えんぎ》(社寺などの由来・霊験などの伝説、またそれを記したもの)が作られ、観音の霊験が強く世にアピールされた。以来貴賤の参詣者を集め、清水詣という言葉も生まれる。清水寺は、平安末よりはじまる西国三十三所観音霊場めぐりの第一六番札所になってゆく。

この寺の本堂は周知のように切り立った崖に造られ、前面に広い舞台を張り出し、それを支える柱に幾段も貫《ぬき》を入れて堅固に固めている。山または崖にもたせかけて造った建物形式を懸《かけ》造《づくり》、舞台造ともいい、観音堂は多くこのような地形に設けられた。

法成寺　法成寺《ほうじょうじ》は、摂関政治の時代を象徴する大寺である。その跡は、上京区京都御所の東で、鴨川べりの現鴨沂《おうき》高校のあたり、一辺二四〇メートルの範囲に比定されている。はじめ無量寿院《むりょうじゅいん》と称した。道長は寛仁三年(一〇一九)出家とともに寺の建立を発願し、まず京極の東辺に金色の丈六《じょうろく》阿弥陀像九体を安置した阿弥陀堂を建てた。丈六とは、仏身(釈尊《しゃくそん》)は背丈が一丈六尺(四・八メートル)あったとされ、その大きさに作られた仏像のことをいう。原則として結跏趺坐《けっかふざ》(足背で左右それぞれのももを押さえる坐相)に作るので、座高は八尺(二・四メートル)ないし九尺(二・七メートル)が標準である。

その後講堂・金堂・五大堂・薬師堂などが次々造営される。これらは諸国の受領(国守)が競って建築を分担した。その間、寺名を法成寺と改称し、阿弥陀堂を中心とする伽藍の壮麗さは、地上の極楽といわれた。『栄華物語』によれば、万寿四年(一〇二七)、道長は阿弥陀堂内で、九体の阿弥陀仏の手を通した五色の糸をしっかりにぎり、極楽浄土のある西の方角に向かって北枕で臥《が》し、念仏の声のなかで最期を迎えたという。道長の「御堂関白《みどうかんぱく》」という異称は、この寺が御堂と呼ばれたところから生じた。康平《こうへい》元年(一〇五八)全焼し、道長の子の頼通が再建に着手するが、事業は容易に進捗せず、孫の師実《もろざね》に引き継がれた。

醍醐寺

醍醐寺は、東山を越えた山科《やましな》盆地の南端、現伏見《ふしみ》区にある。貞観一六年(八七四)に空海孫弟子の聖宝《しょうぼう》が創建。聖宝はのちに上醍醐《かみだいご》と呼ばれるようになる笠取山《かさとりやま》の山頂に、如意輪《にょいりん》・准胝《じゅんてい》両観音を安置する堂を建てた。

当時笠取山の西麓一帯に住みついていた宇治郡の郡司宮道弥益《みやじのいやます》の娘が藤原高藤《たかふじ》の妻となり、生まれた胤子《いんし》が仁明《にんみょう》天皇の孫である源定省《さだみ》の妻になる。ところが、思いがけず定省の父が即位し光孝《こうこう》天皇に、ついで定省も宇多天皇になった。シンデレラ・マダムの胤子は天皇の女御となり、その子が醍醐天皇である。醍醐寺の創建と発展は、この宮道氏と醍醐天皇との関係にあと押しされたものである。

聖宝の没後、門弟の観賢《かんけん》が初代の座主《ざす》（大寺の住職の公称）になり、一〇世紀には、参詣に便利な下醍醐《しもだいご》に大伽藍が造営された。承平《じょうへい》元年（九三一）には五重塔の建立が企図され、天暦六年（九五二）ようやく落慶の法要が営まれた。これが序で述べた郊外を含めた場合の、現存する京都最古の建物である。塔内初重には、両界《りょうかい》曼荼羅・真言八祖《はっそ》像など極彩色の壁画が描かれている。寺は摂関全盛の平安中期にはいくらか振るわなかった。

第三章　平安京から京都へ——中世の幕開け

藤原道長の直系の子孫を御堂流《みどうりゅう》という。道長の権勢と栄華は、代々の天皇の外戚で、その後ろ盾であることにもとづいていた。子の頼通も父にならって次々と娘を天皇の后にしたが、後冷泉《ごれいぜい》天皇にいたってついに皇子が生まれず、御堂流と直接外戚関係にない後三条天皇が出現する。天皇は、北方遠征・内裏再興・荘園整理など、王権強化の政策を精力的に追求した。

院政と王家の成立

続く白河天皇は、皇位を確実に自分の子孫に伝えるため、応徳《おうとく》三年(一〇八六)一一月、八歳の皇子善仁《たるひと》親王(堀河天皇)に譲位する。白河上皇は幼い堀河天皇を後見し、彼が結婚年齢を迎えるとみずから正妃を選定。孫の皇子宗仁《むねひと》(鳥羽天皇)が生まれると、その年のうちに皇太子に立てた。天皇の後宮に指図することで、皇子誕生の過程に深く介入し、皇位の行方を決定するという手法は、かつて御堂流のものだった。それが退位したもと天皇(院または上皇、出家して法皇)の手に握られるようになる。それはこれまで御堂流の家に埋没していた天皇の一家を、王家という自立した家として立ち上げることを意味する。

王家の家長を治天《ちてん》といい、治天たる院の直系卑属(子または孫)の皇子が天皇に即位した。このため、治天の意志が天皇や朝廷に強く反映する政治構造ができあがった。律令政治が天皇と貴族の共同統治的な官僚政治、摂関政治が道長を頂点とする上流貴族の少数者政治の色あいが強いのにたいし、白河上皇の権勢のもとに定着した政治のあり方を院政という。成人天皇の親政ではなく、院(上皇・法皇)の政治になったのは、天皇が政治や祭祀や儀礼の面で行動を制約されることが多いのにたいし、上皇ならそれらから解放され、自由にふるまうことができたからである。

院庁《いんのちょう》の本質は院の家政機関であるけれど、政治的発言のための拠点としても機能した。その職員を院司《いんし》という。実務官人や受領を歴任する中下級貴族が中核であるが、上流貴族も多くその別当(長官)に名を連ねた。院政をおこなう上皇の側近として、権勢をふるった廷臣を、院の近習《きんじゅう》(近臣)という。

外戚関係が失われ、院が政治を左右しはじめると、御堂流の勢いは後退する。また治天の家

（王家）がそこから自立したので、残された御堂流の家は、王家と区別される臣下の家になった。一方で、それまで摂政・関白の任命には、天皇の外戚であることを要したが、院政期には外戚関係の有無にかかわりなく御堂流に限られるようになる。これは前代から貴族の家の格が固定し、その家の出身者がなれる官職の上限が決まってしまったことと関係がある。こうして御堂流は摂政・関白を独占的に出す家、すなわち摂関家になった。

白河の六勝寺

　東山白河の地は、天狗が住むといわれたもの寂しい場所だった。ここに鴨川を越えて平安京内の道路が延長され（二条末《にじょうのすえ》のように表現）、条坊類似の地割が施される。そして白河院政の少し前からはじまり五〇年ほどの間に、法勝寺《ほっしょうじ》・尊勝寺・最勝寺・成勝寺《じょうしょうじ》・延勝寺・円勝寺の併せて六寺が建立された（図3―1）。みな「勝」の字がつくので六《りく》勝寺《しょうじ》の名がある。それぞれ白河・堀河・鳥羽・崇徳《すとく》・近衛の各天皇と鳥羽中宮待賢門院《たいけんもんいん》（藤原璋子《しょうし》）の発願によって建立された御願寺《ごがんじ》である。「国王の氏寺」と呼ばれたように、天皇の私的な寺院であると同時に、鎮護国家の寺院という性格を有した。

　これらは院政期を象徴する大建築事業で、造営や仏像の制作に要する費用などは、裕福な受領層によって、調達・寄進された。この結果成功《じょうごう》（造営・大礼などの費用を献じた者が任官・叙位されたこと、売官の一種）・重任《ちょうにん》（同様に国守などに再任されること）が常態化する。平清盛の父忠盛

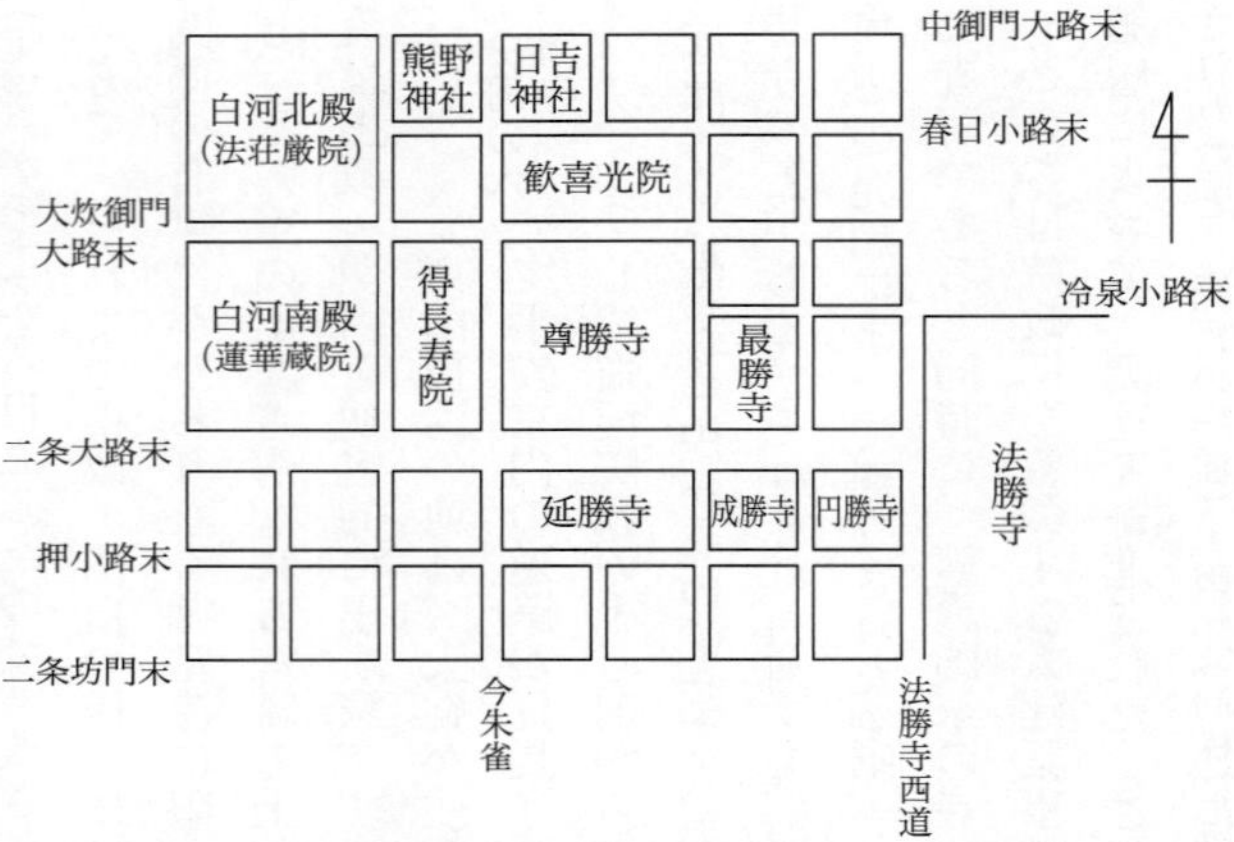

図 3-1　白河地区中心部分推定図　二条大路末より南については不明な点が多い(原図：堀内明博氏)

も備前守のとき、鳥羽上皇のため、この地に得《とく》長寿院《ちょうじゅいん》という三十三間の瓦葺堂(千体観音堂)を造って、内裏への昇殿を許されている。

ほかに白河院の御所である白河泉殿(南殿)・白河北殿があり、それぞれに蓮華蔵院《れんげぞういん》・法荘厳《ほうしょうごん》院《いん》という寺院が付属した。御所と御堂(寺院)がセットであるのは、のちに述べる鳥羽殿でも同じである。かくして白河は「京・白河」と併称されるような都市域を形成するにいたる。白河殿は、法勝寺での法会や尊勝寺造営視察のための院の宿所で、そこで院が国政レベルの案件を諮問する公卿会議を開いた例はない。院は政務への介入、とりわけ朝廷の重要人事を決める除《じ》目《もく》にあたっては、三条西殿《にしどの》をはじめ、京中にいくつかある院御所に陣どって指示を送った。

法勝寺と八角九重塔

六勝寺のうち一番東に位置し、最大規模を誇る法勝寺は、承暦《じょうりゃく》元年（一〇七七）に金堂・講堂などが建立された。金堂は現在の東大寺大仏殿の大きさである。その後も増築が続けられ、多くの堂塔が造られた。おおむね法成寺と似たような構成だったが、寺の性格を大きく変えたのは、園池の中島にあり、永保《えいほう》三年（一〇八三）に完成する高さ八一メートルという八角九重の大塔である。東の山科盆地から粟田口《あわたぐち》を越えて都に入る人びとが、最初に目にするのはこの大塔で、その高さや八角という前代未聞の特異な姿・形に眼をみはったに違いない（図3－2）。建築史の冨島義幸氏は、古代中国では八角形は宇宙空間を具象し、皇帝の儀礼と深くかかわっていた、日本でも天皇玉座の八角形の黒塗屋形（高御座）を思わせ、天皇のイメージと結びつくと説く。たしかに、高御座の八角形は、天皇が統治する八方の国土を象徴するものであった。九重《ここのえ（きゅうちょう）》が皇居や宮中を意味することと併せると、同塔が、この時期追求されていた王家の創出と王権強化の方向を、天下に周知させ

図3-2　法勝寺九重塔模型　（所蔵：京都市歴史資料館／展示：京都アスニー）

る広告塔の役割を果たしていた、と解釈できるかもしれない。

白河は現在でいえば左京区岡崎で、平安神宮や京都会館、市立の美術館・動物園、府立図書館などが集まる文化ゾーンである(巻頭地図1参照)。各所に六勝寺関係の石標や説明板があるが、法勝寺については、二条通の北側に金堂の基壇の高まりが残っており、周辺より二メートルも高い。また動物園内には、戦前まで「塔の壇」と呼ばれていた高まりがあり、八角九重塔の基壇跡と考えられてきた。二〇一〇年、その場所を発掘したところ、地盤改良の痕跡が確認された。直径三三メートルほどの塔の基壇のかたちに合わせ、もともとの地盤である白河砂を一・五メートルまでとり除き、こぶし大から一抱えくらいまでの川原石を混ぜた粘土を、何度もていねいに突き固めた工事である。さらに基壇外側に、時期的には後れる別の基礎工事の跡があることがわかった。周囲が池に囲まれ白河の扇状地という軟弱な地盤のところに、巨大な建築物を建てるため、当時最高の土木・建築技術が用いられたことを示している。

塔といえば、この時代は塔への信仰が盛んだった。平安京では八角九重塔や東寺の五重塔以外にも無数の塔が競い合っていた。都周辺の塔百基を巡礼する百塔参りも盛んにおこなわれている。たとえば、平安末期に活躍した藤原忠親という上流貴族は、治承《じしょう》三年(一一七九)の二月二三日から二五日までの三日間をかけて、百塔巡礼をおこなった。同年は忠親四九歳の重い厄年にあたったので、この巡礼を思い立ったのである。初日は太秦の広隆寺からはじめようとしたが、前途に清盛の三男宗盛の一行がいて混み合っていたので、方角を変え一条櫛笥《くしげ》のあたりからはじめ、法成寺・浄土寺・白河あたりと東方の合計四〇基を回った。次の日は北西部の広隆寺・仁和寺・知足院《ちそくいん》・雲林院《うんりんいん》・革堂《こうどう》など三二基、最終日は東南部の東寺・法性寺《ほっしょうじ》・法住寺《ほうじゅうじ》・観音寺・長楽寺・清水寺・六波羅《ろくはら》の塔など五六基を回った。三日間で一二八基であるから、その熱意と体力は驚くほどである。大部分は三重以上の塔だろうから、都は高くそびえる塔によってとり囲まれていたことになる。イタリアのサン・ジミニャーノは「塔の町」と呼ばれ、一四世紀の最盛期には七二の塔があったという。都市の規模が違うにしても、その倍近い。院政期平安京は塔に囲まれた街だった。

鳥羽殿

洛南の鳥羽殿《とばどの》は院の遊興の地である。平安京羅城門跡から鳥羽作道《とばのつくりみち》を三キロほど南下したあたり、東を鴨川の旧流路、西を桂川にはさまれた景勝の地だった。近鉄と市営地下鉄の両竹田駅の西方にあたる。京に近く交通の便もよい。この地の寄進を受けた白河天皇は、位を譲る少し前から、後院として鳥羽殿の造営をはじめる。その盛んなさまはあたかも都遷りのごとしといわれた。以後白河・鳥羽二代の院政の間に、鳥羽作道沿いの東にまず南《みなみ》殿《どの》が、ついで北殿が、さらに北殿の東に泉殿が、泉殿のさらに東に東殿が、最後に泉殿の北に

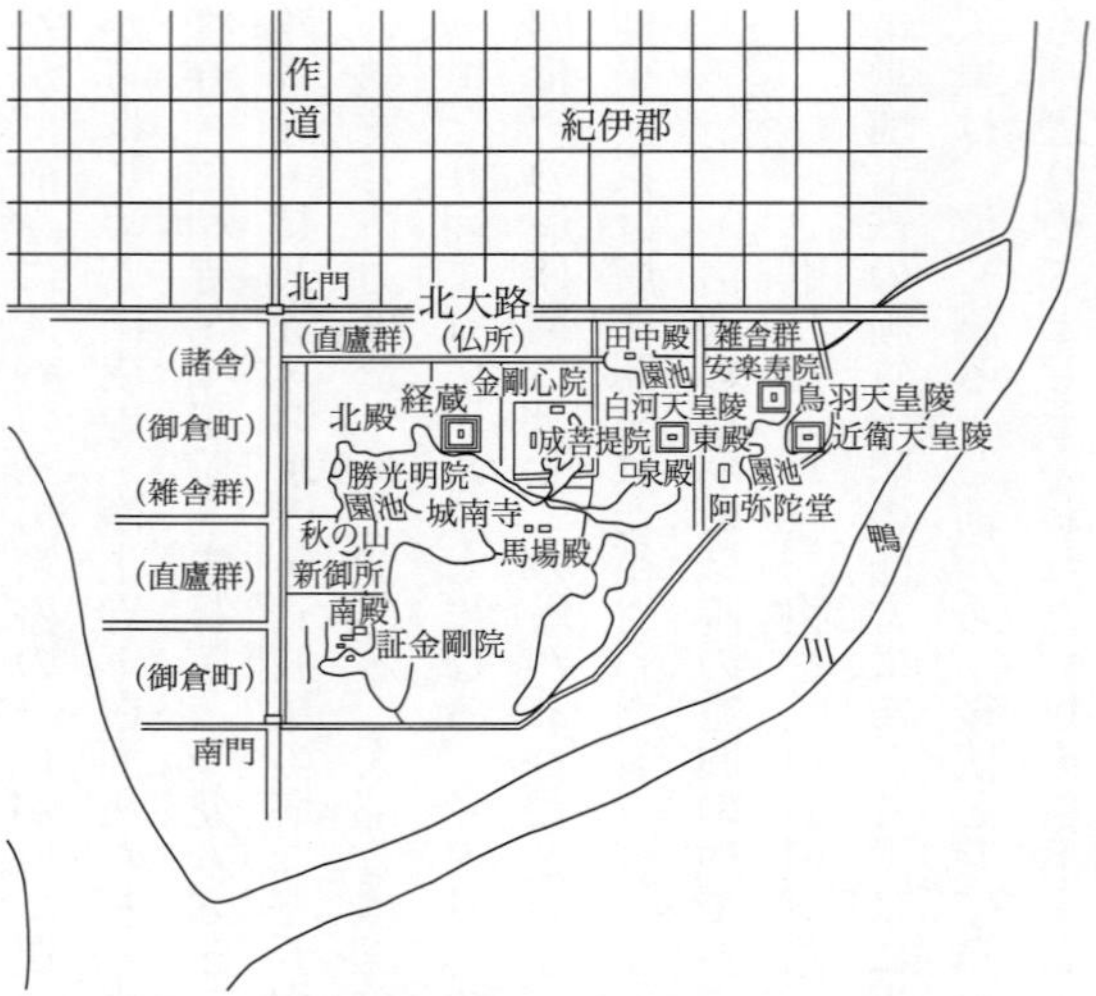

図3-3　鳥羽殿殿舎配置図　(原図：長宗繁一氏)

田中殿が、順次造られていった。その範囲は東西一・二キロ、南北〇・九キロにおよぶ。作道の西には、鳥羽殿に参った院の近習らの宿舎(直盧《じきろ》)、造営修理にかんする施設、院の日常生活を支えるための勝手方の各種建物(雑舎《ざつしゃ》群)、さらに倉庫群(御倉町《みくらまち》)があった(図3―3)。

鳥羽殿をめぐる

鳥羽殿の発掘は一九六〇年に始まった。二〇〇一年時点で一四六回と回を重ね、調査は基本的に完了している。発掘でえられた知見を含めて内部を概観してみたい。各殿は広大な園池を中心に、御所と御堂を組み合わせ、付近には墓所も造られた。白河上皇は、南殿の南辺に証金剛院《しょうこんごういん》を、泉殿の周辺に三重

図 3-4　浄瑠璃寺の九体阿弥陀堂堂内　（浄瑠璃寺／提供：便利堂）

塔を造立する。大治《だいじ》四年（一一二九）に白河法皇が没し、翌々年遺言によって遺骨は泉殿の三重塔下に納められ、塔が陵墓になった。こうした葬法を墳墓堂といい、当時上流の人びとに流行した。そしてそのすぐ南に法皇が亡《く》くなった三条西殿御所の西対を移築して、九体《たい》阿弥陀堂が造営される。九体阿弥陀堂とは九体の阿弥陀像（九品仏《くほんぶつ》）がずらりと並ぶ正面九間の堂で、六勝寺のころから盛んに建立されるようになった。同時代の実例は、京都府木津川市の浄瑠璃寺《じょうるりじ》に唯一現存する（図3－4）。泉殿近くの三重塔と九体阿弥陀堂は成《じょう》菩《ぼ》提院《だいいん》と名づけられた。

　鳥羽法皇は北殿に勝光明院《しょうこうみょういん》を造立した。阿弥陀堂と経蔵からなり、阿弥陀堂は「御堂東面し前池に向かふ、宇治平等院を写す、荘厳風流は過差《かさ》(ぜいたく)にして美麗なり」とあるように(『中右記』)、平等院鳳凰堂を模したものである。平等院もそうであるが、御堂が東面するとは、沈む夕日を背にした阿弥陀堂を、池の東岸(現世側、平等院では小御所)から拝することで、阿弥陀仏のいます浄土の浄福なさまを想起しようとする趣向である。

東殿には安楽寿院《あんらくじゅいん》が隣接していた。敷地のほぼ中央に長大な池があり、州浜《すはま》には玉石《たまいし》(丸石)が敷き詰められていた。西岸の中央には新御堂(九体阿弥陀堂)が建つ。北岸には三重塔があり、保元《ほうげん》元年(一一五六)、鳥羽法皇が安楽寿院御所で没すると、同塔の須弥壇《しゅみだん》下に葬られた。本御塔(安楽寿院陵)という。池の東には新御塔が位置し、鳥羽の后藤原得子《とくし》(美福門院《びふくもんいん》)が生んだ近衛天皇が埋葬されている(安楽寿院南陵)。東殿の御所の位置ははっきりしないが、現在の北向山不動院周辺が有力とのこと。

現在の安楽寿院は江戸時代建立のもので、本御塔の東、新御塔の北にあり、本御塔に安置されていた阿弥陀如来座像をはじめ、鳥羽殿に関連する絵画・書籍・古文書などが引き継がれてきた。また境内には東殿の園池が復元されている。発掘調査で出土した庭石の配置を崩さないよう整備されており、ありし日の東殿をしのぶことができる。

田中殿の南西には金剛心院《こんごうしんいん》が造立された。金剛心院は鳥羽殿最大の寺院で、境内中央には南

図 3-5　金剛心院の模型　写真の右が北．正面の横長の建物が九体阿弥陀堂．長大な堂は平等院鳳凰堂の正面幅を少し上回る（所蔵：京都市埋蔵文化財研究所）

向きの釈迦堂、その西側に寝殿、西南には阿弥陀堂（九体阿弥陀堂）が建つ。寝殿の南、阿弥陀堂の東に南北に長い池があり、阿弥陀堂正面には東西方向に橋が架かっていた（図3―5）。

鳥羽殿跡の西北部には、名神高速道路の京都南インターチェンジがある。出入り口付近にはラブホテルが林立し、その谷間に宮内庁の陵墓参考地が窮屈そうに鎮まるのが、なんともアンバランスである。鳥羽殿発掘の相当数は、これらラブホテル建設のための事前調査だった。高速道路は旅の景色を防音壁の連なりに変える。停止を命ずる信号機もない。だからインターチェンジの入り口は、意識面では出口（目的地）のはじまり。それでここは京都のはずれ、外界に接した境界の地となる。一方、ラブホテルは、子供の情操や公序良俗の立場からは好ましくない。だから街のはずれに集中する。文化人類学が主張する、社会の異物とみなされたものが、中心からはじき出され、周縁に吹き寄せられてゆく、という構図がここにもある。

白河の死後、鳥羽上皇が藤原得子に愛を移したことにより、待賢門院璋子の立場は失われた。このため彼女は自分の御願寺である法金剛院《ほうこんごういん》の御所で過ごすことが多くなった。双ヶ丘は右京区御室《おむろ》南部のおだやかな小丘陵をいい、三つの丘からなる。法金剛院はその三ノ丘と平安京の西端西京極大路の間にあった。JR嵯峨野線の花園駅で降りると、目の前がその跡である。たび重なる災害により、壮観だった面影は失われたが、一九六八年、回遊式の浄土庭園が発掘・復元された。池の北隅にある青女《せいじょ》の滝は、背後の五位山などと併せ国の特別名勝に指定されている。池の周りを巡って、庭の四季の移ろいを愛でることができ、とくに七月の朝には蓮の花が美しい。世界中の蓮を集めたという。

摂関家と宇治

院政期、摂関家は勢威後退しながらも、別格の臣下として王家との関係を保ち続けた。王家が鳥羽を別荘地としたように、彼らは、宇治川のほとりに自らの都市を造った。宇治川は『源氏物語』宇治十帖の舞台で、道長も紅葉を求めて何度もここに遊んでいる。平等院は藤原頼通が父道長から伝領した別荘を、永承七年(一〇五二)寺に改めたことに始まる。まず境内北部に本堂が造られ、翌年に阿弥陀堂(鳳凰堂《ほうおうどう》)が完成、仏師定朝《じょうちょう》作

図3-6　2014年，中堂・翼廊の修理が完成した平等院鳳凰堂
（提供：平等院）

の丈六の阿弥陀座像が安置された。さらに頼通やその子師実らによって、阿弥陀堂の南に法華堂・経蔵（宝蔵）、同西南に五大堂などの建立が続く。

以後平安末まで、摂関家の氏寺として一門の崇敬を受け、全盛期を迎える。阿弥陀堂も近年の発掘調査で、一二世紀前半に本尊を安置する中央の堂の左右に延びる回廊（翼廊《よくろう》）が改修され、同じころ屋根を木製の瓦から本瓦に葺き替えたことがわかった。木製瓦というのは奇異に感じるかもしれないが、奥州平泉《おうしゅうひらいずみ》の中尊寺金色堂《ちゅうそんじこんじきどう》に唯一の実例が残っている。阿弥陀堂は池の中島に建っているが、創建当初は中島上の平場は中堂（中央の堂）程度の大きさしかなく、翼廊は丸く扁平な黒玉石を敷き詰めた州浜の上に建ち、両翼廊の端は水上の楼閣のように池面に突出していた。それを州浜上に凝灰岩の壇上積基壇を作って、翼廊を恒久的なものに変えた（図3－6）。この大改築は、康和《こうわ》三年（一一〇一）、師実の孫で氏長者忠実《ただざね》がおこなったものだと考えられている。

平等院は極楽浄土を現しているといわれるが、阿弥陀堂は密教色の濃い極彩色の建物である。巨大な経蔵には空海相伝の如意《にょい》宝珠《ほうじゅ》など天下の名宝が納められ、摂政・関白として氏の長者になった人物は、まずこの経蔵の宝物を実地で検分した。これを「宇治入り」といい、忠実以来の慣例になった。歴代の院も宇治に御幸し、経蔵の扉を開けさせている。経蔵は「宇治の宝蔵」として摂関家の権威の象徴になっていた。前に述べたように鳥羽の勝光明院の阿弥陀堂は平等院にならってそれより大きく、経蔵（宝蔵）にも宝物が納められた。これも摂関家をしのがんとする意志を示しているだろう。

このほか、平等院の北方、宇治川の対岸に忠実の別荘富家殿《ふけどの》がある。忠実が娘の鳥羽天皇への入内問題のこじれから白河法皇の怒りをかい、長い間逼塞《ひっそく》していた場所である。また宇治橋から続く参道（現在の平等院表参道と重なる）の西方、大和大路に沿って碁盤目に整備された街区には、忠実の母の小川殿、小松殿とその御堂である常楽院、西殿、頼通の娘寛子《かんし》の池殿などがあった。しかし武士の政界進出の突破口となった一二世紀半ばの保元の乱以後、摂関家の拠点は京内や東山の九条に移る。利用価値を減じた宇治は、急速に破損が進んだらしい。その後の戦乱によって平等院の堂塔も失われ、阿弥陀堂と本堂跡に再興された観音堂だけが残り、阿弥陀堂は、江戸時代からはその優美な姿により鳳凰堂と呼ばれるようになった。

六波羅と西八条

洛東、鳥部野の入り口東山区轆轤《ろくろ》町には、六波羅蜜寺《ろくはらみつじ》がある。平安中期の僧で、阿弥陀仏の名号を唱えて民衆を教化した市聖空也《いちのひじりくうや》の創建と伝える。院政期に入って、この地に伊勢平氏の正盛《まさもり》が阿弥陀堂を造り、その子忠盛《ただもり》の代になって一町四方の邸宅を造った。正盛は嘉承《かじょう》三年（一一〇八）、西国で乱行を続けた源義親《よしちか》の追討を果たして凱旋、武名をあげた。同年三月、延暦寺の衆徒《しゅと》（諸大寺の僧侶たち、大衆《だいしゅ》とも、武装すればいわゆる僧兵）・日吉社の神人《じんにん》らが日吉社の神輿（延暦寺の鎮守神の乗物）を押し立てて入京を試みる。これを阻止する軍兵に、正盛率いる平氏が起用された。以後頻発する延暦寺や興福寺の衆徒による強訴《ごうそ》（示威行動をともなう訴訟）の暴発をくい止めるため、そのつど平氏を主力とする軍兵が、西坂本（一乗寺付近）や宇治に派遣される。

忠盛は、院の近習、院の親衛軍の首領格として白河・鳥羽両院のあつい信任をえ、また富裕な受領として、院のための造寺・造塔に貢献した。その子清盛は、保元・平治の乱という二つの内乱を勝ち抜いて政治の実権を握り、六波羅を一大軍事集落にした。

平家の六波羅は、北は六波羅蜜寺のある五条末、つまり平安京五条大路（現松原通）を京外東

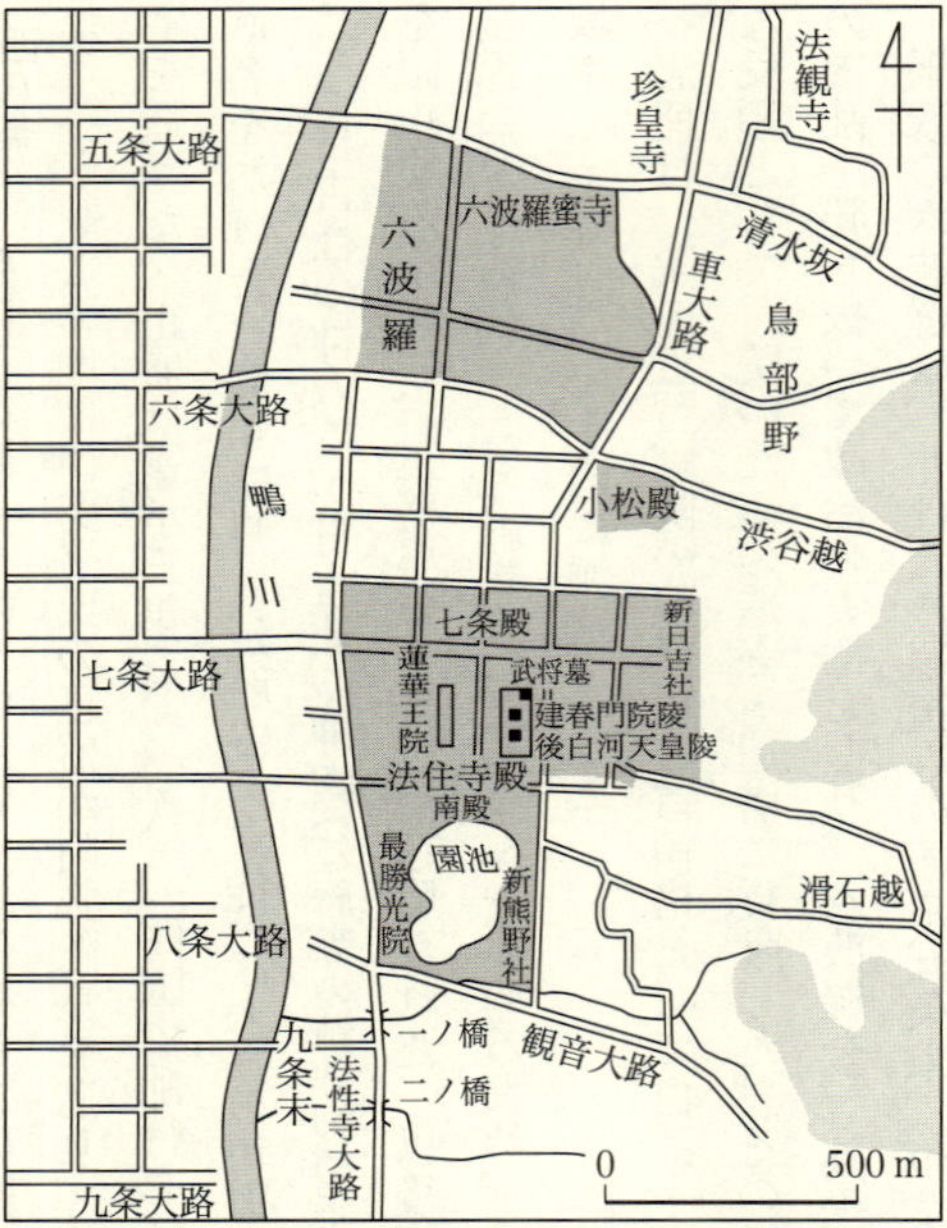

図 3-7　六波羅と法住寺殿　（原図：山田邦和氏，一部改変）

方に延長したライン、南は同じく六条末で、南北約五〇〇メートルにおよび、東西は現鴨川東岸約一〇〇メートルの地点から東に約六〇〇メートル以上、積算して「廿余町」の面積がある(図3－7)。この空間には一族親類や従者、上京した地方武士の家々が密集して立ちならび、細かく数えれば「屋数三千二百余宇」におよぶ(延慶《えんぎょう》本『平家物語』)。それまで都のうちにも近傍にも、このような一門とその関係者が大挙、凝集して住まいするゾーンは存在しなかった。その中心は清盛の泉殿で、忠盛のそれを継承したものである。

権力を握った平家にはもう一つ拠点があった。西八条である(図1－1参照)。JR京都線で京都駅から大阪方面に向かうと、すぐに北側の車窓に森と芝生の原っぱからなる梅小路公園が見える。左京のほぼ南西隅だが、当時は事実上京外になっていた。最盛期には、一二〇メートル四方の町六つ分がまとまった大きな空間に、大小五〇余棟の建物がならんでいた。中心は八条坊門(左京八条一坊一一町)のそれ。清盛は太政大臣を経て、仁安《にんあん》四年(一一六九)表向き政界から「引退」し、一門の代表権と六波羅泉殿を嫡子重盛《しげもり》に譲って、摂津国《せっつのくに》八部郡《やたべぐん》福原(現神戸市兵庫区平野)の別荘に住んだ。清盛の妻時子《ときこ》も六波羅を出たが、西八条に留まった。清盛は政治上の重大局面などで福原から上洛したときは、必ず時子のいる西八条に入っている。

法住寺殿

保元の乱後、院政をはじめたのは後白河上皇である。彼は東山南部に法住寺殿《ほうじゅうじどの》という院御所を営んだ。白河や鳥羽とは違って、院が常住する唯一の本宅であり、公卿らが国政を審議する場である。いま京都国立博物館や三十三間堂がある一帯で、範囲は南北一・一キロ、東西〇・六キロと鳥羽殿より少し狭い。ここは東山の山麓から鴨川に向かう傾斜地であるため、全体をひな壇状に造成した。

七条末より北に、後白河と最愛の后平滋子《しげこ》(建春門院《けんしゅんもんいん》)の住まいである七条殿がある。滋子は清盛妻の時子の異母妹で、後白河との間に憲仁《のりひと》親王を生んだ(のち高倉天皇)。七条末より南に蓮華王院《れんげおういん》、さらにその南に大きな池があり、池を囲んで蓮華王院・南殿・最勝光院・新熊野社《いまぐまのしゃ》などが建ちならんでいた。七条末より北が院の私的な場とすれば、南は公的性格の強い場である。

蓮華王院の本堂が、長寛《ちょうかん》二年(一一六四)に造立された三十三間堂である。現在の本堂は鎌倉中期に炎上したが、ほぼ旧の通り再建されたものである。院政期の旺盛な堂塔建築のさまをしのばせる数少ない遺構である。父忠盛の得長寿院同様、内部に観音千体を安置したので、当時は法住寺殿千体観音堂と呼ばれた。建物は当時備前《びぜん》国を知行国《ちぎょうこく》(有力貴族に特定国の国務執行権を与え、その国の収益をえさせる制度)にしていた清盛が、その財をもって建てたもの。本堂の北には経堂(宝蔵)があり、あまたの宝物が納められた。なかでも圧巻は絵巻類で、『伴大納言絵詞《ばんだいなごんえことば》』をはじめ今日に伝わる著名な絵巻物の多くが、この宝蔵に秘蔵されたと考えられている。これらは後白河をパトロン兼チーフプロデューサーとする工房で制作された。

大池西の最勝光院は、建春門院の立願《りゅうがん》によるものである。二〇一二年、一橋《いっきょう》小学校跡地で発掘調査が実施され、寺域を確保するため、鴨川方向への傾斜地を整地し平坦面を造成したことがわかった。調査区内の約二三〇〇平方メートルだけでも、一〇トンダンプカーに換算して、七八〇台分の土を運びこんだ計算になるという。

大池の東は新熊野社で、智積院《ちしゃくいん》前の東大路通を南へ向かうと、右手に大きな楠木の木立が見える。新熊野社の神木である。院政期は院や貴族たちの間に、南紀の熊野三山に参詣することが流行するが、後白河は代々の院のなかで最多の三四回参詣したといわれ、うち記録で確認できるもの二八回。それでもはるばる熊野に参詣するのは難儀だから、法住寺殿の造営に先だち、その鎮守として熊野三山の神を勧請したという。

鳥羽離宮から法住寺殿御所へ

後白河は鳥羽ではなく、なぜこの地にみずからの拠点を築いたのだろうか。北方に平家の六波羅があり、頼りにする意味もあったのだろう。そのほか、鳥羽離宮には鳥羽法皇や近衛天皇の墓所がある。近衛天皇は鳥羽院と美福門院の間の子で、美福門院は後白河にとって母待賢門院を追い落とした人物である。また近衛の死後後白河が即位したが、保元の乱後、子の二条天皇に譲位した。二条は美福門院に養われており、彼女らにとって、後白河は二条即位までの中継ぎのつもりだった。このため院政をめざす後白河と、天皇親政を意欲する二条側が対立する。

後白河は鳥羽から離れることで、美福門院系と異なるみずからの王統を作る意志を表明したとされている。それと関係するだろうが、彼は三十三間堂の東向かいに、没後に備えた墓所を構えた。安元《あんげん》二年(一一七六)、建春門院滋子が没したとき、後白河は彼女をそこに葬るといいだした。反対もあったが急ぎ葬儀が実施され、そばに新たに自分の墓所を構えた。それで後白河の死後、二人はならんで永遠の眠りにつくことになった。

青蓮院と三千院

東山区粟田口には、楠木の盛大な枝ぶりと瀟洒《しょうしゃ》な長屋門で知られる寺院がある。梶井(梨本)・妙法院とならんで山(延暦寺)の三門跡といわれた青蓮院《しょうれんいん》である。青蓮院は、最澄が比叡山東塔南谷《みなみだに》(現大講堂南崖下の駐車場の場所)に建てた青蓮坊から始まった。

延暦寺には最澄時代からと伝える「論湿寒貧《ろんしつかんぴん》」という言葉がある。湿気がひどく寒冷な山上に籠もって、清貧に甘んじながら『法華経』の論議に精を出すことをいうが、リウマチにもかかりやすい。それで時代が降るとともに温暖な人里に僧坊を構える風が現れた。これを里坊《さとぼう》という。仁平《にんぴょう》三年(一一五三)、山上青蓮院の里坊として、三条末と白川が交叉する南東角に金剛《こんごう》勝院《しょういん》(三条白川坊)が建てられ、天台座主行玄《ぎょうげん》(藤原師実の子)の弟子鳥羽第七皇子が入寺し、青蓮院門跡を号するようになった。以来門跡寺院として明治にいたるまで、門主は皇族か五摂家の子弟に限られ、仏教界に格高きを誇った。

青蓮院の最盛期は、歌人として歴史書『愚管抄』の著者として著名な、第三代門主慈円《じえん》(関白藤原忠通の子)のころである。元久《げんきゅう》二年(一二〇五)以来寺地の移転が続き、現在地に移ったのが嘉禎《かてい》三年(一二三七)、応仁の乱で焼失するなどしたが、江戸初期に復興した。現在の建物は明治の火災で焼失したものの再建である。

梶井門跡は左京区大原にあり、三千院門跡ともいう。京都大原とくれば、ヒットした歌謡曲の影響もあって、まず三千院が連想されるだろう。だが三千院の寺名は明治四年（一八七一）以後である。梶井門跡の起こりも、最澄が比叡山東塔南谷の梨の大樹の下に一宇（円融房《えんゆうぼう》）を建立したことに始まると伝える。やがて近江の東坂本梶井里（現大津市）に円徳院が造られ、山上の円融房が本坊、円徳院が里坊になった。大治五年（一一三〇）、堀河天皇の皇子が入寺して以後門跡寺院になる。

久寿《きゅうじゅ》三年（一一五六）、円融房は、大原の魚山《ぎょさん》一帯にあった大原寺（来迎寺）を末寺とし、現在地に大原支配の拠点を置く。大原は、もと比叡山の俗化に不満な宗教者の入るところで、白河院政のはじめには延暦寺西塔の僧が多く移住、密教の一派、谷流《たにのりゅう》の教学が栄えていた。その後里坊の方は、京都の東山を転々とし、紫野《むらさきの》の船岡山の地に移る。応仁の乱でそこが焼けたため、大原の現在地に移った。

往生極楽院は杉木立と若竹色の苔庭が美しい三千院内最古の建物であるが、もとはある尼が康治二年（一一四三）から久安四年（一一四八）の間に、亡夫の菩提を弔うため建立した阿弥陀堂である。それが戦国期に三千院の境内に編入され、梶井門跡の一院になった。往生極楽院の、天井板を張らず屋根の勾配を内側から見せる、船底を逆さにしたような天井のかたちは、小さな堂内に丈六の阿弥陀三尊像を納めるための工夫である。脇侍の観音菩薩、勢至菩薩《せいしぼさつ》の二尊が、正座からいままさに立とうとする前のめりの姿勢は、西方極楽浄土から亡き人を迎えに来る(来迎)積極的な姿勢を現している。

内裏・大内裏の造営・修造

一一世紀前半までは、内裏が焼けると直後に再建されていた。ところが、同じ世紀の後半になるとなかなか再建されなくなり、内裏不在の期間が過半になる。一二世紀前半は火災がなかったにもかかわらず次第に荒廃し、仁寿殿のみ残る。天皇の里内裏居住が常態化し、そこが天皇の政務の場になり、本来の内裏の重要性は低下する一方だった。

そうしたなかで、治暦《じりゃく》四年(一〇六八)から延久三年(一〇七一)までの後三条天皇による内裏と大極殿の再建、保元二年(一一五八)から三年までの後白河天皇治世下の内裏再建・大内裏修造があった。後者は信西《しんぜい》入道が腕を振るったもので、彼は保元の乱を後白河天皇方勝利に導いた陰の中心人物であり、乱後政界の実力者である。彼らにとって内裏や大内裏の再建修造に期待する効果が何であったかが、問われねばならない。

考古学者の上原真人氏は、八省院・大極殿地域、内裏地域から出土した一一・一二世紀の瓦を精密に分析し、後三条のときも信西のときも、造営・修理の工事は利用頻度の低い大極殿や八省院より内裏の造営を優先し、大内裏の修造にあたっては、外部から直接目に触れることのない応天門より、大垣とくに南面大垣の整備を優先したと結論する。そして信西の大内裏修造の実態が、新築の会昌門(八省院正面門)外から見た大極殿の正面の荘厳化——会昌門東西の瓦垣ごしに大極殿の大棟両端で光り輝く鴟尾《しび》を望ませる——にあったことを鮮やかに論証した。

このことは、当時八省院・大極殿が即位式や大嘗会にのみ利用された点を踏まえると、大内裏修造の主たるねらいが、天皇の即位儀礼を重々しく立派に見せる点にあったことを物語っている。信西は内裏造営にあたってみずから費用を計算し、工事の段どりをよく考え、諸国に「すく(少)なく」に割り当てたという(『愚管抄』)。使用目的を考え、見せるところだけを飾り、省略できるところは放置する合理主義である。

安元三年(一一七七)四月二八日に平安京内で大火災が発生した。夜半に樋口富小路《とみのこうじ》のあたりから発生した火炎は、折からの南東の強風にあおられて大内裏にまで達した。焼亡範囲は、東は富小路、西は朱雀大路、南は六条坊門小路、北は大内裏までの約一八〇町余におよぶ。焼失した主要な建物は、大内裏内の大極殿を含む八省院・朱雀門・神祇官・民部省・主計寮《しゅけいりょう》・主税《しゅぜい》寮《りょう》・式部省をはじめ、京内の大学寮・勧学院《かんがくいん》、関白藤原基房など公卿の邸宅一四、その他被災した家は数知れない。左京域のおおよそ三分の一が焼けた(図3―8)。平安京が始まって以来およそ四〇〇年、最大の火災であるが、それは古代的なものの退場をうながしこそすれ、新時代の到来を阻むものではなかった。

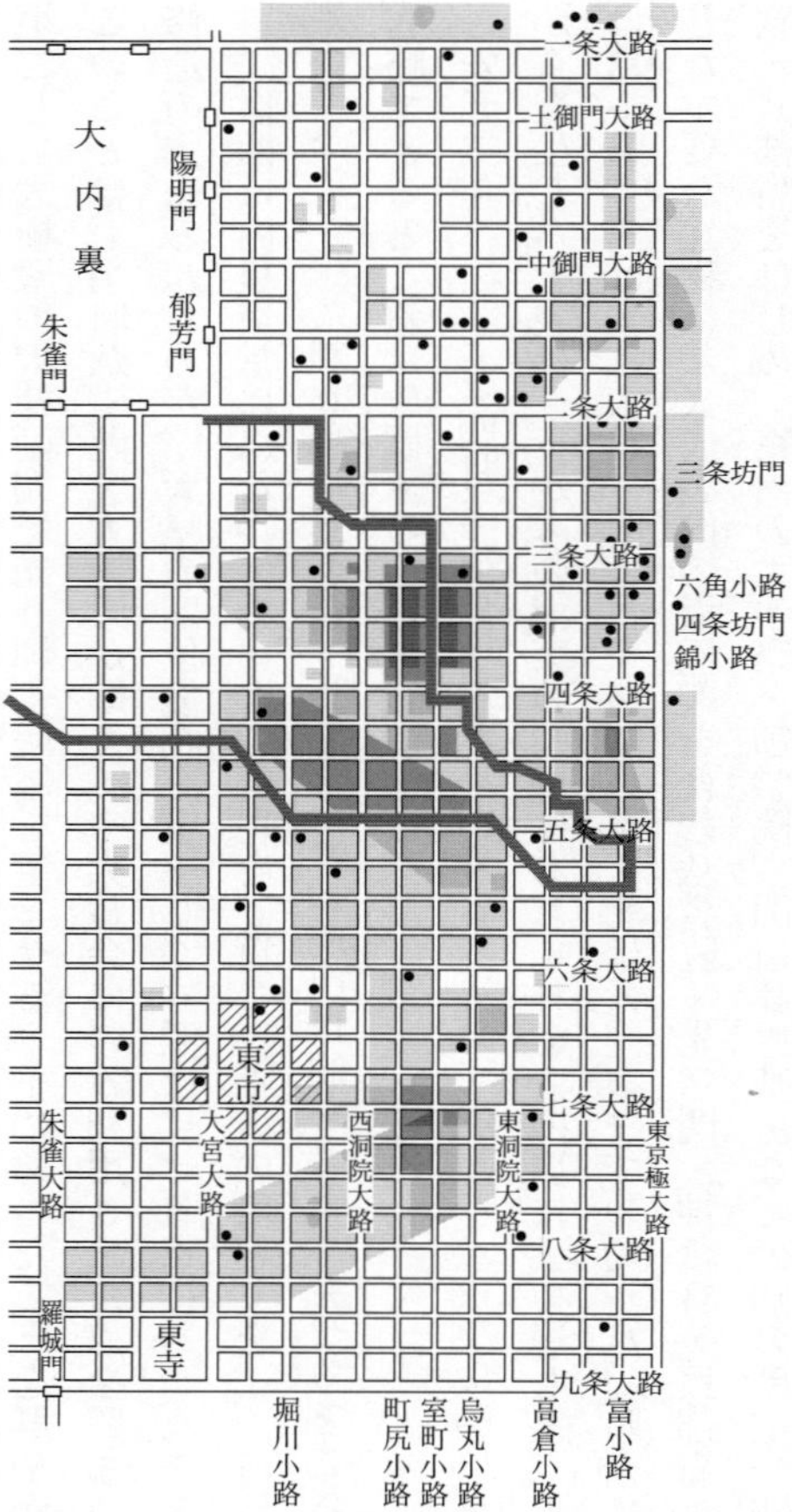

図3-8　平安末期の京都火災図(1137〜86年)　延焼区域が広い場合を網掛けで示す．点としたのは数戸までの小規模な火災．太線で囲んだ範囲が安元の大火罹災地域．網掛けの重なりは何度も罹災したことを示す．それだけ繁華街は火災が多く，復興も早かった(原図：秋山國三氏)

律令制は、多分に原始性を残した日本の古代社会が、先進的な唐帝国にならい、分不相応に巨大な国家組織を採用したものである。この背伸びは実情に合わない点が多く、奈良時代以来何度も役所の大きな統廃合がおこなわれ、中央官制はスリム化した。さらに、身軽で便宜的な役所運営もおこなわれるようになる。

国家業務運営の場

役所の実務をこなす場は、しだいに大内裏内の曹司から、長官やその仕事を代々請負う請負者(官人)の私宅に移った。そして専用の蔵や文庫に、それぞれの役割に即した物品や業務に必要な文書を納めることで、役所の継続性が担保された。各役所はみずからの運営を支える収益源の獲得に精を出し、それが役所業務を世襲する家の収入になる。確かな収益源がえられなければ、その役所は極小化するか、他の役所に統合された。建物は大内裏に残っても形骸化はまぬがれず、ますます私宅での業務の遂行、特定の家による役所の請負経営、固有の収益を前提とした職務の執行が進み、一二世紀初中期にはそれが役所運営の大勢になった。

具体的な実情がわかる検非違使庁(使庁《しちょう》)の場合で見てみると、長官(別当)は枢要の職だから、参議以上の公卿で衛門督《えもんのかみ》・兵衛督《ひょうえのかみ》を兼ねた人が順次就任する。実際には中納言級が多い。新長官に任命されると、事務をとり扱う庁屋《ちょうのや》を自邸の中門廊外の侍所《さむらいどころ》に設けるか、もしくは敷地内に別棟を建てた。部局の一貫性を示す象徴になるのが「使庁の赤唐櫃《からびつ》(唐櫃は六本足のついた大型の収納具・運搬具)」で、数百年たって、古く破れているところがよいとされた(『徒然草』)。別当が辞任すると、その唐櫃や囚人にかんする記録簿などを、使庁の雑務を扱う世襲の法律家職員がもち去り、新しい別当の役所開きのときまで、彼の自宅で管理する。捜索逮捕に向かう検非違使にとって、犯罪者から回収した盗品や財物、実刑を免れる代償として納められた財物は、彼の正当な報酬である。別当の交替で不要となった庁屋はとり壊され、備品とともに、寺院などに寄進された。職務がら成仏の妨げになる罪業を重ねているので、それを滅する目的があったらしい。

荘園の激増

院政期は荘園が飛躍的に増加した時代である。以前は摂関期から荘園が全国をおおったように書いた書物もあったが、今では否定されている。また従来、この時期の荘園は、地方農村の新興領主(在地領主)が、みずからの開発の成果である私領を他から侵害されないよう、都の貴族(領家)にかたちばかり寄進し、それがさらに王家や摂関家などより有力な本家へに再寄進されたとする、いわば下からの寄進の連鎖による成立を説いていた(寄進地系荘園)。しかし、寄進と見えたものは、実際には本家が自分のもとに寄せられてきた私領の権利書のなかから適当なものを選び、それを核として周辺の公領を大規模に囲いこんでゆく作業だった。すなわち院・女院《にょいん》(天皇の母や三后・内親王などで院号を宣下された女性)・摂関それぞれの近臣たちの連携プレーによる立荘行為で、その際国守の協力は欠かせない。このように、院政期荘園の成立過程において、下からの「寄進」より、上からの「立荘」の方がずっと重要だとする理解が、いまや学界の主流になっている。

上からの「立荘」に拍車をかけたものは、天皇・上皇・女院らの御願寺建立の流行である。これら御願寺の経営を支えるかたちをとって、王家の荘園が拡大した。鳥羽離宮の安楽寿院に集められた三一カ所、後白河上皇の長講堂《ちょうこうどう》(六条殿御所の持仏堂)に寄せられた九〇余カ所などは、その代表的なものである。六勝寺領は全体で一〇七カ所に達する。院政期以降、皇女の女院に王家領が伝領される例も急増した。鳥羽上皇の皇女八条院が安楽寿院領その他を伝領し(平安末で合計一〇〇カ所ほど)、後白河上皇の皇女宣陽門院《せんようもんいん》が長講堂領を伝領したのは、その顕著な例である。摂関家領は合計で四〇〇〇カ所を超えた。

荘園領主の集住する都市へ

荘園制は、その領有や支配にかかわる人びとの、それぞれの地位に応じた職務や収益の重層的な体系である。王家は最上位の領主たる本家としての権益を有する。本家の荘園を預かりその支配の実際を任されたのが領家《りょうけ》、預所《あずかりどころ》ともいう。有力貴族や院の近臣、平家などの荘園領有の内実は、多くこの領家としての義務と権利である。摂関家は平安末になって近衛家と九条家に分かれる。摂関家の本流である近衛家の荘園支配は、本家としてのそれであり、少し格落ちの九条家は本家と領家が半ばした。領家(預所)までが荘園領主で、以下荘園現地には中間管理者としての荘官がおり、これも上級の下司《げし》と下級の公文《くもん》などに分かれ応分の収益を手にする。その下に荘園の田畠を用益し、公事・年貢の負担を請け負う百姓がいる。公事は人を対象とする賦課、年貢は土地を対象とする賦課である。公事は人夫役から、手工業製品、山野河海でとれるもの、地域の特産物など種々雑多な内容で、万雑公事《まんぞうくじ》ともいわれた。これらは朝廷の政務や儀式としての公事遂行を負担面で支えるもの、という意味から転じた賦課である。

この時期はじめて本格的に成立した荘園制は、土地制度であるとともに、中世社会を成り立たせている社会制度である。中央居住の領主による地方支配のシステムであるので、中央と地方の物流や情報伝達のあり方、上下の人間関係に極めて大きな影響を与えた。こうして、院政期には、院政という政治のかたち、特定の家(一家)による国家業務の請負という行政のあり方、そして荘園制という社会の基本的な骨組み、といった中世社会を特徴づける要素が出そろう。それで学界では、鎌倉時代からではなく、院政期が中世のはじまりと考える見方が主流になっている。平安京は、古代律令制の政治都市から、本家・領家の荘園領主たちが集まり住む中世経済の中心都市へと、変化していったのである。

桂川・宇治川・木津川の三川合流地点は、現在大阪府の島本町あたりにあるが、江戸末期までは東方の淀がそれだった（図3－9）。宇治川が巨椋池《おぐらのいけ》（一九四一年干拓完成）に流れこみ、その流出口に桂川・木津川が合流していた。豊臣秀吉の側室淀殿（淀君）の淀城は、江戸期淀城の北、納所《のうそ》の地にあり、中世の淀古城を改修したものだが、そのあたりはかつて「淀の中島」と呼ばれる川中の洲だった。この合流地点に西国諸国から瀬戸内海を経、淀川を遡上してきた租税・年貢類を陸揚げする淀津《よどのつ》があった。現在の伏見区水垂《みずたれ》町、大下津《おおしもづ》町、納所《のうそ》町あたりである。淀津から桂川を北に遡ると鴨川との合流点があり、そこが鳥羽離宮である。

淀・大津と散所

淀津には内蔵寮《くらりょう》・内膳司《ないぜんし》といった役所や荘園領主たちの租税・年貢を保管する納所《なっしょ》（倉庫）が林立していた。納所という地名は、倉庫としての納所からきている。ここに納められた物資は、必要に応じてそのつど都に運びこまれた。あるいは商人などが、債務者である役所や荘園領主の振りだした手形（切符《きりふ》）をもって、淀の倉庫に行き債務相当分の物資を受けとるかたちもある。倉庫から都に物資を陸送するのは、馬借《ばしゃく》・車借《しゃしゃく》などの交通・運輸業者である。車借のなかには、院の御願寺（法勝寺）や御所（鳥羽殿）に所属して運搬役を務め、同時に京内外で運送業を営む特権的な業者もあった。淀津は近江の大津とともに港町として繁栄したので、犯罪も多発する。

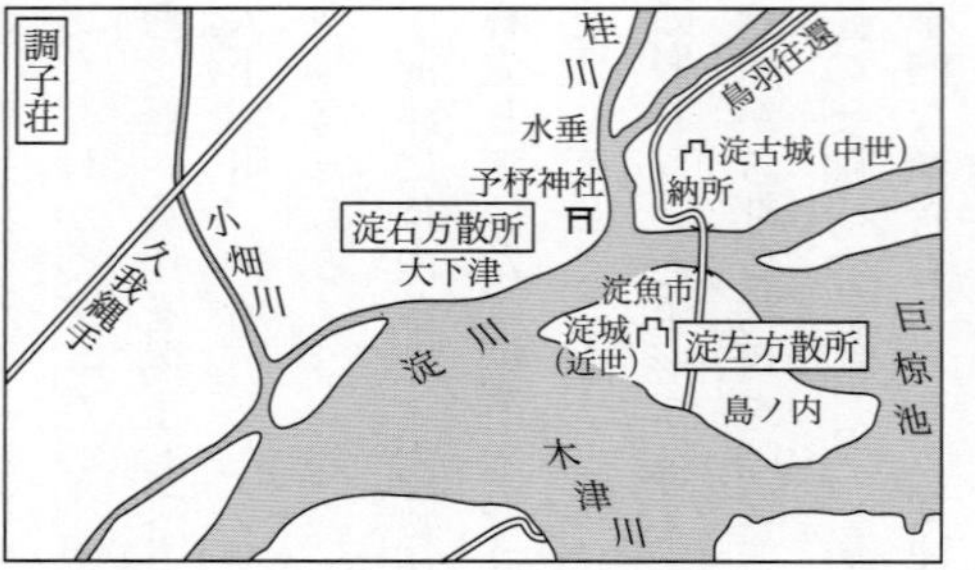

図3-9　淀津復元図

それで九世紀以降、検非違使庁の管轄下に入った。津刀禰《つとね》が「政所《まんどころ》」で現地管理の仕事をし、検非違使の官人が一〇日ごとに各港を巡検する津廻《つめぐ》りという儀式もおこなわれた。

摂関家の場合、山城・摂津・近江・丹波に多くの散所《さんじょ》(散在所)をもっている。散所(散所人)とは、本来自己の所属する役所がありながら、天皇・院・摂関家などに出向し、やがて出向先に仕えるようになった官人に起源をもち、彼らや彼らの活動拠点をさしていう。散所人は、職能や固有の技術をもって、本所《ほんじょ》(主家)の行事を遂行し、日常生活に欠かせない役割を果たしていた。摂関家の散所は、水陸交通の要衝に分布しており、その荘園群から上がってくる膨大な年貢・公事・雑役などを集配し、運用管理するセンターとしての機能を有した。だから、その地の散所人は造船、船出の準備や操船、車・馬の整備や飼育に熟達した人びとでなければならない。馬借・車借は彼らの別の顔である。淀には左右散所が置かれ、右方《うほう》散所はおそらく淀川右岸、現在の伏見区淀大下津から水垂町のあたり、左方《さほう》散所は川の中洲

（河原崎）にあったと考えられる。

平安京から京都へ

一二世紀になると、平安京を指して、京都の名称が使われるようになった。「京都」は本来天子の居住する地、すなわち普通名詞としての首都の意味しかもたなかったが、平安も後期になるにつれて、固有地名的な使い方をされるようになった。それは古代の政治都市から中世日本の経済的中心へ、という社会の変化を反映している。その過程でそれまでの条坊制的な都市構造の解体が進んだ。

第一章で述べたように、平安京では庶人が居住する町（街区）は、四周の街路に沿って垣と溝をめぐらし、内部の敷地割は、東西いずれかにしか口を開かない閉鎖的な構造だった（二《に》面町《めんまち》）。それが、院政期に入るころから、周囲の垣を切り崩し南北の二方向にも戸口を開放するようになる。各宅地が四面の街路に向かって間口を開く四《し》面町《めんまち》への移行である（図3－10）。それは条坊制の段階では、街路が行政上の区画を示す境界線としての意味が強かったのにたいし、経済的・社会的変化によって、街路そのものの本来的役割が発揮されはじめ、都の生活上不可欠の脈管になりはじめたことを示す。

同じころ従来の条・坊・保・町および四行八門の地割にのっとった地点表示の方法から、「大宮より西、塩小路より北、塩小路に面す」といった、今日の京都に継承されている東西・

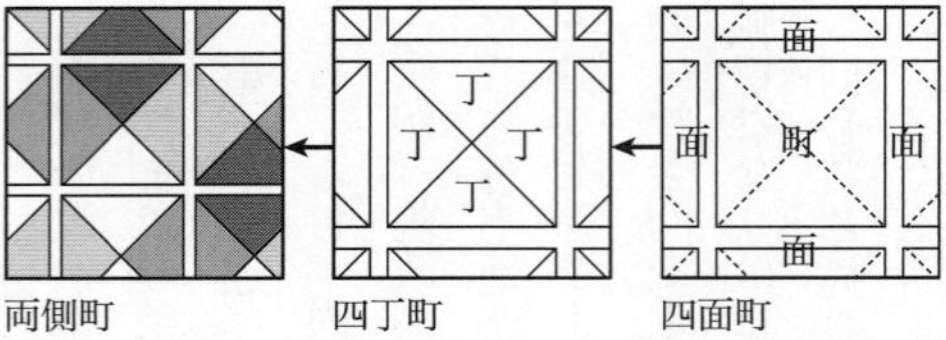

図 3-10　町の変遷図

南北の街路名の組み合わせで地点表示がなされるようになった。これは四面町という南北方向にも口を開いた地割が出現し、しかも土地売買の進行によって、それまで均一であった宅地規模に大小さまざまなものが現れ、それまでの地点表示法では正確に場所を表示できなくなったからである。

朱雀大路・京極大路以外の街路に、大路・小路の名がつきはじめるのは、だいたい一〇世紀ごろからだった。街路名はいくたびか変化したが、こんにちの平安京図などに見える街路名に定着するのは院政期である。一二世紀前期の『掌中歴《しょうちゅうれき》』という書物には、京の左京の縦横の街路の名が「姉、三條、角、坊、錦……」のように列記されている。これは現在でも街路名を覚えるために使われている「アネ、サン、ロッカク、タコ、ニシキ……」のような口ずさみの、はしりといえよう。

また一〇世紀末には、検非違使庁の末端組織として、条坊制を構成する保(一坊に四保、一保は四町)ごとの保刀禰《ほとね》の制が姿を現した。保刀禰は、中央・諸国の官人、僧、無位・無官の人びとなど、雑多な身分と階層からなる。保内に住み、保内の土地売買が正当なものであることを保証したり、双六《すごろく》・博奕《ばくち》のとり締まりや保内の夜回りなどにあたった。淀に検非違使が監督する津刀禰が置かれたのは、この制の延長である。

院政期に入ると、保刀禰は保検非違使という新たな制度に再編され、彼らの果たしていた民事面の仕事は「在地の人々(都市の根本住人)」に継承された。彼らは、瓜を盗んだ子供を義絶した父の行為に、「其の町に住みけるおとな(長)しき人々」が保証の判を加えたという説話が示すように(『今昔物語集』)、法的な保証能力を有しており、検非違使庁の支配のもとで、初歩的な自治を担う中心的存在であった。

町小路のにぎわい

院政期になると、大内裏の東部すなわち左京の二条通より北を上辺《かみわたり》(渡)、それより南を下辺《しもわたり》(渡)と呼ぶようになる。上辺には上流貴族の家々や諸司厨町(官衙町)が集中している。諸司厨町には御倉町・織部町・修理職町《しゅりしきまち》・縫殿町《ぬいどのまち》・木工町などがあった。律令的な官庁機構が縮小・停廃の方向に向かうと、宮廷用の高級絹織物を生産していた織《おり》部司《べし》附属の織手たちが、個人の織機で綾錦を織り、私利をむさぼっていると非難される事件も起こった。彼らは織部司から給与が支給されないので、自活自営せざるをえなかったのだろう。律令制の官営工房がつちかった技術伝統で、貴族や富裕層の個人需要に応えていたものと思われる。

図3-11 『年中行事絵巻』(田中家本)にみえる庶民住宅　田中家本とは，住吉如慶の模写本(233頁参照)のこと(所蔵：田中家)

諸司厨町は、律令国家が抱える官営工房や倉庫の所在する区画であったり、工人やその役所関係者の寝食起居の場だった。だから管轄していた官庁が実体を失ってくると、外部の人間が入りこんで寄宿したり、外部の需要に応ずる生産・交易の拠点になったりで、流動的な様相を示しはじめた。修理職町は、左京一条三坊三・四・五・六町の四町(近衛南、西洞院東、中御門北、室町西)にあった修理職の厨町で(図1−1参照)、内裏の造営・修理などをつかさどった下級官人や各種の工人の居住区である。寛治元年(一〇八七)や康和五年(一一〇三)など、たびたび火災にあったことが示すように人家が密集しており、これは同所が商工業民の居住区として発展していた結果だろう。

町小路(現新町通)は平安京を南北に走る小路の一つだが、中途に修理職町四町が存在することで、南と北に分断されている。南は町尻《まちじり》小路と呼ばれ、それが三条・四条大路と交わるあたりは、三条町《さんじょうまち》、四条《しじょう》町《まち》と呼ばれる繁華街になった。三条・四条が商業地区として賑わったのは、修理職町に住む工人・職人らが、みずからの判断で進出していった結果に違いない。七条町はかつての東市の東方にある。東市での交易にあたる商人たちが集住していた地が、さらに発展したのだろう。そのほか油小路・針小路・塩小路・具足小路(現錦小路)・綾小路など手工業生産品の名をもつ小路名も発生した。

道路に面して間口を開いた庶民住宅の姿については、平安末期に成立した『年中行事絵巻』が参考になる。町家は隣家と軒を接して建ち、長屋形式ではない。屋根は切妻造で、板を葺き、木で押さえている。内部は片側を土間に、もう一方を板敷きとした。土間に設けた戸口には板戸を立てる。板敷きの表側には窓を開き、蔀《しとみ》(半蔀《はじとみ》)を釣った。店舗では窓のところに棚を作って商品をならべる。見世(店)棚で、店は見世棚の略である。壁には網代《あじろ》を張っていた(図3−11)。

第四章　京と六波羅——内乱と災厄を経て

『方丈記』の五大災厄

鴨長明は、建暦《けんりゃく》二年(一二一二)に成立した『方丈記』の序で、無常の世における人と栖《すみか》のはかなさについて述べ、例示として二〇代後半に体験した五つの大きな災難をあげている。安元三年(一一七七)の大火、治承四年(一一八〇)の辻風(竜巻)、同年の福原遷都、養和《ようわ》年間(一一八一〜八二)の飢饉、元暦《げんりゃく》二年(一一八五)の大地震である。平清盛による福原遷都と養和の飢饉は、一一八〇年から八五年までの足かけ六年にわたる治承・寿永の内乱(源平の内乱)の期間中に起こった。

福原遷都は、四〇〇年の間住み慣れた平安京を棄て、摂津福原付近に新都を建設し、安徳天皇を頂く平家の新王朝を樹立しようとして挫折、一七〇日後に都還りした大事件である。一方養和年間の飢饉は、天候異変を引き金とするものだが、内乱が被害を大きく拡大したから、人災の要素が極めて大きい。

内乱発生の背景を手短に述べてみよう。院政期の支配層が熱中した造寺・造塔、たび重なる壮麗な儀式・法会《ほうえ》は、費用を負担する荘園・公領側にとっては重すぎるもので、民衆のみならず荘官や在庁官人《ざいちょうかんにん》(国衙《こくが》に勤務し、地方行政を担う役人、現地の有力者が任じられた)ら地方の領主層を疲弊させ、中央にたいする反抗の気運を呼び起こした。平家は治承三年(一一七九)一一月のクーデタで、国家権力を全面的に掌握し、反対派貴族を一掃し、日本六六カ国の約半数の国々の知行権を握る。また摂関家などから大量の荘園を取り上げた。これらにより、平家はそれまで中央―地方間に累積していた諸矛盾を、中央政界で孤立したまま、一手に引きかぶることになった。だから治承四年四月に、後白河の皇子以仁王《もちひとおう》が平家打倒を呼びかけると、反乱は一気に全国に広がる。内乱は源平両氏の覇権争いという次元にとどまらず、社会矛盾の激発という本質をもっていたのである。

悪いことに同年六月ごろから雨が降らず、西日本を中心に旱魃《かんばつ》に見舞われ、「天下皆損亡《そんもう》しおわんぬ」という事態に立ちいたった(『山槐記《さんかいき》』)。そして翌年に入ると、旱魃や飢饉はいよいよ本格化する。反乱の全国化は、年貢・租税など京への運上物の途絶という結果をもたらした。ある文書は「去《いぬ》る治承四年以後都鄙《とひ》大乱、上下不通」と述べる(『九条家文書』)。戦乱によって実際に運送に困難が生じただけでなく、乱を口実に京都への上納をサボタージュする国衙・荘園が日増しに増加したのである。

『方丈記』も、「京のならひ（習）、何事につけても、みな、もとは田舎をこそ頼めるに、絶へて上る物なければ、さのみやは操《みさお》（節操）も作りあへん」と、地方からの貢納が絶たれると、それによって支えられていた京都の生活が、たちまち成り立たなくなることを指摘している。京都の人びとは飢餓地獄におちいり、餓死者が続出した。鴨長明はその惨状を冷静かつ簡明に記しており、たとえば仁和寺の隆暁《りゅうぎょう》という高僧が、街頭の死屍累々を悲しみ、目に入った死者の額に梵字《ぼんじ》（サンスクリット語）で阿《あ》という字を書いて弔った、その数は左京だけで四万二三〇〇余、右京や近郊のそれを加えれば際限もなく、まして日本全国では膨大な数にのぼった、という。

肝心なことは、飢饉は養和元・二両年に限らずその後も継続し、荘園によっては、戦闘行動が終息したあとに、むしろ年貢の未進がより深刻化している点である。右大臣であった九条兼《かね》実《ざね》は、元暦元年（一一八四）秋にも日記に、日照りを歎く声が都鄙に充満しているらしい、それなのに御祈りを催そうという動きもない、支弁する費用がない上に、国の損失を歎く人がないからだという、とても悲しい、と書いている。

『方丈記』が五大災難の最後に挙げた元暦二年(一一八五)の大地震とは、平家が壇ノ浦で滅亡、内乱が終わって三カ月半のちの七月九日昼ごろを本震とする地震である。

元暦二年の大地震

いうまでもなく、日本は世界一の地震大国で、江戸初期までに、信頼できる文献史料に書きとめられた地震は大小二七〇〇以上にのぼる。平安京でもこれまで天長《てんちょう》四年(八二七)七月一二日、承平八年(九三八)四月一五日、天延四年(九七六)六月一八日など、大きな地震を経験しているが、このたびの地震の被害は、それをはるかに上回った。

白河の法勝寺では八角九重塔が大破し、阿弥陀堂と金堂の東西回廊、鐘楼、常行堂《じょうぎょうどう》の回廊、南大門などが転倒する。平忠盛造営になる得長寿院も倒れた。尊勝寺では講堂・五大堂・築垣・西門が転倒し東塔の九輪が落ち、最勝寺の薬師堂・築地も倒れた。山科の勧修寺《かんじゅじ》で鐘楼・経蔵などが倒れ、その他の寺院でも堂塔が破潰《はかい》する。里内裏の閑院《かんいん》(後述)は棟が折れた。民家や築地の倒壊破損は数知れず。延暦寺でも堂舎が倒壊したり、傾いたものが多く、園城寺・醍醐寺、遠くは奈良の唐招提寺《とうしょうだいじ》にも被害が出た。大地震の常として、余震が絶え間なく続き、年末まで人びとは恐怖におののいた。世間では平家滅亡を恨んだ平清盛が、竜になって地震を引き起こしたと噂しあったという。

地震研究者の間では、阪神淡路大震災のマグニチュード七・三を上回るマグニチュード七・四の規模で、琵琶湖西岸断層帯の堅田《かたた》断層が動いたという意見が強い。地震が発生した元暦二年七月は、長期にわたる源平内乱が終結した直後である。京都は、全国から上がってくるはずの租税・年貢・人夫が途絶えたため苦しみぬいた。役所・寺院をはじめ、主だった建物の補修も後回しにされ、その傷みは想像以上だったと思われる。これが被害を大きくした原因だった。

荘園制の再建

内乱終了後、荘園制の再建がはじまる。支配組織の見直しと年貢・公事負担の軽減が進み、結果として荘園支配はつかのまの安定を実現することになる。一方内乱期に有名無実化した荘園のなかには、鎌倉期に入っても支配を再建することができず、失われてしまった荘園も少なくなかった。後白河法皇が長講堂に寄進した九〇カ所の荘園群では、その一覧を記した目録によると、鎌倉前期の時点で年貢・公事を懸けられない荘園として、一三カ所が挙がっている。早急な回復は不可能と判断された荘々である。注目すべきは、そのなかの山内《やまのうち》(相模)、青嶋(甲斐)、仁科《にしな》(伊豆)、富士(駿河)、大泉(出羽)といった関東・奥羽の各荘園で、これらはいずれも鎌倉幕府の支配領域に存在した。つまり東海道では遠江(現静岡県西部)、東山道では信濃、北陸道では越後より東の地は、武士勢力によって完全に制圧されていたのである。中央―地方の対立を背景とした全国的内乱がもたらした帰結といえるだろう。

京都守護と六波羅探題

内乱終了後の文治《ぶんち》元年(一一八五)一一月、頼朝と対立した義経を捕らえるべく、北条時政ら関東の武家勢力が京都に入った。これが京都守護の最初であり、以後臨時的な職ながら洛中警衛、西国の監督、朝幕間の連絡などにあたった。京都守護の庁舎は六波羅に置かれ、そのほか、頼朝の京都邸や御家人の屋敷もあったらしい。平家没落後、その旧領は頼朝の手に落ち、彼が処分権を行使することになった。六波羅は鎌倉幕府の京都での活動拠点として再編成され、西八条にも三代将軍実朝《さねとも》の邸宅が建てられた。これらは新旧武家勢力交替の事実を、王朝勢力や都市民に強く印象づけたことだろう。

承久三年(一二二一)、承久の乱が起こると、幕府勢力を率いて京都に攻め上った北条泰時《やすとき》・時房《ときふさ》はそのまま六波羅館に住み、乱後の処理や庶政にあたった。六波羅探題《たんだい》の成立であり、京都守護はこれに発展的に解消する。その長は二人で北条氏一門から選任され、京都をはじめ近国の治安維持にあたり、尾張《おわり》(現愛知県の西部)・加賀(石川県の大半)以西の西国諸国の御家人が関係する裁判を総轄するため、六波羅に駐在した。ただし重要裁判は鎌倉でおこなわれ、軽い裁判のみを扱う。そのほか朝廷との交渉があった。その場合の朝廷側の窓口を担当する役を関東申次《もうしつぎ》という。この役を世襲したのは、承久の乱のときの行動などで幕府の絶大な信頼をえ、代々太政大臣に昇任して朝廷の中心にすわった有力貴族の西園寺《さいおんじ》氏だった。

六波羅探題府の四方には、幅・深さともに約三メートルの堀がめぐらされ、内部には南北両探題の私邸である北殿・南殿とその被官《ひかん》(従者)たちの宿舎があった。南殿は六条大路の末より北、大和大路の東にあり、北殿は当然その北にあっただろう。『太平記』には、北殿に「北ノ門」と「東ノ門」があったとある。ほかに将軍が在京のとき使用する六波羅御所があった。清盛の泉殿の跡地だったかもしれない。

のちに述べる東福寺《とうふくじ》には、本坊伽藍の最南端に六波羅門がある。鎌倉前期のもので国の重要文化財である。もと六波羅探題府にあったものを移建したと伝えられ、その名で呼ばれている。門にはあちこちに疵跡がある。元弘《げんこう》三年(一三三三)五月、鎌倉幕府滅亡にあたり、六波羅が足利高《たか》(尊)氏《うじ》率いる倒幕軍の攻撃を受けた際の矢疵だという。

なお鎌倉時代には、法住寺殿の鎮守社である新日吉社《いまひえしゃ》(現東山区妙法院前側町)で、小五月会《こさつきえ》の流鏑馬《やぶさめ》行事がおこなわれた。これははじめ院が身辺の武士たちを閲兵する目的で挙行されたが、承久の乱後は六波羅探題が幕府の在京人《ざいきょうにん》(後述)たちにやらせるようになる。

閑院内裏と京都大番役

閑院は藤原氏が伝領した著名邸宅であるが、院政期に入って内裏をモデルに造営された。仁安《にんあん》三年(一一六八)高倉天皇の里内裏となり、鎌倉中期に炎上するまで、約九〇年の間、王家の正邸として用いられ、歴代の皇居と呼ばれるにいたった。

二条大路の南、西洞院西、油小路東の地、南の中宮庁を含めて南北二町分である(図1—1参照)。東・西には東三条殿・堀河院の二豪邸があったが、ともに平安後期に焼失し、鎌倉時代にはもはや存在していない。

内裏大番《おおばん》とは、院政期や鎌倉時代、内裏の警固を勤めた役のことで、鎌倉幕府のもとでは、御家人はそれぞれの国の守護《しゅご》(一国に一人有力御家人が任じられ、国内の軍事・警察を担当)の統率にしたがって上京し、時期によって異なるが、六カ月もしくは三カ月交替で任務にあたった。その警固対象がまさに閑院内裏である。じつはそれ以前では、平家が高倉天皇の即位とともに、みずからの御家人を動員して閑院内裏を警固していた。

鎌倉時代の国政は、従来からの朝廷・貴族勢力や延暦寺・興福寺のような宗教勢力に、幕府が加わって運営された。公家・寺家・武家三勢力は、さまざまな矛盾対立をかかえながらも、全体としてゆるやかに国家を構成していたのである(権門体制)。そして幕府の国制上の存在意義は、国家の軍事警察部門を担うところにあった。それを端的にアピールするものこそ、諸国御家人の上洛による天皇の身体の安全と都の平安維持であり、それはまさしく平家時代の内裏大番制をひな形とするものであった。その事実を重視し、他の要素も加味しながら、筆者は平家も鎌倉幕府に先立つ幕府であると主張し、これを六波羅幕府と呼んでいる。

内裏警固の具体的イメージはどんなものだろう。『古今著聞集《ここんちょもんじゅう》』に次のような話が収められている。順徳《じゅんとく》天皇在位のころ(一二一〇～二一年)、ある家に仕える下級の従者らが集まって雑談していたとき、このたびの「内裏の番替《ばんがわり》(交替で当番にあたる者)」が非常に厳しいという話題になった。するとなかの一人が、自分なら高足駄《たかあしだ》を履いてその目の前を通りきってやると高言したので、みなで賭けをすることになった。高足駄は無頼の象徴である。そこで陣口《じんぐち》で一同見守るなか、この男はことに高い足駄を履いて「二条油小路」を南に歩いた。京中の里内裏はそれをとり巻く三町四方を、大内裏に見立てた特別空間(陣中《じんちゅう》)にしており、その陣中を限る大路小路の辻を陣口《じんぐち》といった。案の定「大番のもの」がこれをとがめ捕らえようとする。すると男は顔色も変えず「興福寺の南円堂《なんえんどう》の寄人《よりうど》は、履き物を履いて陣口を通ることが認められている、大番のくせに知らないのか」といい放った。気圧された大番の主人の武士は思わず相槌を打ち、配下を「なまりごゑ」で制止したため、大番の者はあきらめて帰っていった。

田舎武士を小馬鹿にする京都住人の目線も感じられていやみの残る話だが、この場合閑院内裏の西側の通りが舞台になっており、「大番のもの」は閑院の油小路側の門やその近辺を警固していたという設定になる。閑院跡は現在平穏な住宅街であり、内裏らしさをしのばせるものは何もない。わずかに押小路通と小川通が交差する西北角と少し離れた押小路側に、それぞれ

図4-1　閑院内裏跡石標　押小路通(手前)と小川通(奥)の交差点付近．車両進入禁止の標識の根もとにみえるのが「此附近　閑院内裏址」と刻まれた石標

閑院内裏跡を示す小さな石標と立て札が立っているだけ(図4―1)。南北の小川通は西洞院大路と油小路の間にその後できた通りで、東西の押小路も閑院がそれを吸収して南に延びていたので、この交差点は閑院時代には存在していなかった。つまり石標はかつての閑院邸内に立てられている。想像するに、邸内南にあった中島をともなう池の南のあたりになるだろうか。

押小路側の立て札とならんで豊臣秀吉妙顕寺《みょうけんじ》城跡という石標も建っている。妙顕寺とは、鎌倉末期、京都に日蓮宗を広めようとした日像《にちぞう》がはじめて建立した寺院であり、その所在地はたびたび移ったが、戦国期はここにあった。天正《てんしょう》一一年(一五八三)九月、豊臣秀吉は寺を寺ノ内小川(上京区妙顕寺前町)に移転させ、その跡に二条新邸を建築して、天正一四年聚楽第《じゅらくだい》を造るまで京都の政庁にした。周囲に堀をめぐらし、天守を築いていたので、屋敷より城と呼ぶべきだろう。京都はどこでも歴史が層をなしている。

在京人と篝屋

京都に住まいする御家人には、大番役で上京した者以外の人びともいた。それが在《ざい》京人《きょうにん》で、篝屋《かがりや》守護人と六波羅評定衆《ひょうじょうしゅう》からなる。六波羅探題の指揮の下、京都に常駐する西国近国の地頭御家人たちで、篝屋守護人は京中辻々の篝屋において洛中警固、評定衆は六波羅の法廷で訴訟関係を担当し、かわりに大番役を免除された。篝屋とは京中四八カ所に詰所を構えて夜間篝火を焚いたことからそう呼ぶ(図4―2)。はじめて設置されたのは、四代将軍頼経《よりつね》が上洛した暦仁《りゃくにん》元年(一二三八)のことだった。篝屋守護人は六波羅探題の重要な軍事力を構成し、また京都警固の中心でもある。これら在京の幕府勢力は、ほとんどが室町小路と油小路間の六条大路近辺、東京極・東洞院・三条・五条の縦横の大路に囲まれた区域、そして六波羅一帯の三カ所の区域に、集まって住宅を構えていた。

鎌倉中後期になると、将軍権力の代行者であった執権《しっけん》が飾りものになって、政治の中心からはずれてゆく。かわって力を振るったのが得宗《とくそう》だった。得宗とは若年のころ幕府執権を経験した北条氏嫡流(義時《よしとき》直系)家の当主のことである。得宗家は数多い北条一門のなかでもぬきんでた存在で、六波羅探題はそれに次ぐ家格の家から選ばれた。

在京人の多くは東国の有力御家人の庶流と西国の有力御家人である。それが鎌倉末期には、

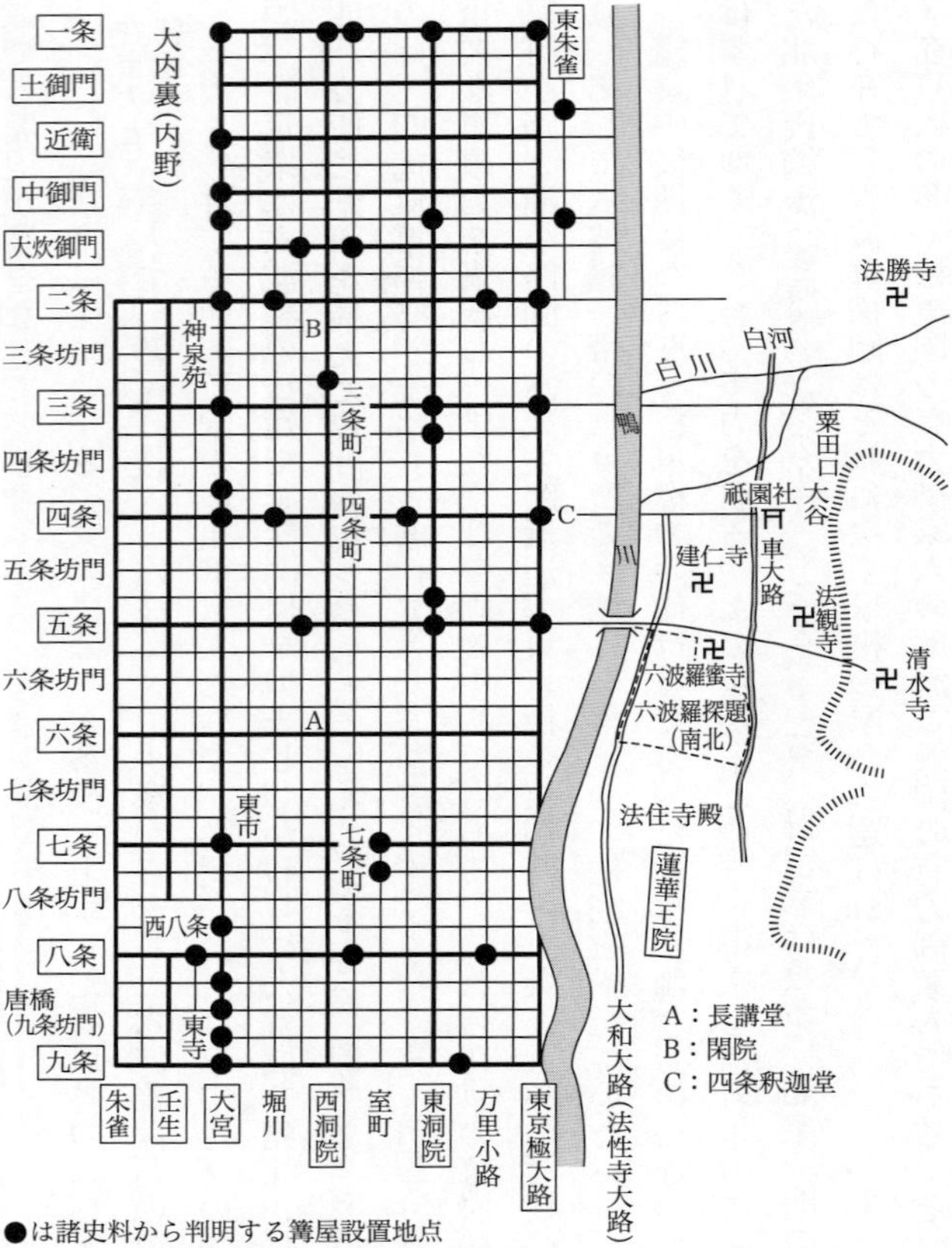

●は諸史料から判明する篝屋設置地点
街路については大路を□で囲んで表示した

図 4-2　鎌倉時代の京都　(原図：野口実氏，一部改変)

探題の有力被官（従者）の指揮のもとで警察活動に従事した。探題被官は探題の私兵で将軍の陪《ばい》臣《しん》（家来の家来）にすぎない。在京人は、直参の御家人という点では、探題たる北条氏とも形式的には同格のはず。それが探題の従者ごときにあごで使われるから、おもしろくない。西国の反幕府勢力鎮圧のため関東から派遣されてきた足利高氏が、後醍醐《ごだいご》天皇に呼応して幕府に反旗をひるがえすと、在京人はこれに加わり、六波羅探題を滅亡させる原動力になった。

小早川氏と実平墓所

篝屋守護人の一人に小早川氏がいる。小早川氏は頼朝の挙兵と平家討滅に大きな功のあった相模の武士土肥実平《どひのさねひら》の子孫で、実平の子が安芸国の大荘沼田荘《ぬたのしょう》（現広島県三原市）の地頭職を給わった。本家の土肥氏は幕府内の政争に敗れじり貧になったが、庶流の小早川氏は安芸国で勢力を振るう。当主茂平《しげひら》とその後継者は沼田荘の経営を一族や郎等に任せ、京都に常駐していた。茂平は幕府御家人であるとともに、有力貴族の西園寺氏のもとにも出入りしていた。この一族は京中に綾小路《あやのこうじ》東洞院を含む六カ所の屋地を所有している。そのなかでは七条大宮の篝屋地と八条大宮の南西角地が注目される。篝屋のなかでは大宮大路が、東京極大路とならんでとくに重要だったからである。八条大宮の地もかつて小早川氏が割りあてられた篝屋の地に由来するかもしれない。

小早川氏はこのほか、東山三十六峰の一つ霊山《りょうぜん》（霊鷲山《りょうじゅせん》）の平松の地に氏寺を所有しており、これは栄光の先祖土肥実平の墓所となり、永代追善供養がおこなわれていた。霊山は高台寺山と鳥部山に挟まれた山で、当時一帯は墓域であった。筆者も沼田荘研究の一環として現地を踏査したことがある。霊山中腹からの眺望はすばらしく、京都の市街地はもとより嵐山、淀・大《おお》山崎《やまざき》あたりも一望であったが、びっくりしたのはその地で営業していた茶店に、そこから超望遠レンズでとらえた大阪城天守閣の写真が掛けてあったことである。ということは鎌倉時代、空気の澄んだ晴れた日には、西南の方向、淀川が大山崎と八幡の間をぬって流れるそのはるか先に、難波の海が光輝くのが見えたはず。

それは鮮烈な印象だった。そして、この地に墓所を営んだことには「ごらんのあの海のかなたに、実平様の抜群のお働きによってえられたわが沼田荘があります、決してその経営をおろそかにはいたしません、ご安心下さい」という、子孫たちの深い思いがこめられているとの、証明不可能な確信を呼び起こした。歴史研究で現地を踏むことの重要さを改めて実感し、終日幸せだった思い出がある。三〇代半ばのころだった。

大内裏の内野化

大内裏は安元の大火で大きなダメージを受けた。そのためこれまで、それ以後八省院は再建されなかった、内裏は焼け残ったが承久元年(一二一九)ついに焼失、その後再建に向かったものの、途上の安貞元年(一二二七)、殿舎諸門ことごとく灰燼《かいじん》に帰し廃絶した、これで以前から進行していた宮城域の衰微荒廃は加速し、ついに内野《うちの》と呼ばれる荒廃した野原になった、といわれてきた。

しかし、それは正しくない。八省院については、大火後直ちに再建が計画され、その準備もはじまったが、平家の福原遷都が原因で沙汰やみになった。内裏も廃絶までに、頼朝によるそれを含めて大修理だけで四度、小修理は数回にわたった。もちろん、内裏がすたれ絶えるほどだから、大内裏域の官庁・施設も荒廃を免れえない。宮城内が「車馬の路」となり、「雑畜閑牛馬」が放たれ、後鳥羽院の犬追物《いぬおうもの》もおこなわれ、在京御家人は馬場として使った(『明月記《めいげつき》』・『吾妻鏡《あずまかがみ》』など)。盗人はしばしば宝物蔵に侵入し、老朽化した諸司諸門が風水害で次々と転倒、実質を失い、火事も絶えなかった。とはいえ、大内裏域が崩れ落ちていったのは、天皇がもっぱら里内裏に居住し、また官僚制や政務・実務処理のあり方が変化し、大内裏域の曹司の利用も激減、それらを維持する必要も意欲も減退していたからである。

太政官庁の持続

大内裏域のすべての役所・施設がひたすら荒廃していったかというと、それはそうではない。内裏廃絶後も、太政官庁・神祇官庁・真言院・朱雀門は修造・再建に努めている。結果、一五世紀中葉には朱雀門を除く三カ所は、神泉苑と併せて「大内《おおうち》霊場」「四箇所霊場」と呼ばれ、「別して築垣に囲はれ門を立て置かる」といわれている(『東寺《とうじ》百合文書《ひゃくごうもんじょ》』)。朱雀門と周辺の大垣の維持も鎌倉末期までは継続した。執拗に再建・修理が続いた建物の代表は太政官庁である。

太政官庁が脚光を浴びた理由は、なによりも天皇即位儀《そくいのぎ》のステージとしてであった。平安時代の初め以来、新天皇の誕生にあたっては、践祚《せんそ》(譲国)の式で皇位の継承を、天皇即位儀で皇位についた事実を天下に告げ知らせた。即位儀は元日朝賀の式を準用したもので、中国色濃厚な儀式である。その会場が八省院(大極殿)だった。平安中期以後、政務が主に内裏、さらに京中の各公卿の私宅でおこなわれるようになってから、八省院は儀礼の場、とくに王位就任儀式挙行の場へと特化した。このため八省院以外で即位儀をやったのは、陽成《ようぜい》天皇(大極殿の焼亡により豊楽殿で)・冷泉天皇(心を病んでいたので紫宸殿で)・後三条天皇(大極殿・紫宸殿がともに焼亡し太政官庁で)の三例しかない。

ところが八省院が失われた平安の最末、後鳥羽天皇が太政官庁で即位して以後、太政官庁での即位儀が常態化し、それは寛正《かんしょう》六年(一四六五)の後土御門《ごつちみかど》天皇即位まで続いた。太政官庁が即位儀の場に選ばれたのは、安元の大火で焼け残った上に、政務の場としての重要性が失われ、以前から年中行事的な儀式執行の場になっていたからである。太政官庁は、儀式の場としては八省院・内裏紫宸殿に次ぐものであり、しかも八省院の東隣りで、規模は小さくとも、正庁・東西庁が回廊で結ばれる殿舎の「コの字」型配置が、大極殿、蒼龍・白虎両楼のそれに似ている。

とはいえ、それが天皇即位儀の恒常的な舞台になるには、中世の貴族らにとって、もっと切実な理由がなければならない。それは、はじめてここで即位した後三条の例が、天皇即位の吉例・佳例と強く認識されていたからだろう。前章の冒頭で述べたように、後三条は御堂流から王家を新たに立ち上げた天皇だった。平安末期の貴族たちにとり、現在につながる王家・王朝の始祖である。当然、その先例は重い規範だった。

大嘗会と八省院跡

大嘗会《だいじょうえ》は、天皇が皇位に就く儀礼の掉尾《とうび》を飾る和風の大祭である。当時は大嘗会が即位儀より重視されていた。天皇が年毎の稲の初穂を、皇祖神に供えてともに食する祭を新嘗祭《にいなめのまつり》といい、それとほぼ同じ内容を、天皇が即位したのち最初に大規模におこなうのが大嘗会だった。

その中心をなすのは、一一月の中の卯《う》の日の夜半から翌日の辰《たつ》の早朝にかけておこなわれる大嘗宮の儀である。天皇が神事をおこなう悠紀殿《ゆきでん》・主基殿《すきでん》を、八省院中央の庭(朝庭)に造り、天皇はそこに来臨してくる皇祖神と向き合うかたちで神饌《しんせん》(初穂)に箸《はし》を着け、かつ寝具に臥して祖霊と合体し再生する所作をおこなったらしい。こうして、天皇としての新たな資格を身につける、と考えられてきた。悠紀・主基の宮は、大嘗会のたびに新造される。だから、八省院や大極殿が失われても、かつて朝堂に囲まれていた広場さえ使用できればよい。だから鎌倉期以降も、八省院跡地に大嘗宮を設営し続けた。

そのほか宮城域に、鎌倉期以降も意識的に存続させられたのは、神祇官と真言院である。前者は王権関係の神事をおこなう場、後者は後七日御修法（六三頁参照）をおこなう場で、太政官庁で催される御斎会《ごさいえ》（毎年正月八日から一四日までの七日間、国家安寧・五穀成就の祈願のため、諸宗の学僧に金光明最勝王経を講説させる法会）と組み合わせ、密教・顕教の双方から王の身体の安穏を祈念した。

空虚、漠漠《ばくばく》たる空間のなかに孤立して建つ太政官庁で挙行される即位儀とは、ありていにいえば、質素を通り越して凋落《ちょうらく》の感を免れない。野草生い茂る旧八省院の庭中、文字通り仮設の大嘗宮でおこなわれる神事も、奇妙でこっけいですらあろう。しかし、惰性でも、それらが旧大内裏域内で挙行されなければならなかったという事実から、この空間のもつ磁場の大きさ、天皇・貴族から民衆までの中世人の思考を縛ってやまなかった力の大きさというものが、ひしひしと伝わってくる。四〇〇年のときの重みというものであろうか。

朱雀門と宮大垣

中世の朝廷は、八省院は再建しなくとも、宮城南面中央に位置する朱雀門と宮大垣の修造はくり返した。延久三年（一〇七一）、大内裏の築垣を修造する臨時の官職として修理左右宮城使《しゅりさゆうきゅうじょうし》が新設され、この職は鎌倉時代中期まで実質的な活動をおこなっている。平安期の内野は大内裏中に意図して設けられた空地だったが、鎌倉・室町のそれは荒廃した大内裏域全体になった。朱雀門と宮大垣という仕切りがあったからこそ、二条以北が「内」と観念された。朝廷がこれらの維持にこだわったのは、あたかも芝居の書割のように、正面だけでも大内裏の偉容を整えようとしたからだが、具体的にいうと、大嘗会実施と深い関係がある。

大嘗宮の祭儀の卯の日、宮城の北にある斎場所《さいじょうしょ》から大嘗宮に、初穂を含む供物などが運ばれた。その行列には新穀を出す悠紀の国(近江)・主基の国(丹波と備中が交替)の関係者が加わり、先頭に標《ひょう》の山《やま》が進む。悠紀・主基の標木《ひょうぼく》を立て、目印にした作り物で、高さは六メートル以上もある。めでたい風流の意匠をこらした飾りものをこしらえ、多数の引夫が牽く。車輪もついており、祭礼の山車《だし》や祇園祭の山鉾の起源といってもよい。この行列は、祭場から出て悠紀方・主基方が左右に分かれ、それぞれ東西の大宮通を南下し、七条から朱雀大路に出、そこから北上して朱雀門に入る。非常な壮観、にぎわいであり、物見車が出、やんごとなき貴顕も見物に駆けつけた。

大嘗宮での神事は厳粛な秘密の儀式である。これにたいし、標の山を牽く儀はまさに祝祭であり、両者は奇妙なコントラストをなしている。大嘗会の見せる祭としての一面は、じつは天皇の即位儀でも顕著であった。建久《けんきゅう》九年(一一九八)三月三日、幼い土御門天皇が即位儀に臨むため、太政官庁に到着したとき、堂上堂下には見物の一般民衆が充満し、摂政基通《もとみち》が「払ひ却けるべ」しと命じたほどだった(『三長記《さんちょうき》』・『猪隈関白記《いのくまかんぱくき》』)。

神護寺と高山寺

右京区高雄《たかお》、清滝川のほとりにある神護寺《じんごじ》は、古くは高雄寺・高雄山寺といった。平安時代以前から山岳信仰の拠点で、平安初期には和気《わけ》氏の氏寺である。最澄・空海も帰朝後ここで密教の儀式をおこなうが、その後衰退ははなはだしかった。平安末期、寺に詣でた荒法師文覚《もんがく》は荒廃を歎き、復興のため後白河法皇に荘園寄進を願い出、寿永《じゅえい》二年(一一八三)許される。その後源頼朝からも荘園の寄進を受け、諸堂復興の工事がほぼ完成した。だが、頼朝が死んだ正治《しょうじ》元年(一一九九)、文覚の佐渡配流がきっかけで、東寺の管理に移された。同寺は密教美術の宝庫として知られ、ここの両界曼荼羅《りょうかいまんだら》(高雄曼荼羅)は、空海が唐からもち帰った同図の忠実な模本(再転写本)とされる。また日本肖像画史上の傑作「伝源頼朝像」など三幅の肖像画を蔵して有名だが、近年像主の名前が大きく揺らいでいる。足利直義《ただよし》と兄の尊氏、尊氏の子義詮《よしあきら》だとする衝撃の新説が出されたからである。

高山寺《こうざんじ》は高雄東北東の栂尾《とがのお》にある。平安中期開基と伝えられるが、建永《けんえい》元年(一二〇六)、明《みょう》恵《え》高弁《こうべん》が再興、寺号を高山寺と改めた。栄西《えいさい》が南宋よりもたらした茶種を、明恵が栂尾山中に植えたところ地味にあい、やがて宇治などに広まったといわれる。茶園ではいまも栽培が続く。『鳥獣人物戯画』などのほか、文書典籍にも貴重な蔵品が多い。栂尾は、神護寺のある高雄、西明寺《さいみょうじ》の槇尾《まきのお》とともに、洛西の三尾《さんび》といわれ、紅葉の名所として名高い。

知恩院

鎌倉時代は、宗教史的には、旧仏教(古代仏教)を克服する新仏教(中世仏教)の時代として描かれてきた。しかし近年の研究によれば、「旧仏教」は密教を基調に、仏教諸宗や神祇信仰を統合しており、国家権力と癒着した正統宗教(顕密《けんみつ》仏教)として、圧倒的な宗教秩序を形成していた。これにたいし鎌倉「新仏教」は体制否定の異端であり、それに刺激された顕密仏教側の覚醒《かくせい》(戒律尊重の動きなど)は、体制内改革の動きとして位置づけられている。

異端の筆頭法然房源空《ほうねんぼうげんくう》は、念仏は阿弥陀が選択した唯一の往生行《おうじょうぎょう》だから、念仏以外では往生できないと主張(専修念仏《せんじゅねんぶつ》)、造寺・造塔などの雑修雑信仰の宗教的価値を否定した。このため、顕密仏教によって激しく弾圧される。知恩院《ちおんいん》は、その法然が三〇年余の間庵《いおり》を結んで専修念仏を広めた東山の「大谷の禅房」の場所である。死後法然は住房の東崖上に葬られ、門弟らが月命日にその廟堂に集まり、「知恩講《ちおんこう》」を営んだ。廟堂は、嘉禄《かろく》三年(一二二七)、延暦寺の衆徒《しゅと》によって破壊されたが、文暦《ぶんりゃく》元年(一二三四)になって、廃滅を歎いた弟子により再興される。その後この廟堂は、祖師が亡くなった霊跡であり、その御影《みえい》(肖像)を祭る地として、法然を宗祖と仰ぐ浄土宗教団の中心寺院になってゆく。知恩院の名は「知恩講」に由来するといわれる。
「旧仏教」を顕密仏教ととらえる論によれば、禅宗は体制内改革派の一つである。

建仁寺と東福寺

栄西は二度目の渡宋後、建仁《けんにん》二年（一二〇二）、鴨川の東、四条南の地に建仁寺を建立した。彼は顕密勢力との摩擦をさけ、建仁寺を禅と天台・真言を兼修する道場にした。それでも顕密仏教側からの非難攻撃はやまない。同寺は、文永《ぶんえい》二年（一二六五）、宋から渡来した蘭渓道隆《らんけいどうりゅう》が入り、住持となるにおよんで、ようやく純粋な修禅の道場になる。

東福寺は、近年、通天橋から見る渓谷の紅葉の見事さが広く知られるようになった。この地一帯には平安中期の藤原忠平の創建になる法性寺があった。嘉禎《かてい》二年（一二三六）関白九条道家《みちいえ》が、その東北にあった九条家の山荘（月輪殿）に一寺の建立を発願、東大寺と興福寺から一字ずつとって東福寺と名づける。延応《えんおう》元年（一二三九）仏殿建立がはじまり、道家は中国径山《きんざん》の無準《ぶしゅん》師《し》範《ばん》の法を継いで帰国した円爾《えんに》の名声を聞き、寛元《かんげん》元年（一二四三）開山に招聘した。

東福寺は道家没後の建長《けんちょう》七年（一二五五）、落慶開堂したが、諸堂すべてが完成したのは文永八年（一二七一）、発願以来三五年、鎌倉時代藤原氏の力をこぞった大事業だった。同寺も建仁寺同様三宗兼修道場だったといわれるが、仏殿・法堂《はっとう》・三門・僧堂・庫裏《くり》・浴室・東司《とうす》（便所）など、禅寺の七堂伽藍が整備され、僧団組織も長老以下中国の禅寺にならい禅僧が圧倒的に多いなど、禅宗寺院の面が基本である。円爾は、禅が従来の仏教諸宗の区分を超越した、いずれの宗にも属さない境地を宗旨とするものであることを強調している。彼が禅を顕密仏教とは別系列のものと宣言し、確立しようとしていたことは明らかだろう。

また円爾の弟子に謡曲で有名な自然居士《じねんこじ》がいる。自然居士のような下級の宗教者、卑賤な芸能者(放下《ほうか》、暮露暮露《ぼろぼろ》)たちは、禅を、修行や学問無用で、狩猟や生き物を殺すことを生業とする者をも成仏させ、神祇を軽んじることを許すものと理解していた。室町期の禅宗は、武家の保護を受けた体制仏教そのもので、難解な禅思想や高度な文化・芸術性を特徴にしている。しかしこの時期の禅宗は、その後切り捨てられてしまった要素、すなわち延暦寺から「時代の妖怪」と糾弾されたような(「山門訴申」)、民衆にも受容される反体制的な異端としての一面も有していたのである。

一九七六年、韓国の全羅南道新安郡《ぜんらなんどうしんあんぐん》沖合の海底で沈没船が発見された。これは中国元代の貿易船で、一三二三年寧波《ニンポー》を出港し、日本を経て沖縄・フィリピンをめざす途中難破した。船主は博多あたりに居留する中国商人または有力な日本商人、乗員は日本・中国・朝鮮三民族の混成で、積荷は中国の陶磁器、銅銭など膨大なものがある。発見された荷札木簡から荷主のひとりに東福寺がいたことがわかった。貿易の利益は、文保《ぶんぽう》三年(一三一九)の大火で焼失した東福寺の再建費用にも用いられるはずだった。

七条町などの発展

平安後期に登場した四面町は、一三世紀を通じ、町屋商業の展開とあいまって、じょじょに四丁町《しちょうまち》へと発展してゆく（図3－10参照）。四丁町は見かけは四面町と異ならないが、後者が東西南北四つの面をもつ一つの区画（町）であるのにたいし、四方の道路に面するそれぞれの頬《つら》（面《おもて》）の住居群が一つの丁《ちょう》を形成し、これが都市経済の基本単位として、京都の発展を支える基礎になった。

すでに述べたように平安末期の京都では、東・西市が衰え、町尻通《まちじり》（現新町通《しんまち》）と、三条・四条・七条大路の交差点を中心に、定住店舗を構える商人が増えはじめた。鎌倉極初期には、検非違使の別当が、七条通に市が立ったのを追い払っている。検非違使は早くに京職の権能を吸収していたので、市を管理する権限を有していた。追放された商人らは少し衰えていた三条・四条界隈に復帰して集住したという。安元の大火で焼け出された三条・四条の商人たちが、町屋商業が展開しはじめた七条面《おもて》に移動していたのだろう。検非違使庁の七条市への抑圧政策は、不振の東市を保護することをねらったものと思われるが、結果として三条町・四条町の復活にも役立った。

その後も町尻通を中心とする三・四条界隈は、数年毎に火災に見舞われている。裏を返せば、それだけ復興が早く家屋が密集していたのである。また七条町も早々と復興し、鎌倉中期には「土倉《どそう》員数を知らず、商賈《しょうこ》（商人）充満す、海内の財貨ただ其の所に在り」といわれるように、富裕な町屋区を形成した（『明月記』）。こうした商工業者は、蔵人所や大寺社を頼って供御人《くごにん》や神人《じんにん》・寄人などの身分を獲得、奉仕の代償として保護を受け、諸国自由往来などの特権を獲得した。

図4-3　土倉と罹災者　『春日権現験記絵』，部分（所蔵：宮内庁三の丸尚蔵館）

土倉はほんらい土壁をもつ倉庫建築のことだが、中世では金融業者のことを指す。富裕な商人らは土倉を作って商品や財産を保管する場にした。彼らにコネのある者が、火災や盗難から財産を守るために財産を預託し、それを担保（質物）に金銭の融通をうけはじめた。富裕な酒屋が兼ねて営業したものが多く、酒屋・土倉とあわせて呼ばれた。七条町の「黄金《こがね》の中務《なかつかさ》」という通り名で呼ばれた極富裕者などは、文暦元年（一二三四）八月三日の大火の翌日には、早くも焼失した店の造作にかかり、同業者の見舞いには、大路に幔幕を引いて「飯や酒肴」で饗応、人びとを驚かせたという（『明月記』、図4—3）。

七条町一帯は、条坊でいえば左京八条三坊に含まれ、その南部は現JR京都駅構内にあたる。一九九〇年代の駅ビルの新築、およびそれ以前からの駅前地域の再開発にともなう事前発掘の結果、多くの考古学上の成果があった。

この地域には、鎌倉時代から室町時代半ばのころまでの遺跡・遺構が高密度で広がっている。なかでも鏡・仏具・刀装具・銭貨の鋳型など、鋳物生産に関係する遺物が広範囲に出土し、中世の一大工業地であったことが明らかになった。銭貨の鋳型は「模鋳銭《もちゅうせん》」のそれであり、そのほか、据え甕遺構、炉跡、大量の漆器碗で、地域の西側には土葬された墓も見つかった。模鋳銭とは中国銭をコピーした民間鋳造の銭貨をいう。偽金造りというわけではなく、当時銭は輸入された中国銭に頼っていたが、室町期に入って輸入量が市場の必要に足りないため、日本で鋳造した。また仏具は、近隣に七条仏所《ぶっしょ》があったことと関係があるだろう。平安中期以後、仏像制作の技術者は、大仏師・小仏師と呼ばれるようになり、大仏師は東寺など官営の仏所のほか、自宅にも工房を設け、ときに私的な依頼を受けて、数十人の弟子たちと造仏にあたるようになっていた。平等院阿弥陀堂（鳳凰堂）の本尊仏を造った定朝《じょうちょう》の仏所は、七条東洞院といわれている。鎌倉期以後、七条には多くの仏所が設けられ、ほかにも大宮・三条・五条・万里小路《までのこうじ》の仏所などが知られる。

一遍《いっぺん》は伊予の大豪族河野氏の出身である。法然のひ孫弟子とされ、熊野本宮に参籠して、衆生《しゅじょう》の往生は決定していると、夢のお告げがあった。以後空也の先例にならって、南無阿弥陀仏の六字名号《ろくじのみょうごう》に節をつけて歌い、その節拍子に合わせて踊る踊念仏《おどりねんぶつ》を民衆に勧めた。「南無阿弥陀仏　決定往生《けつじょうおうじょう》(疑いなく極楽に往生すること)六十万人」と記した札を配って諸国をめぐり歩いたので、世に遊行上人《ゆぎょうしょうにん》・捨聖《すてひじり》と称される。

一遍上人京都に入る

こうしたなかで、一遍の一行は弘安《こうあん》五年(一二八二)、東海道を西に向かって京都に入った。まず四条京極の釈迦堂を訪れたところ、貴族・武士から庶民までの熱狂的な歓迎を受ける。一遍の行状を描いた『一遍上人絵伝』では、一遍が肩車の上から札を配るほどの大混雑だった(図4−4)。釈迦堂は、現在の寺町通と新京極の間、染殿院《そめどのいん》(染殿地蔵)の地で、その後ここに時衆四条派の大本山金蓮寺《こんれんじ》ができた。現在新京極通に面して「時衆開祖一遍上人念仏賦算《ふさん》(ふだくばり)遺跡」の石標が建っている。

続いて烏丸五条の因幡堂《いなばどう》、三年前一遍が訪れたときは、一夜の宿を乞うたが許されず、縁の下で仮寝をしかけた場所だった。悲田院《ひでんいん》、神泉苑内の蓮光院《れんこういん》を訪れ、さらに鴨川を東にわたり返し、謡曲「自然居士」に登場する東山の雲居寺《うんごじ》、空也ゆかりの六波羅蜜寺に向かう。同寺は

図 4-4　一遍，四条京極釈迦堂で札を配る
中央の黒い衣装の人物が一遍．『一遍上人絵伝』，部分（国立国会図書館ウェブサイトより転載）

「空也上人は吾先達なり」（『一遍上人語録』）と考える一遍にとって、ぜひにもという場所である。最後はこれも空也の遺跡・市屋《いちや》の道場に訪れた。いまの七条堀川北西、西本願寺の南半分の地にあたる。『一遍上人絵伝』には、板屋根高床の踊屋で円形の鉦《かね》を打つ一遍を中心に踊念仏をおこなう一行を、桟敷から地上から多数の人びとが、物見高く見物するさまが描かれている。ついで洛外の桂に移ったが、この間三六日、結縁を願う人びとは跡を絶たなかった。

巷所

大嘗会の標の山を牽くコースは、鎌倉後期になると大宮通を二条まで下って朱雀門に向かうように短縮されていた。というのは右京の田園化がさらに進み、朱雀大路もすでに街路として用をなさなくなっていたからである。平安京の大小の街路はもともと利用度が低く、朱雀大路は、すでに平安前期に昼は馬牛が放し飼いにされ、夜は盗賊の集まる場所になったといわれる。一般の街路の側溝でも水葱《なぎ》(ミズアオイ)・セリ・ハスなどを植え、溝を広げ道幅が削られていた。

巷所《こうしょ》は平安京の街路を、住民らが宅地や耕地に変えたものをいう。もちろん朝廷は京職や検非違使に命じて禁止したが、巷所化の流れはやまず、朱雀大路も平安末には「溝渠を開鑿《かいさく》し往来を煩はせ、道路を侵奪し田畝《でんぽ》を耕作す」(『兵範記《へいはんき》』)るありさまだった。一四世紀初めのころ、朝廷は巷所禁止の原則を放棄し、貴族の中御門《なかみかど》家(右京大夫)、坊城《ぼうじょう》家(左京大夫)が、それぞれ巷所の所属先となって、その存在を保証するようになった。両家はそれまで巷所を禁止していた京職の長を家職とする家だったが、一転してそれを収益源にしたのである。

朱雀大路の廃絶によって京都の西境は大宮通になり、市街地が極小化した戦国時代を除き、それは明治・大正期まで続いた。大宮通以西が田園化したことを端的に示す事実として、平安中期以降、摂関家(近衛家)領小泉御厩《みうまや》(のち小泉荘)という荘園が成立したことが挙げられる。その荘域は江戸時代の西院《さいいん》村にほぼ該当する。右京区の東南と中京区・下京区の一部がかかるあたりで、いまその東北(現西院駅あたり)から西南(現西京極駅の少し手前)の対角線上を、阪急電車が走っている。

かつてエタ・非人《ひにん》という被差別身分は、江戸時代(近世)、権力が士農工商の身分秩序を維持するため(民衆の不満のはけ口として)、四民の下に制度的に創り出したものだ、と説明されてきた。この見解はその後の研究によって、今では成り立たないものとなっている。なによりも、被差別民は中世社会自体のなかで生みだされ、その一定部分が近世の新たな身分編成のもとで、エタ・非人の二大身分に編成されたものだからである。中世における被差別民の成立と、その最大の集住地である京都における存在のあり方について、手短に説明しておこう。

京都の非人たち

イエ(家)は、日本中世社会の各種社会集団(組織)の基礎単位であり、これを背後にもつことは身分人であることの基礎資格だった。イエは、家族や非血縁者・従者よりなる人間の集団、生活と経営のための施設や家産、という二つの要素からなる。鰥寡《やもめ》(配偶者を失った男・女)・孤独(みなしご、老いて子のない者、よるべない独り者)・疾病《しっぺい》・障害者など、イエという生活条件を欠いた社会的・経済的弱者は、イエの連合体である共同体(ムラやマチ)の存立という面からいえば、お荷物、余計者とみなされ、意識・無意識をとわず疎外・排除・放逐の対象となった。

鴨川の河原や清水坂・蓮台野など京都の周縁部には、都市部や周辺諸国の村々からはじき出されたこれらの人びとが滞留群居し、総称して非人と呼ばれる集団を形成した。彼らは、主に乞食や「京都上下町中」の葬送を独占することによって生活の資をえている。中世人は京都の周縁にたむろしたこれらの人びとを、集まり住む場所にちなんで清水坂非人や河原者などと呼び、差別した。

平安時代の最末期より南北朝期にかけて、清水坂周辺ではめだって人口が増えたらしいが、その多くは非人たちだった。清水坂非人集団の内部は、長吏《ちょうり》とそれに続く有力非人(長吏の下《げ》座《ざ》)をトップに、一般の乞食・障害者、そして最底辺に重い病者(ハンセン病や重篤な皮膚病患者)という重層的な構成をとっている。非人の集住地を宿《しゅく》というが、清水坂と肩をならべるのが、興福寺に属する奈良北郊の奈良坂で、両者は近畿各地に点在する非人宿を、それぞれ自己の系列下に置いた(本宿《ほんじゅく》—末宿《まつじゅく》)。奈良坂と清水坂は、承久の乱以前から寛元二年(一二四四)にかけて、武力衝突を含む抗争をくり広げる。ことの本質は両坂の末宿争奪をめぐる争いであるが、これに清水坂非人の一部を抱きこんで、興福寺の末寺たる清水寺をわがものにしようとする延暦寺の動きがからんでいた。

これら非人を行政的に管理していたのが、王家に直結した特殊な役所たる検非違使庁であり、その役割は室町時代になると、検非違使の権限を継承した幕府の侍所に移った。非人は、検非違使や侍所の直接・間接の指揮の下に、人びとがケガレと忌み嫌う都市の汚穢物の処理や路次清掃、行刑の執行(罪=ケガレの祓い)に従事した。すなわち、都市のケガレをキヨメる行為で、それによって彼ら自身もケガレに「汚染」された存在とみなされた。

これらのなかには、たとえば文保二年(一三一八)、後宇多法皇が検非違使庁に命じ、東寺近辺に住みついていた非人たちのなかから、一五人を割いて東寺に寄進し、寺内外の掃除人夫として使役する権利を与えたような事例もみられた。さらに祇園社(本寺の延暦寺)に所属した犬神人《じんにん》(清水坂非人中の有力層)・葬送法師《そうそうほうし》(屍体を葬ることを専業とした卑賤視された人びと)たちもいた。非人は同じように祇園社に属していても、普通の神人と区別され、「人ナラヌモノ」つまり犬《いぬ》神人と呼ばれねばならなかった。

時代が降るにしたがって、非人の内部には、従事する(させられる)生業の面で、それぞれ特色をもつ者が現れた。洪水のおそれがある河原に住んだことから土木技術を身につけ、室町期には作庭技術者として名をなした者がいる。山水河原者《せんずいかわらもの》である。死んだ牛馬の片づけや皮革生産など特定の卑賤・不浄視されてゆく職業に固定的にかかわらざるをえなくなった人びと(エタなど)が出現し、種々の呪術的な職掌や雑芸能に携わった陰陽師系の芸能者である声聞師《しょうもじ》らの活動も目立つようになる。

第五章　武家の都として——南北朝から室町へ

鎌倉か京都か

足利尊氏は、鎌倉幕府打倒に大功があったにもかかわらず、後醍醐天皇の建武新政権の重要ポストから締め出された。そのため、建武《けんむ》二年(一三三五)、現状に不満をもつ諸国武士の期待を背に、新政権に反旗を翻す。鎌倉から上洛した尊氏は、翌年敗れて九州に退くが、全国の急進派武士の大半を勢力下に組み入れ、その年のうちに後醍醐方の有力者を次々に撃破、畿内を制圧した。同年一一月には建武式目《しきもく》を制定、幕府を発足させた。

建武式目は普通の法令とは違って、尊氏の諮問に、法律家や旧鎌倉幕府の奉行人たちが答えるかたちをとっている。その第一条では幕府(将軍御所)をもとのごとく鎌倉に置くべきか、ほかに遷すべきかが問われている。当時尊氏は京都にいたので、これは従来通り鎌倉か、それともこの際京都にすべきか、という問いにほかならない。

諮問にたいする答えは、おおむね鎌倉をよしとするものだったが、結局幕府は京都に置かれることになった。これはその後六〇年近く続いた南北朝内乱が、尊氏らを鎌倉に安住させておかなかったという面がある。しかし根本は、京都がいぜんとして政治・文化・宗教の中心であるばかりか、荘園領主が集住し、全国の富や人や情報が集まる経済・流通の中心都市で、幕府が真の意味で全国政権たらんとすれば、そこに政権を置かざるをえないという点にあった。

嵯峨　嵯峨《さが》は王朝貴族遊覧の地である。鎌倉中期、後嵯峨上皇が小倉山《おぐらやま》の東南、南に大堰川《おおいがわ》（下流が桂川）や嵐山を望む地に、亀山殿《かめやまどの》を造営した。上皇は出家後大覚寺《だいかくじ》に入り、ついでその子の亀山法皇もここに住いする。一四世紀はじめには、亀山の子後宇多上皇が大覚寺に入って院政をおこなったので嵯峨御所と呼ばれ、伽藍や僧房も新営された。以後も、亀山・後宇多両天皇の皇統に属する上皇や皇子が住む。それでこの皇統を大覚寺統（のちの南朝）と称する。明徳《めいとく》三年（一三九二）、南北朝内乱を終わらせた両朝合体のとき、南朝の後亀山天皇は、同寺で北朝（持明院《じみょういん》統）の後小松《ごこまつ》天皇に、皇位のしるしである三種の神器《じんぎ》を引き渡した。

暦応《りゃくおう》二年（一三三九）、足利尊氏は、無念の思いをいだいて吉野山で亡くなった後醍醐天皇の怨霊を恐れ、その冥福を祈るため、天竜寺《てんりゅうじ》を建立しはじめる。そこは天皇に伝えられた亀山殿の跡地だった。造営費用として、尊氏は荘園を、光厳《こうごん》上皇は官職を売ってえた収益を、また幕府は天竜寺造営を名目とする中国（元《げん》）向け貿易船（天竜寺船）でえた利益を、それぞれ寄進した。貞和《じょうわ》元年（一三四五）、後醍醐天皇七周忌の年に、落慶法会が営まれた。

天竜寺境内の建物はたび重なる火災で失われ、現在のものは明治以降の再建であるが、方丈西面に位置する庭園が当初の姿を伝えている。池の対岸に力強い滝石組みを備えた築山、さらに亀山・嵐山を借景とした池泉回遊式《ちせんかいゆうしき》で、夢窓疎石《むそうそせき》の作庭といわれる。夢窓は各地の寺院で作庭しているが、晩年作の当寺と西芳寺《さいほうじ》のそれがもっとも有名だろう。

嵯峨の臨川寺《りんせんじ》は、もと亀山天皇の離宮で、後醍醐天皇が禅院に改め、建武二年（一三三五）、夢窓疎石を開山にしたもの。夢窓は公武の間に多くの支持者をえる。それは彼の穏和な人柄もあるが、顕密仏教（旧仏教）的な色彩の濃い和風の習合禅を推奨したからで、彼と並び称された宗峰妙超《しゅうほうみょうちょう》はこれを妥協と斥けたが、以後日本禅の主流は前者となった。

こうして、大堰川左岸の西に天竜寺、東には臨川寺が位置した。幕府の手厚い保護によって、一五世紀初め、二寺の周囲には一五〇におよぶ塔頭《たっちゅう》・寺庵や門前在家が集中する。そのほか宝幢寺《ほうどうじ》（現鹿王院《ろくおういん》）や大覚寺・清涼寺など新旧の寺院があり、中世の嵯峨は、院御所を中心とする都市から寺院の門前都市に移行した。在家もおそらく千軒に近かったと思われ、京都の近郊都市として発展していった。

図 5-1　室町殿跡付近現況　今出川通烏丸上ル（巻頭地図 1 参照）から北北西をのぞむ．烏丸通をはさんで手前が大聖寺，後ろのカテドラル風の建物が寒梅館

室町殿と土御門東洞院内裏

南北朝期、足利氏の将軍御所は、三条坊門殿などいくつかの邸宅を転々としたが、尊氏の孫で三代将軍の義満《よしみつ》は、北小路《きたこうじ》室町に新邸を造営して移り、永和《えいわ》四年（一三七八）、永徳《えいとく》元年（一三八一）、後《ご》円融《えんゆう》天皇の行幸を仰いだ。北小路室町とは、上立売《かみだちうり》通以南、室町通以東、烏丸《からすま》通（当時は今出《いまで》川《がわ》通）西で、北に同志社大学の寒梅館《かんばいかん》（室町キャンパス）、南に大聖寺《だいしょうじ》のある地である（図5―1）。

この一帯は平安時代以来の都市的発展の結果として栄えた。一条大路より北だから、本来京外である。ここは鎌倉時代には、室町（四辻《よつつじ》）家や菊亭《きくてい》（今出川）家、少し離れて西園寺公経《きんつね》邸など、権勢を誇った西園寺家諸流の貴族邸宅が集まっており、南北朝期には崇《す》光《こう》上皇が菊亭を御所とし、ついで室町邸に移った。両所を入手し室町邸跡に造営された義満の新邸は、寝殿造風の建物で、四季とりどりの花が植えられ、公《く》家《げ》（公家とは本来天皇または朝廷の意味だが、以下通用の貴族の意味で使用する）愛蔵の名木が多く集められた。そのため花の御所と呼ばれ、室町殿ともいう。

室町殿は邸宅の名であるとともに、足利将軍家の家長であり、武家政権の最高権力者をさす称号になった。この政権を室町幕府と呼ぶのも邸宅としての室町殿によるし、将軍御所がよそに移っても幕府のトップを室町殿と呼んだのは、義満が手に入れた絶大な権力と威光に由来する。

この地に将軍御所が置かれたのは偶然ではない。南南東、約六〇〇メートルの地には土御門東洞院殿があった。鎌倉時代中期の正元《しょうげん》元年(一二五九)、閑院内裏が焼失して以後、内裏は転々とするが、南北朝期に入り土御門東洞院殿に固定した。そして明徳三年(一三九二)、南朝から引き渡された三種の神器が、ここに移される。土御門東洞院殿は、もと一町の北半分を占めるだけだった。ところが応永《おうえい》八年(一四〇一)出火で炎上したため、翌年一町四方の規模に拡大される。以後同所が幕末まで永続する皇居の地になった。

相国寺

義満は、烏丸通を挟んだ室町殿の東隣りに、相国寺《しょうこくじ》を建設する。寺名は「相国(大臣の唐名)」、すなわち当時左大臣で、太政大臣をめざす義満にことよせたもの。永徳二年(一三八二)、仏殿・法堂の工事が着手された。義満は夢窓疎石を開山にし、夢窓の高弟である春屋妙葩《しゅんおくみょうは》が二世になった。春屋は夢窓の甥である。明徳三年(一三九二)、完成を祝う大法会が朝廷の御斎会(一二四頁参照)に準じて執りおこなわれる。

義満は禅宗寺院を統制するため五山《ござん》制度を整備する(五山・十刹《じっさつ》・諸山)。鎌倉末期に中国禅林の官寺制度が日本に移入され、室町期になって制度的に確立した。それまで何度か寺院の入れ替え、寺格の変更があった。至徳《しとく》三年(一三八六)、京都五山を鎌倉のそれより上に置き、南《なん》禅寺《ぜんじ》を別格「五山之上《ござんしじょう》」とし、以下第一天竜、第二相国、第三建仁、第四東福、第五万寿《まんじゅ》の序列を定め、これが後々まで五山位の基準になる。義満は春屋を僧録《そうろく》に任じ、五山以下の禅寺の統轄と禅僧の人事をつかさどらせた。やがて相国寺の塔頭の一、鹿苑院《ろくおんいん》の住持が僧録を兼ね、さらに鹿苑院内の修行場所である蔭涼軒《いんりょうけん》の軒主が就くようになる。僧録司は幕府と直結して僧俗二つの世界に隠然たる力をもったから、室町期の相国寺は、実質的に禅院の最高峰に位置した。こうして五山派の禅院では夢窓門派が栄え、臨済宗《りんざいしゅう》の本流を占めた。

相国寺の寺域は、北は上御霊《かみごりょう》神社、西は烏丸通(旧今出川通)、東は相国寺東通(旧万里小路)、南は上立売と今出川通の中間(旧今小路)という範囲で、広大な空間である。その境内東南の外、惣門脇に八講堂を建て、境内東方の東京極には一〇八メートルの高さを誇る七重塔が造られた。八講堂は将軍家にとって重要な法華八講の場であり、七重塔は奈良時代東大寺の七重塔(近年約七〇メートルと推定)や、平安後期の法勝寺九重塔(八一メートル)を大きく上回る史上空前の高

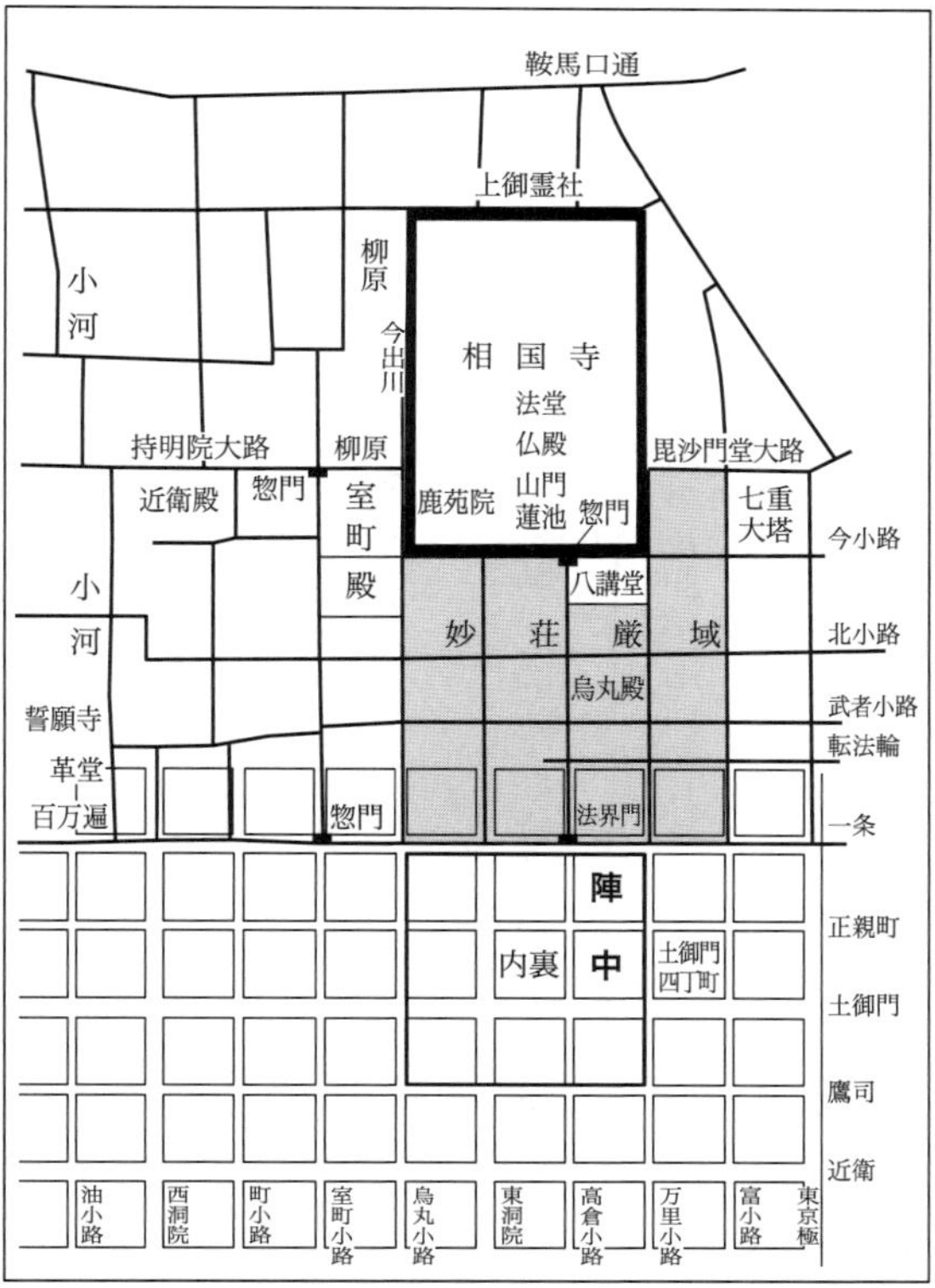

図 5-2　室町殿周辺推定復元図　（原図：髙橋康夫氏）

さだった。そして八講堂と七重塔は、境内の禅の建築とは異なる、顕密の建築である。夢窓が禅・密教を兼修したように、禅と顕密の建物は、空間面で棲み分けながら、全体として相国寺を形成していた。

相国寺境内と内裏の陣中は約四七〇メートルを隔てて南北相対している。相国寺惣門から南下する道路が、陣中北辺の一条通と交差する地点に存したのが法界門《ほっかいもん》で、境内と陣中の間は妙《みょう》荘厳域《しょうごんいき》（妙荘厳は『法華経』に見える仏国・仏王の名）という宗教空間になっていた。室町殿と七重塔は、惣門―法界門の通りを中軸線にして、左右対称に配置されている（図5―2）。

義満のめざしたもの

義満は、永徳元年（一三八一）二四歳の若さで、足利氏では異例の内大臣に任ぜられ、それまでの武家風とは異なる公家風の花押《かおう》（書判《かきはん》）を使用するようになった。武家風のそれを使用した最後は、相国寺落慶供養の年、嘉慶《かきょう》元年（一三八七）で、以後はすべての事柄に公家風の花押が用いられている。これは文人「公方《くぼう》」の立場から、公家・武家双方を統率せんとする意志を示したもので、室町幕府がたんなる武家政権ではなく、公武に君臨する政権として歩みはじめたことを誇示する、という意見がある。

南北朝期六〇年にわたる未曽有の全国的内乱は、京都のさまざまな階層にも大きなダメージを与え、なかでも王家と朝廷、特権貴族層は甚大な打撃を受けた。祖父尊氏・父義詮が進めてきた王朝ならびに荘園領主の権力を接収する作業は、義満によって最後の仕上げがなされる。地口銭《じぐちせん》というのは京都・奈良などの都市で、土地の間口の広狭に応じて、そこの住人にかかる土地税であるが、その課税権も公家政権から幕府に移行した。義満は伝奏《てんそう》(上皇や天皇に奏聞したり、その意志を伝達する役職)である公家衆やその子弟を、自分の家政機関の職員に組織することで、朝廷に影響力をおよぼした。

延暦寺にたいしては、門跡と主従関係で結ばれた有力な門徒らを山門使節《さんもんしせつ》という職に任じ、全山の衆徒との交渉窓口にする。幕府は山門使節に、延暦寺領をめぐる相論で幕府が下した裁定を執行する権限、延暦寺とその寺領内において犯罪者を処断する権限などを与えた。彼らが有する軍事力を使って、延暦寺の僧徒大衆を統制させようとねらったのである。これによって、平安時代以来朝廷や幕府をさんざん悩ました延暦寺の強訴を、ある程度押さえこむことができるようになった。

北山殿の造営

応永元年(一三九四)、足利義満は征夷大将軍職を長子義持《よしもち》に譲り(第四代)、みずからは太政大臣に昇るが、わずか半年で出家する。しかしあいかわらず室町殿で政務をとり続け、将軍は名ばかりだった。義満は、それまで儀式に際し摂関家の礼法で臨んでいたが、出家後は法皇のような待遇を求め、やがて偏愛する我が子義嗣《よしつぐ》の元服を親王の礼に准じておこなうなど、摂関家の上、王家に次ぐ家格を確立しようとした。

義満は、洛中から離れた北山《きたやま》(衣笠山の東北麓)の西園寺氏の別荘を譲り受け、応永四年(一三九七)から大規模な山荘の造営に着手、翌々年そこに移る。この山荘を北山殿といい、義満のことも北山殿と称した。室町殿といい北山殿といい、義満は鎌倉期に権勢を誇った西園寺氏の邸宅を意識して継承しているかのようにみえる。北山殿には、唐代中国の五台山金閣寺《ごだいさんきんかくじ》を意識した金色に輝く舎利殿《しゃりでん》(金閣)、それと空中廊下で結ばれた会所《かいしょ》の天鏡閣《てんきょうかく》、義満の居所である北御所、妻子の居住する南御所、紫宸殿(寝殿)などがあり、相国寺の七重塔も落雷によって焼失したのちは、この地に再建されたようだ。それらの費用は銭百万貫を要したという史料も残るが、中世の銭一貫文はいまの貨幣価値でおよそ一〇万円から二〇万円といわれる。一千億円以上の巨大プロジェクトというのは誇大すぎて、話半分以下だろう。

以後死までの一〇年間、北山殿が義満の政庁であり、また公武社交の場となった。中国明《みん》国との間に国交が開かれ、明の使が来日するようになると、義満は北山殿に明使を迎えて国書を受け取っている。彼はその最晩年この地で「我がいほ(庵)は世を宇治山にあらざれば都のかたをたつみにぞみる」との狂歌を詠んだ(『教言卿記《のりとききょうき》』)。いうまでもなく喜撰法師の「わが庵は都のたつみしかぞ住む世をうじ山と人はいふなり」のパロディである。冗談好きだったといわれる義満だが、本歌の洒脱さにくらべ、わが身に「宇治(憂し)」はなく、都を辰巳(南東)の方角に見下ろすというのだから、権力の奢りも感じられる軽口である。

応永一五年義満が死ぬと、義持は父の政治路線を否定しはじめ、祖父義詮以来の三条坊門殿を再興して移り住んだ。その晩年には、有力守護中の宿老《しゅくろう》が、重臣会議を開いて合議で重要政務を決するようになる。北山殿はとり壊され、舎利殿など一部は、義満の遺言によって禅寺(鹿苑寺《ろくおんじ》)に改められた。現存する北山殿唯一の遺構である舎利殿は、池に面した三層の楼閣建築で、初層と第二層は寝殿造住宅の手法、第三層は禅宗様仏堂風に造られている。ただし今日見る金閣は、一九五〇年の放火焼失後の再建であり、その姿は「復原的考察の一つの結論」であって絶対的なものではないらしい。宮上茂隆氏は創建当初のかたちはかなり違っていたという。天文《てんぶん》六・七年(一五三七・八)、慶安《けいあん》二年(一六四九)など、たびたび修理があったからである。

武家の都

京都の室町時代における武家関係の人口は、三〜四万人におよんだといわれる。奉《ほう》公衆《こうしゅう》と呼ばれる室町将軍親衛軍が二ないし三〇〇〇騎、在京した諸国の守護家が二一ないし二三家で、配下と併せて六、七〇〇〇騎、合計一万騎程度となる。ほかに徒歩《かち》の兵や従者がつく。家族をともなっている場合も多い。

これまで一五世紀中期の京都の人口は、一〇万人程度と考えられてきた。ところが同じ時期に二〇万棟(戸)という史料もある。一五世紀の京都は、南北朝内乱の影響による一四世紀前半の経済停滞を克服し、発展著しかったので、一〇万人ではおさまらないだろう。といって二〇万棟(戸)はいくら何でも過大すぎる。蛮勇をふるって棟・戸数を人数に読み替え、二〇万人程度と考えておきたい。前述の武家人口も過大の可能性があるが、足利氏が京都に幕府を開き、守護に在京を義務づけたことが、多数の武士を上洛集住させる結果となったことは間違いない。京都は平家以来武家の比重が高まる一方だったが、人口の一五〜二〇パーセントを占めるなら、武家の都といっておかしくない。その結果、政治はもとより、文化面でも伝統的な公家文化と武家文化、都と地方のそれが混淆し、新しい日本文化が形成された。

北山文化　義満は豪奢を好み、文化への広い関心を示した。学問・芸能に通じ、芸術面でも目利きでありパトロンだった。義満から子の義持・義教《よしのり》(六代将軍)の時代までを、文化史では北山殿にちなんで北山文化と呼んでいる。北山文化の主要な舞台は五山の禅院であり、その禅僧の間では中国宋《そう》・元《げん》の影響を受けた漢文学が盛んだった。これが五山文学で、夢窓門下の義堂周信《ぎどうしゅうしん》・絶海中津《ぜっかいちゅうしん》の兄弟弟子が代表である。如拙《じょせつ》や周文《しゅうぶん》などの画僧が相国寺を拠点に活動した。周文は、宋・元系の水墨画法を消化して山水画の新様式を生みだし、雪舟《せっしゅう》などに伝えている。

唐物《からもの》(中国その他の諸外国から渡来した品物)・唐絵(水墨画)にたいする関心は鎌倉時代以来だったが、一五世紀初頭、義満によってはじめられた日明貿易により多くの名物がもたらされた。唐物で飾り立てた書院座敷で、唐物を用いておこなわれた喫茶の方式を、書院茶の湯と称し、武家儀礼の一部となった。義持から義教の時代にかけてが様式的な確立期である。その茶礼《されい》は禅院での茶礼(唐礼)を母体にしているが、椅子に座るべきものが、畳に座る礼になり和風化した。専用の茶室はまだなく、抹茶をたてる場所は別にあるか、寄合の場に風炉《ふろ》を持ちこんだ。

そのほか、義満は猿楽能《さるがくのう》の観阿弥《かんあみ》・世阿弥《ぜあみ》父子を寵愛し、義持は能面師で田楽《でんがく》の名手増阿弥《ぞうあみ》、義教も猿楽の音阿弥《おんあみ》を用いた。

南禅寺と大徳寺　亀山天皇は禅宗に帰依し、正応《しょうおう》四年(一二九一)、東山山麓の離宮を寺に改める。南禅寺である。天皇は、宗派の系統に関係なく、力量・才知の僧を求めて住持に任ずる制を定めた(十方《じっぽう》住持制)。以来、南禅寺は大覚寺統が統轄する寺として、一四世紀初頭には七堂伽藍が完備する。建武元年(一三三四)、後醍醐天皇は同寺と大徳寺を五山の第一位に定めた。建武新政崩壊後は、室町将軍家が支配する官寺になり、前述のように義満は五山のさらに上に昇格させたので、かたちの上では禅宗界最高の地位を占めた。

紫野の大徳寺は、宗峰妙超が、元応《げんおう》元年(一三一九)、小堂を建てたのが起源だという。その後、花園《はなぞの》・後醍醐両天皇の手厚い保護により寺域を拡大。正中《しょうちゅう》二年(一三二五)に公式に創建された。元弘三年(一三三三)、後醍醐は、大徳寺は宗峰門下のみが居住する一流相承の寺で、他門の入寺を許さないと定めた。

大徳寺は室町時代中期の永享《えいきょう》三年(一四三一)、五山から離れ、在野の立場に立つ禅寺(林下《りんか》)の道を選ぶ。幕府によって五山第一の寺格を十刹の九位と大幅に下げられたのと、官寺たることで十方住持制を強いられるのを嫌ったから、といわれている。そして権力に密着して世俗化し、漢詩文や学問の世界に向かった五山の禅を厳しく批判。宗峰の厳しく激しい禅を継承し、坐禅に徹して、禅宗界に独自の立場をうち立てた。その代表が応仁の乱後住持になった一休宗《そう》純《じゅん》で、反骨の大徳寺禅を堺の豪商にひろめ、彼らの援助で灰燼《かいじん》に帰した方丈や仏殿兼法堂の再建をなしとげた。宗峰の弟子関山慧玄《かんざんえげん》を開山とする右京区花園の妙心寺も、五山の世俗的な繁栄をよそに、禅本来の姿を求める林下の禅の道をたどる。

大徳寺境内を散策すると、いつもその広大さに圧倒される。しかし、室町末期までは、現境内の東部(本坊と真珠庵・竜源院などを中心にした区域)の範囲にとどまっていた。それが、一六世紀末から一七世紀前期にかけて、今宮門前《いまみやもんぜん》通を越えて西へどんどん塔頭を増やしてゆく。大徳寺の地は、上賀茂社が支配する賀茂六郷の一つ大宮郷だが、江戸時代には寺が郷内の村々の支配権を掌握するにいたった。それが明治初年の廃仏毀釈《はいぶつきしゃく》や、大名を檀越《だんおつ》としていた塔頭の廃寺・統合が進んだことで、寺内は西から幕末の半分以下に縮小する。

現在の大徳寺は、各方向から境内に入ることができ開放的だが、このような状態は明治以降のことで、それ以前は土塀や堀に囲まれ、日常の出入りは東の惣門一カ所だけだった。天竜寺・南禅寺・東福寺など他の巨大禅院も、中世には同様に閉ざされた伽藍・塔頭・寮舎などからなる寺内と、その門前・周辺に塔頭や在家集落・田畠、背後に山林などを付属させる同心円状のまとまりをもっていた。門前・周辺は寺が警察権や課税権をもつ独立した世界である。

その点は顕密系の東寺や賀茂・祇園・北野などの大社でも同様である。東寺の場合、伽藍の北方、針小路《はりのこうじ》以南・唐橋小路以北・櫛笥《くしげ》以西、坊城以東の範囲を寺内とし、針小路に面して道路南側には在家が立ちならんでいた。さらに東方の八条院町や洛中の散在所領を所有し、八条・堀川・九条・大宮の各街路の巷所(一三五頁参照)から、地代を徴収していた。

日明貿易と京扇

室町時代には、日本と中国の明との間に貿易がおこなわれ、義満没後と義教二回派遣後という二つの中断期を挟んで、一五〇年間に一九回ほど遣明船が派遣される。

この貿易は、明を中心とする国際秩序のなかでおこなわれた。具体的には、日本国王(足利将軍)が明の皇帝に臣下の礼をとり、その儀礼の一環として進貢品を献上、見返りとして価値ある品々を頒け賜わるものと(進貢貿易)、それに付随した公・私の貿易があった。義満期の貿易の利益は巨大で、橋本雄氏の教示によれば、幕府の利益は一度の派遣で四、五万貫もあったらしい。北山殿建設が可能だったのも、その一部を投入したからだろう。

輸入品は生糸・高級織物・陶磁器・書籍・書画などで、国内で珍重された。銅銭は義満時代に多くもたらされ、貨幣経済の発展をうながした。しかし、応仁の乱以後になると、中国でえた銅銭で有利な中国商品を購入してもち帰ることが多くなり、一六世紀の初めには、かえって日本より銅銭を持ち出して、中国商品を購入することさえおこなわれるようになる。

日本刀とならぶ輸出品の主力は扇だった。一〇世紀以後、日本製の摺扇《しょうせん》(折り畳み式の扇)は、日宋・日元貿易を通じて直接に輸出されたほか、高麗《こうらい》経由でも中国に流入した。一方、中国国内でも、この時期から摺扇の生産が発達し、とくに南宋時代に作られはじめた両面貼りの扇(唐扇)は、日本に逆輸入され、その影響のもとに和紙を何枚か貼り合わせた地紙《じがみ》に竹を差し入れる差骨《さしぼね》の扇が生まれ、それまでの片貼りに替わって主流になってゆく。

京扇は鷹司通《たかつかさ》(現下長者町通《しもちょうじゃまち》)の城殿《きどの》駒井氏によって製作された扇が早くから知られている。これは儀礼用の檜扇《ひおうぎ》らしく、紙を折りたたんだ実用的な蝙蝠《かわほり》(紙扇)は五条橋西詰めの御影堂《みえいどう》(新善光寺)製が評判だった。御影堂は時衆寺院で、僧尼が絵が描かれた扇面紙に折り目をつける方法を学んで、作りはじめたものである。その後も当地は扇生産が盛んで、いま五条大橋西詰めには記念の扇塚が建っている。

日明貿易が再開された永享四年（一四三二）以降も、多くの日本扇が朝廷への進貢品のほか、使節・随行商人の私的な荷物として中国にもたらされた。扇の画題には、花鳥のほか、日本の名勝図が描かれることもあった。とくに朝貢貿易の窓口であった寧波では、日本の金蒔絵《まきえ》や金箔の吹きつけなどの技法が伝播し、扇の生産販売が盛んだったという。

座商業

朝廷・寺社・権門貴族などを本主と仰ぎ、営業の独占など特権を与えられた商工業者・交通運輸業者などの集団を座《ざ》という。京都の主な座には、四府駕輿丁《しふかよちょう》座の米座、祇園の綿《わた》座、北野の麹《こうじ》座、堀川材木座、三条釜座《かまんざ》、絹織物の大舎人《おおとねり》座・練貫《ねりぬき》座などがある。

四府駕輿丁座は、もと左右近衛・左右兵衛の四府に属し、天皇が乗る輿《こし》をかついだ駕輿丁たちが組織した商業の座である。鎌倉時代、駕輿丁らは商業活動をおこなうようになり、やがて四府を離れ、外記や官務《かんむ》（弁官局の実務を統轄する職）を世襲した中原家・小槻《おづき》家の支配を受けながら、山科家（竹商売）・正親《おおぎ》町《まち》三条家（紺持売）・中御《なかみ》門《かど》家（そうめん売）らと営業の権利を争った。これらの訴訟を通じて、四府の駕輿丁が種々の役免除の特権をもつことが広く認められ、同じ扱いを求める各種商工業者が駕輿丁座に加わってゆく。

図5-3　米場　上杉本『洛中洛外図屏風』下京隻第四扇，部分（所蔵：米沢市（上杉博物館））

四府駕輿丁座の商人が扱う商品のなかで、もっとも重要なものは米である。守護の在京などによって京都の人口が増加し、米需要が高まる。文明《ぶんめい》六年（一四七四）ごろからは、米場《こめば》と呼ばれる米穀取引市場の存在が確認され、三条室町と七条の上下二カ所に存在した（図5－3）。米場には、七口《ななくち》（中世に諸国より京都に入る七街道の入口に設置された関所）経由で搬入された米穀が集積され、小売商人に卸された。米場を仕切っていたのも、四府駕輿丁座の米商人と考えられる。永享三年（一四三一）、洛中が飢饉にみまわれるが、これは米商人が結託して、諸国から上る運送米の通路を塞いで、自分たちの保有する米価をつり上げたことによるとされる。その中心にも駕輿丁座の米商人がいた。

そのほか、京都近郊では大山崎（山城と摂津の国境）を本拠とする灯油販売の商人らが注目される。彼らは石清水八幡宮の神人《じんにん（じにん）》として、八幡宮への奉仕や灯油を献納するかわりに、諸国を通行する際の関銭《せきせん》（通交税）の免除、八幡宮を尊崇する幕府からも諸役を免除される権利をえた。そして原料のエゴマを優先的に仕入れ、本拠で製油し、畿内近国を中心に独占的営業をおこなった。彼らは京都にも進出し、永和二年(一三七六)には、京都に移り住んだ油商人の分家六四人が、新しく神人として営業を認められている。

土倉・酒屋

京都では、都市人口の増加や経済発展によって、土倉《どそう(どくら)》の成長がみられた。質物を預かって、数倍にもなる利子をとる金融業者を「無尽銭《むじんぜん》土倉」と称し、南北朝期ごろになると、たんに「土倉」と呼んだ。一方、酒造業は多くの資本を要するので、都市的な場で発展する例が多い。京都や奈良が古くから酒どころだったのは、そのためである。酒屋が土倉などの金融業を兼ねるケースが多かったことは前にも述べた。

室町時代の京都の酒屋や土倉の数については、北野社が応永三二・三三年(一四二五・二六)に作成した「酒屋交名《きょうみょう》(名簿)」が参考になる。これには洛中洛外合計三四七軒の造り酒屋が記載されている。それらは洛中の中心部がもっとも多く、左京の一条から六条、大宮から東京極大路の間に密集していた(図5—4)。そのほか、清水坂・今熊野・嵯峨にも集中している。土倉の方は、鎌倉末期で三三五軒を数えたから、酒屋と同数もしくはそれ以上だったに違いない。

酒屋・土倉は、他の商工業者と違って座の結成に向かわなかったらしい。ただ資金調達のた

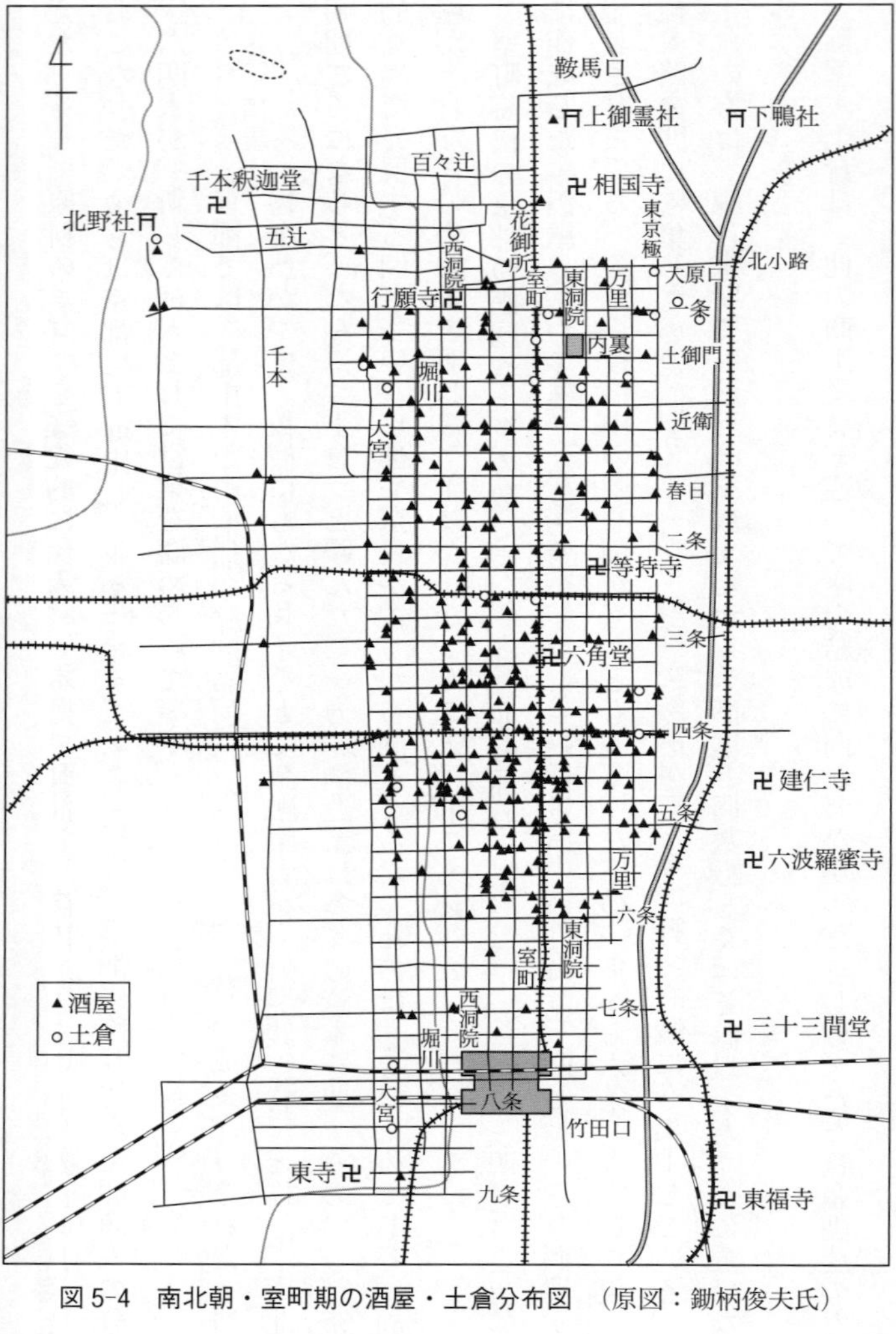

図 5-4　南北朝・室町期の酒屋・土倉分布図　（原図：鋤柄俊夫氏）

めには信用で結ばれた複数の出資者が必要で、当時「合銭《あいぜに》」と呼ばれる一種の預金制度があった。出資者は出資額に応じて利益の配当を受けた。「合銭の輩《やから》」はその土倉に特別の関係をもたない不特定多数の人びとだといわれる。中世社会にしてはドライな結びつきのようであるが、ある例では、一族の家督が「本主(オーナー)」で主たる出資者、実際の経営にあたる「蔵預《くらあずかり》」はその伯父、という関係にあった。このように土倉・酒屋では、中心になる家があり、その経営に一族親類が参加するというかたちが基本と考えられるから、銀行業務のはしりの一面はあっても、資本と経営の分離とまではいえないだろう。

酒屋・土倉のような富裕者・金融業者に営業税をかけることは、為政者なら誰でも考えつくことで、鎌倉時代の朝廷でもたびたび議論された。しかし京中の酒屋・土倉は、公家や寺社に身分的に所属して、その保護下にあったので、実現は容易でない。比叡山延暦寺(山門)支配下の酒屋・土倉はその代表的なもので、北野社(現北野天満宮)や祇園社は延暦寺(日吉社)の末社だから、そこの神人が経営する土倉も山門の支配の下にあった。

山門の強訴は、院政期特有の現象と錯覚されがちだが、じつは戦国時代まで延々と続く。担いできた日吉社の神輿が強訴中に破損や焼失した場合、朝廷が神輿を新調(造替《ぞうたい》)するのが慣例になっていた。鎌倉末期に、その費用の一部を京都の土倉に賦課したところ、当時の総数三三五軒にたいし「山門気風の土倉」が二八〇軒、そのほかが五五軒だったという（『日吉社幷《ならびに》叡山行幸記』）。富裕な町住人が山門支配下の土倉として法体《ほったい》（僧体）になった場合が多いが、山門の僧侶が山をおりて京都の街に土倉を構えた例も少なくない。そして土倉の貸付金のとり立てには、山門の公人《くにん》（下級職員）があたった。彼らは、祇園社を通じ犬神人を手足に使って、執達吏の役を果たし、暴力をふるうこともあった。

日吉小五月会馬上役

　朝廷の京都市中支配権を継承した幕府も、酒屋・土倉を重要財源とみて課税対象にしようとした。明徳四年（一三九三）、幕府から「洛中辺土《へんど》（洛外）散在」の土倉・酒屋にたいし納税を命ずる法令が発せられる。これは幕府が、延暦寺を含む公家や大寺社に、その支配下にある酒屋・土倉への課税を認めさせたことを意味する。室町幕府はその収入を年間六〇〇〇貫文と見こみ、将軍周辺の生活向きの費用にあてることにしていた。いささかこみ入っているが、この課税が可能になった背景について述べたい。

　日吉社の小五月会《こさつきえ》といえば、近江坂本で毎年五月五日におこなわれる盛大な祭で、実施には延暦寺衆徒が深くかかわっていた。祭には莫大な費用がかかる。それをえるため、近江・京都の富裕者を選び馬上役《ばじょうやく》という役が賦課された。ところが率先して応ずべき日吉神人は、この選定から除外されていたので不満反発が起こり、鎌倉末期以降は徴収が思うにまかせず、祭の執行も困難になっていた。衰退した小五月会を復興するために創設されたのが、「馬上一衆《いっしゅう》」という組織である。これにより、日吉神人から「合力《ごうりょく》馬上役」と呼ばれる神役を徴収することができ、問題は一気に解決する。

一衆は、「一頭《いちのとう》」と呼ばれる土倉を含む十数人の延暦寺衆徒によって構成されていた。各一頭は、それぞれ酒屋・土倉を営む数十人の日吉神人を統括し、彼らから経営規模に応じて馬上役を徴収した。これを後押ししたのが幕府である。つまり「合力馬上役」の徴収は、衆徒の土倉組織と幕府の連携によって実現した。これまで朝廷や幕府からの課役を頑として受け入れなかった延暦寺衆徒が、酒屋・土倉への賦課に反対しなかったのは、徴収された「合力馬上役」のうち、小五月会執行費用を除いた多額の余剰金が一頭のものになり、彼らが営む金融業の貸付金に回せたからである。山門使節は、小五月会の執行責任者でもあり、馬上一衆を指揮し、そこから莫大な経済的利益をえていた。

山鉾巡行は民衆の祭か

ついでに日吉社の末社である祇園社の御霊会《ごりょうえ》（六〇頁以下を参照）にも触れておこう。平安中期以来の祇園会は、神輿渡御が中心だった。鎌倉末期・南北朝期になって、山鉾《やまほこ》巡行が加わる。かつて山鉾巡行は旧暦の六月七日と一四日の式日、つまり神輿迎えと還幸の日に合わせて二度（前祭《さきまつり》・後祭《あとまつり》）おこなわれていた。一九六六年、観光客を呼びこむ効果を期待して、前祭の日（七月一七日）に一本化されたが、今年（二〇一四年）四九年ぶりに七月二四日の後祭が復活した。

山（祭の飾り物）・鉾（山車《だし》の一種、大型の柱状のもの）は、祇園社や御旅所に関係なく巡行する。神輿渡御が神社が準備する行列であるのにたいし、山・鉾は双方に関係なく準備されるからである。日本には、人に害をなす悪霊や疫神を追い払うにあたり、華やかに飾り立てた風流《ふりゅう》（作り物）を設けてそこに迎え、笛や太鼓で囃し立てて生活圏外に追い出すという習俗があった。鉾や山の本質は、招き寄せられた疫神が乗り移るための依代《よりしろ》（神座《しんざ》）である。

従来、山鉾巡行は京都「町衆《ちょうしゅ》」の反権力の心意気を示す、「町衆」の祭といわれてきた。それは、都市の歴史は「市民」の形成史であり、「市民」が都市自治の担い手、「町衆」は「市民」もしくは「市民」の代表、という理解があったからである。しかし、最近の祇園祭研究は、これまでのイメージを大きく変えつつある。たとえば、室町期において、山鉾巡行を見物する主体は、室町殿や天皇・院であることが指摘され、山鉾も町人のものではなく、もともと将軍家のもち物だ、という衝撃の発言まで飛び出すありさまである。

神輿渡御に要する費用は、もとは三条以南、五条以北の商業地域の富家に賦課されていた。ところが日吉社小五月会の「合力馬上役」制が成立すると、徴収物の一部（三〇〇貫）がその費用に流用されるようになる。また小五月会・祇園会はそれぞれ五月・六月という決まった順で実施されていたので、延暦寺衆徒が強訴の要求を通す戦術として小五月会を延期すると、祇園会の神輿渡御も定められた式日に開催できない事態が生じ、一二月実施も珍しくなかった事実も明らかになった。一方、山鉾関係の費用は「在地(下京)の所役《しょやく》」(『尺素往来《せきそおうらい》』)でまかなわれていたが、幕府の後押しで確保されたらしい。室町期の祇園祭には、確かに都市住民もかかわっているが、少なくとも、その自主・自立の祭とばかりはいいがたい要素が、濃厚に認められるのである。

酒屋・土倉役

ここで話を酒屋・土倉役にもどす。日吉小五月会に言及したのは、明徳四年(一三九三)の酒屋・土倉役の創設は、その馬上役の徴収システムを利用したものだったからである。馬上一衆の徴収組織は、酒屋・土倉役の徴収組織として機能するときは「土倉方《かた》一衆」「衆中」と呼ばれた。土倉方一衆は、それぞれ数軒から数十軒の酒屋・土倉を傘下にもち、酒屋なら醸造容器である酒壺を、土倉なら質物の員数を基準に、幕府に納銭を請負う組織団体だった。つまり幕府は、延暦寺衆徒に多大の収益をもたらすことで、日吉社の小五月会を復興させ、返す刀で酒屋・土倉役への賦課徴収権を確立したのである。

さて、柳酒屋《やなぎのさかや》といえば、当時もっとも高名な酒屋である。五条坊門西洞院南西で営業、毎月六〇貫、年額七二〇貫の酒屋役を負担した。これは一軒で幕府の酒屋役収入の一割を超える。柳酒の売価は一〇〇文あたり三勺《しゃく》(古酒)〜四勺(新酒)だった。通常の酒の二倍ちかく、かなり割高であるが、芳醇さは天下に知れわたっていた。また古酒が新酒より高い。当時の酒は春夏秋冬一年中造られたので、新酒と称するものが年中存在した。これにたいし古酒は冬に造られ貯蔵されたものである。長い間の貯蔵に腐らず堪える酒なら、アルコールも酸も十分あって、風味あるしっかりした酒である。屋号は門前の柳の木が評判だったことからきているらしい。銘酒のはしりだろう。幕府は柳酒屋以外が酒樽に六星紋をつけることを禁じ、商標の盗用防止に協力した。

西京神人と酒屋の対立

日本の酒造りに麴は欠かせない。麴づくりの職人たちの組織として有名なのは、北野社に属する麴座である。彼らは北野社の門前町、西京《にしのきょう》七保に居住し、西京神人として祭礼に奉仕することで、課役免除の特権をもっていた。ところが応永二六年(一四一九)、幕府は突然酒屋が自前で麴を作ることを禁止し、その製造から販売までの独占権を西京神人に与えた。将軍義持が北野社を熱狂的に信仰していたことがその背景にあったという。

日吉神人の保護者であるはずの延暦寺衆徒は、これに異議申し立てをおこなわず、西京神人の独占を承認・保障する。山門使節らが支持に回ったことが大きかった。その結果、酒屋が自分で作っていた麴室《こうじむろ》(麴を作るための温室)は、幕府の役人の目の前で打ち壊された。その数は五二軒にのぼり、これからは麴室を作らないと誓約させられ、それを所在町《ちょう》の「町人」が保証している(『北野神社文書』)。先に応永三二・三三年に北野社が酒屋の名簿を作成した件を紹介したが、これは西京神人らの麴専売を確かなものにする目的だろうといわれている。

二〇〇八年、烏丸通と綾小路通の交差点を西に約五〇メートル入った北側で発掘調査がおこなわれ(左京五条三坊九町)、一四世紀前半と一五世紀後半二時期の酒屋跡とみられる遺構が発見された。古い時期の遺構には、東西六列、南北六列に常滑焼《とこなめやき》の甕《かめ》が整然とならんで据えられていた(図5―5)。注目すべきは、その南東で見つかった東西四・八メートル、南北二・六メートル、深さ一・二五メートルある大きな土坑《どこう》(土を掘りくぼめた穴)で、壁沿いには壁板を固定するための杭穴と根太《ねた》を受けるための礎石があり、壁と床は板張りだったらしい。土坑の床面には藁や木片・炭

図5-5　左京五条三坊九町跡の酒屋跡　(提供：京都市埋蔵文化財研究所)

を混ぜた床土《とこつち》を、約二〇センチの厚さで貼って叩き締めていた。その床土を科学的に分析したところ、微量ではあるが麴菌が検出された。それで地下式倉庫は麴室だったかもしれないと考えられている。ちなみに二〇一三年春にも、三条通と新町通(町尻通)の交点から南の現場で、室町前期には廃絶していた酒屋の麴室かもしれない地下式倉庫が発掘されている。

一方、一五世紀後半の新しい時期の遺構では、東西二列以上、南北六列に甕の抜きとり穴がならんで見つかった。将軍家の家産と直轄領を管轄する政所代《まんどころだい》を世襲した蜷川《にながわ》家の文書に、明応(一四九二〜一五〇一年)前後の酒屋として、「綾小路烏丸西北頰」に「沢村又次郎」という酒屋が記載されている(「土倉酒屋注文」)。抜きとり穴群がその酒屋のものである可能性は高い。沢村一族は俗人の土倉の代表格で、山門の洛中支配が後退した応仁の乱後は、土倉の中心となって働いた。一族のなかには四条猪熊《いのくま》西北頰に住し、「中興《なかおき》の聟《むこ》」になり、石清水八幡宮の神人と号して、馬上役を忌避しようとした人物もいる(『八瀬童子会文書』)。中興姓は少なくとも戦国期には柳酒屋を経営していた一族である。

話を麴に返そう。北野の麴専売にはその後酒屋の反発が続き、麴づくりの権利を獲得しようとして訴訟を重ねた。文安《ぶんあん》元年(一四四四)になって、酒屋が延暦寺西塔の衆徒に助力を要請、衆徒もこれに応じた。幕府が酒屋に麴づくりを許すのではないかという噂が立ち、怒った西京神人側が、北野社に千日参籠《さんろう》と称して立て籠もる。幕府軍が北野社に向かったところ、神人がみずから火を放ったので社殿の大半が焼失した。以後、酒屋は麴製造を認められ、年貢銭を西塔に出すことになった。

幕府の土倉や酒屋への支配は、土倉方一衆を介した間接のものだったが、嘉吉《かきつ》二年(一四四二)以降、幕府の政所が自力で役を徴収する方式も試みられた。しかし徴収額は激減し、期待ほどの成果はあがらなかった。これはつぎに述べる嘉吉の徳政一揆で土倉が大被害を受け、廃業するものが続出したことが大きい。

徳政一揆

中世では個々の荘園で領主に年貢の減免などを求める一揆《いっき》(荘家《しょうけ》の一揆)が頻発していたが、それ以外に、売買・貸借の契約を破棄することを要求する土民《どみん》(住民)の一揆があった。土一揆《どいっき(つちいっき)》(徳政一揆)である。徳政一揆には、土倉を襲って個別に債務を破棄するいわゆる私徳政《しとくせい》と、幕府や守護などに徳政令の発布をせまる二つがあった。私徳政を確かなものにするため、徳政令の発布が求められたのである。

このうち嘉吉一揆は、嘉吉元年(一四四一)に起きた後者の一揆である。同年六月に起こった嘉吉の乱(播磨《はりま》などの守護赤松満祐《みつすけ》が将軍義教を殺害し、みずからも攻められて自刃した戦乱)で、赤松追討の幕府軍が出払った留守をねらって、京都周辺の有力農民を中心とする土一揆が、徳政を要求して蜂起した。九月五日になると京都は完全に包囲され、一揆勢は東寺・「いま西宮」・西八条・大内裏跡・北野社・太秦寺《うずまさ》など一六カ所に陣取り、連日京中を攻めている。目的は質物を奪い借金証文を焼き棄てることにあり、抵抗があれば火を放った。

同一二日には、徳政令の高札が京の七口に立てられた。室町幕府が認めた最初の徳政令である。この間、幕府は「土民」に限って徳政を認めようとしたが、土一揆勢は、「公家・武家の人々切迫の条、痛敷存《いたわしくぞん》」ずるので、みな同じように徳政をおこなうべし、と主張している(『建《けん》内記《ないき》』)。幕府収入の一つは守護が拠出する銭(守護出銭《しゅっせん》)で、それは守護が自分の領国で、田畠一反または家屋の棟単位に何文というかたちで、一律に徴収した銭(段銭《たんせん》・棟別銭《むなべつせん》)から捻出された。京都を中心とする地域住人は、荘園の年貢などに加え、増大する山城守護の賦課に苦しみ、土倉への金融依存を深めていた。しかし徳政を必要としていたのは土民だけではない。高利貸は、都市生活を送る武家や経済力を失った公家をも、窮乏に追いこんでいたのである。

幕府側は侍所の兵を中心に一揆に対処したが、数万の土民の勢いをくい止められなかった。それは数の圧力だけではなく、一揆に加わった武士の戦術指導があったからだが、さらには幕府の武士も土倉に苦しめられており、本気で防戦しなかった面があるのではないか。この結果、「一国平均」の徳政令が発布された。しかしその後も徳政令の解釈をめぐって議論がもつれたため、閏《うるう》九月になって適用範囲を明示した新法が公布される。
一揆は借銭の破棄や質物の取返しだけではなく、永代売《えいだいうり》(期限つきでない永久売却)の土地も旧主に返すことを要求した。これは一旦は認められたが、強い反発があったため、一八日にいたり先約は破棄され、徳政令の対象から除外された。とはいえ、その規模や要求の具体性において、嘉吉一揆は徳政一揆の頂点を示している。

一五世紀中葉以降、徳政一揆の力で徳政令が出されるようになると、そのたびに土倉役の納入は停止し、幕府にとって大きな打撃になる。慢性的な財源不足に悩む幕府は、享徳《きょうとく》三年(一四五四)に分《ぶ》一銭《いちせん》(債務額の一〇分の一から五分の一)を幕府に納入することを徳政令適用の条件とした。長禄《ちょうろく》元年(一四五七)には、逆に債権者に分一銭を上納させて、その債権を保障する分一徳政禁制が出された。

アカマツ林の出現

初唐の詩人劉廷芝《りゅうていし》は、洛陽の街の東で桃や李《すもも》が花盛りなのを見て、「年々歳々　花相似たり　歳々年々　人同じからず」と詠んだ(「代悲白頭翁」)。自然は変わらぬが人生は移ろいやすい。とくに気ぜわしい都会人にとってはである。

しかし実際には我々が目にする自然は、天然の自然ではなく、人の手が加わった二次的・三次的な自然である。京都をとりまく山野の景観・植生も不変ではなく、平安京以来一二〇〇年の間にどんどん変化した。千葉徳爾《とくじ》氏は、マツタケ・ヒラタケの史料への現れ方の変化や頻度によって、中世末における京都・奈良周辺の森林状態を推測している。ヒラタケは人里離れた原生林に生育する。一方、マツタケは、アカマツの根系にのみ寄生し、アカマツは日光のよくあたる土地でないと育たない。

都市に近いところは木材需要が多いから、常緑広葉樹（照葉樹林）が伐採されて、二次林の落葉広葉樹の森林（雑木林）が成立する。里山である。雑木林は、冬の落葉で地表によく日があたる。その雑木林を薪・炭の材料に、落葉や下草を燃料や肥料にするから、有機物が収奪されて地力がやせ、ますます日光が差しこんで地表が乾燥してゆく。こうして痩せ地や土壌の乾燥に耐えるアカマツが勢力を伸ばす。アカマツ林は、もっとも水分を要求する森林であるから、ただでさえ乏しい地下水が吸収され一段と土壌の乾燥が進み、下木《したぎ》下草《したくさ》の生育を不良にする。またアカマツは建築材・造船・土木用材に供される。松炭は軽くて火力が強いので鍛冶屋炭として用いられ、やに分の多い古い根株を細く割って灯火に用いた。人口集中地の近郊で、アカマツ林の伐採がそのまま放置されれば、露出した土壌が雨や風によって浸食され、亡失してゆく。あげくの果てにははげ山である。

千葉氏は『宇治拾遺物語』の一説話から、丹波篠村《しのむら》（現亀岡市篠町）はもと名高いヒラタケの産地であったが、『宇治拾遺物語』が編集された一三世紀にはもはや発生しなくなっていた事実を読みとり、京都近郊の森林が次第に伐採されて、常緑広葉樹の原生林が少なくなっていったとする。さらに氏は、一五世紀後半から一七世紀前半までの公家の日記類から、贈答品などでマツタケもしくはヒラタケが現れる記事を拾い、ある年に一度でも記載があれば、京都・奈良周辺でキノコが発生したものとみなした。

その結果、京都ではマツタケの頻度がきわめて多いのに(三七件)ヒラタケはわずかに一件しかなかった。これにたいし奈良ではマツタケの出現は京都と同じ程度だが(四〇件)、ヒラタケもある程度は認められる(七件)。結論として、一七世紀ごろには、京都近郊には広葉樹林はほとんど見られず、アカマツ林が大部分を占める林相だったとした。千葉氏のデータでは、一六世紀後半からはマツタケの記事も減少するので(日記の量や残り方も関係するが)、アカマツの過伐採で、一部ははげ山化の途をたどっていたと考えられる。

薪炭の貢納

一四世紀成立の初級教科書『庭訓往来《ていきんおうらい》』には「大原の薪、小野の炭」とある。京都を代表する薪炭材《しんたんざい》の供給地である。大原は八瀬とならんで薪炭の供給地で、平安時代から薪・柴・炭の生産地として名高い(図5—6)。嘉元《かげん》三年(一三〇五)には、法成寺領大原の寄人五〇人が、年貢として四八〇〇籠の炭を納めるよう求められていた。小野は葛野《かどの》郡小野山、すなわち京都北山の清滝川上流・雲ヶ畑川流域に開かれた山村である。ここを本拠とした供御人《くごにん》が朝廷に炭や松明《たいまつ》を貢納し、丹波・若狭に通じる小野山長坂口《ながさかぐち》の警固を務めるかわりに、諸関の通行税や諸商売への課役を免除され、洛中で松明・炭・材木を販売した。

図 5-6　大原女（おはらめ）と炭焼　『七十一番職人歌合』より（『群書類従』第 28 輯より，一部改変）

そのほか、丹波・丹後・近江のいたるところに、木炭の産地があったと思われる。たとえば、大原の北方、琵琶湖にそそぐ安曇川《あどがわ》源流の葛川《かつらがわ》（現滋賀県大津市坊村）でも、鎌倉期に多数の炭窯《すみがま》が築かれ、木炭が焼かれていた。葛川の炭窯は南接する伊香立荘《いかだちのしょう》の住民たちが、自領の雑木山を薪炭用に切り尽くした鎌倉の初め、葛川に進出したものである。これらの炭は、荘園領主である延暦寺の青蓮院や無動寺《むどうじ》の僧房生活用に上納されたが、そのほか京都の都市住民や手工業者の需要に応えるため、販売用として焼かれていた可能性がある。金属精練・鍛冶のみならず、皮革加工用の熱源、膠《にかわ》を使用する工業の保温および溶解用など、ほとんどの工業は木炭を必要とした。八瀬・大原から、その奥の伊香立、さらに安曇川源流へと、炭生産の中心が北上していったのは、木炭の確保が、都市京都の大きな課題になっていたからだろう。

はげ山化と水害

中世の京都も前代に引き続き洪水に見舞われていた。立命館大学の研究グループが作成した京都の詳細な災害年表をもとに計算すると、一二五一〜一三五〇年までに起こった洪水は二三回、一三五一〜一四五〇年までで四九回、一四五一〜一五五〇年で四六回程度になる。京都は室町時代に入ってより洪水に見舞われやすい状態になっていた。

一、二の例を挙げると、嘉吉三年(一四四三)五月二〇日には、「午《うま》の剋《こく》以後大雨、洪水言語道断なり、古今比類無しと云々《うんぬん》、洛中大河のごとし、鴨川辺において人多く流れ死ぬと云々」(『師郷記《もろさとき》』)、文安五年(一四四八)七月一九日には「終日甚雨《じんう》、(中略)近来かくの如き大水これ無しと云々、諸国水損喩《すいそんたと》へて取るもの無しと云々、五条橋・嵯峨法輪橋《ほうりんばし》(渡月橋《とげつきょう》)等落つと云々」(同右)といったぐあいである。

その原因は一つに決めがたいが、長期的な気象変動の研究が教えるところでは、日本の中世は、「気候の小氷期《しょうひょうき》」にあたっており、一一〜一二世紀と比較して、谷底の一五世紀では気温の平均値が二〜三度低く、夏期は低温・多雨であったという。それに加え都市化の進展と旺盛な経済活動によって、水源の山々の伐採が進み、保水力の低下が進む。そこへ台風や集中豪雨が到来し、賀茂川・大堰川以下の川が一気に増水し、洪水を引き起こすという事態を想定することは可能だろう。京都近郊の景観、植生などの変化は、今後の研究にまつところが大きいが、京都の歴史に与えた影響は決して小さなものではなかった。

寛正の飢饉

古代・中世では飢饉は日常茶飯事だったが、とくに長禄三年から寛正二年(一四五九〜六一)までは、歴史に残る全国的飢饉が続く。長禄三年早々にはじまる天候異変、九月の山城国一帯の大風雨で、米価の高騰《こうとう》、徳政一揆の激化があった。翌年も春から初夏にかけての旱魃、五月以降の長雨・水害・低温、その後はひどいイナゴの害で全国的に大凶作となり、諸国の流亡民が多数都に入りこんでくる。河内・紀伊・越中・越前では兵乱による荒廃も加わった。翌寛正二年一〜二月末の餓死者総数は八万二〇〇〇人を数えたという。時衆の願阿弥《がんあみ》は八代将軍義政《よしまさ》から一〇〇貫文の提供を受け、六角堂(頂法寺《ちょうほうじ》)前あたりで飢人に、初め三日はあわ粥、その後は野菜汁のみを与え、施行を受けた者は連日八〇〇〇人におよぶ。だが施行は長続きせず、願阿弥は死骸の埋葬に切り替え、死屍をまとめ四条・五条の橋下に穴を掘り、一穴に一〇〇〇人・二〇〇〇人と埋め、塚を築きそこに霊をなぐさめるため高い樹木を植えた。麦が出回るころになると疫病が発生し、民衆のみならず公家や武家にも病死者が出た。

第六章　都を大改造する——信長と秀吉の京都

応仁・文明の乱と幕府の衰退

寛正五年(一四六四)、足利義視《よしみ》は、実子がなかった兄将軍義政のあとつぎになった。ところが、翌年兄に長子義尚《よしひさ》が誕生したため憎まれ、これに有力守護畠山・斯波《しば》両家の相続問題、幕閣を二分する細川・山名二大勢力の対立がからまる。応仁元年(一四六七)、細川勝元《かつもと》と山名持豊《もちとよ》(宗全《そうぜん》)は、それぞれ京都に諸大名の軍勢を引きいれてにらみあう。五月の上御霊社《かみごりょうしゃ》の合戦を機に、全面的な戦争がはじまり、本陣の位置から、細川方は東軍、山名方が西軍と呼ばれた。

当初、義政や義尚・義視を擁した東軍が優勢だったが、八月に大内政弘《まさひろ》が中国・九州四カ国の兵を率いて上洛すると形勢逆転。九月から一〇月にかけて、次々に西軍が勝利し、東軍は花の御所を中心とした一角(東西は烏丸と小川、南北は一条と寺之内)に追いつめられた。以後、東軍は「御構《おんかまえ》」と呼ばれた強固な陣地に立て籠もり、西軍は「西陣《にしじん》」「下京(下陣)」に陣取って包囲する対陣が続き、戦況は膠着状態に入る。文明《ぶんめい》五年(一四七三)に山名宗全・細川勝元があいついで没すると、和睦の機運が高まったが、山城国一帯では合戦が続いた。文明九年(一四七七)になって、西軍の畠山義就《よしなり》・大内政弘が領国に引き上げ、一一年間におよんだ大乱はようやく終わりをつげる。

乱後の文明一四年(一四八二)、義政は東山如意嶽《にょいがたけ》のふもとに山荘の造営を計画したが、全国への段銭《たんせん》賦課が失敗に終わり、山城の寺社本所領に負担させるにとどまった。そのことが示すように、幕府の全国への影響力は急激に低下した。

九州と東国を除く各地では引き続き合戦が展開され、戦国時代の幕明けになる。その結果、荘園公領制は解体に向かい、地方では守護代《しゅごだい》や国人《こくじん》層(諸国生え抜きの在地領主)が台頭した。畿内近国では細川氏がひとり勢力を保持し、本宗家《ほんそうけ》の政元《まさもと》(勝元の子)は、明応二年(一四九三)四月、クーデタを起こして将軍義材《よしき》(一〇代、義稙《よしたね》・義尹《よしただ》とも)を廃し、幕府の実権を握る(明応の政変)。以後将軍家は義稙系と義澄《よしずみ》系(一一代)に分裂し、細川本宗家の家督が幕政を左右し、幕府権力のおよぶ地域も、畿内近国に限られることになった。

九代義尚以後の歴代室町将軍は、京都で安らかに死ねなかった。義尚・義澄・義晴《よしはる》(一二代)

はいずれも近江で没し、義稙は復活を目論んで諸国を流浪、「流れ公方《くぼう》」と呼ばれ、四国の阿波で死ぬ。天文一八年(一五四九)、細川氏の被官三好長慶《ながよし》が台頭して、管領《かんれい》(将軍を補佐し政務万般を統轄する役)細川晴元《はるもと》(政元の孫)を追放し、長慶没後の永禄八年(一五六五)には、その被官松永久秀《ひさひで》らによって将軍義輝《よしてる》(一三代)が殺される事件が起こった。義栄《よしひで》(一四代)は、阿波で生れ京都に入れぬまま、義昭(一五代)・織田信長と対決しようとして、摂津で病死する。

銀閣寺の造営と東山文化

東山山荘建設は、文明一五年まず常御所《つねのごしょ》が完成し、義政は早速山荘に移った。造営は義政の趣向をいれて続けられ、超然亭《ちょうねんてい》・持仏堂(東求堂《とうぐどう》)・会所《かいしょ》以下が完成し、長享《ちょうきょう》三年(一四八九)、最後に観音殿(銀閣)が上棟された。が、義政は中風《ちゅうぶう》の発作を起こし翌年没する。臨終のときのいいつけで、鹿苑寺(旧北山殿)にならい禅院に改め、義政の院号にちなんで慈照院《じしょういん》(のち慈照寺)と称した。通称銀閣寺である。

その後、幕府の衰亡とともに寺運も傾き、一六世紀中葉、近くの瓜生山《うりうやま》城などをめぐる戦国の攻防によって、東求堂・銀閣を残し多くの建物が失われた。現景観は考古学の発掘結果からすれば、江戸時代以降のものと考えられる。一六世紀後半になって東求堂の場所移動をはじめ境内整備がなされ、江戸初期に庭園の大規模な修築、庫裏《くり》の建築があった。幕末までには向月《こうげつ》台《だい》や銀砂灘《ぎんしゃだん》もそろって、現状の庭園に近い姿になった。

義政は東山山荘にちなんで東山殿と称されたが、彼の時代、一五世紀後半期を頂点とする文化を東山文化という。公家・武家・大陸文化に、庶民文化が融合した複合文化である。唐物鑑定や座敷飾の方式に秀でた三阿弥（能阿弥・芸阿弥・相阿弥）、義政に寵愛され室町御所（室町殿）・相国寺蔭涼軒《いんりょうけん》を作庭した善阿弥などが出た。これら将軍のそばに控えて雑務にあたった一群の阿弥号を有する僧体の者を同朋衆《どうぼうしゅう》というが、なかには卑賤視された人びとが少なくない。善阿弥は、山水河原者という名の被差別民だった。

この時期公家は、みずからの存在証明を求めて、『古今和歌集』『伊勢物語』『源氏物語』などの古典研究に向かう。応仁・文明の乱で、多くの公家衆が奈良や京都近辺の諸国・所領に疎開した。戦乱がいちおう終息した文明九年（一四七七）以後も、所領確保の必要や経済的困窮から、一〇〇家を超える公家が地方に下向し、関白さえ京都に不在の時期があった（摂政は成人の天皇即位が続いたため一四三二年から一六二九年まで置かれなかった。院政も一六一一年まで中断）。地方武士のなかには、彼らから古典の知識を習う者も少なくなく、領国文化発展の刺激になった。文化の地方への広がりという面では、各地を旅して生涯を送った宗祇《そうぎ》・宗長《そうちょう》ら連歌師《れんがし》の役割も大きい。

東山文化には生活文化の色が濃厚で、今日まで続くものを数多く生み出した。その中心が立花《りっか（たてばな）》と茶の湯である。六角堂の僧池坊専慶《いけのぼうせんけい》・専応《せんおう》は立花を造形芸術にまで高め、以後池坊がこの分野をリードする。茶では村田珠光《むらたじゅこう》が登場し、書院茶の湯の簡素化を進めた。彼は連歌師心敬《しんけい》の歌論をうけとめ枯淡閑寂の美を説き、それまでの唐物珍重のいきすぎを改め、備前・信楽《しがらき》などの国焼《くにやき》の素朴な美にも関心を寄せた。そして、義政の東求堂同仁斎《どうじんさい》は、四畳半という小書院であったが、一六世紀に流行する四畳半の先駆をなすもので、書院茶の湯が草庵茶の湯に連続する流れに影響を与えた。

応仁の乱後の京都

ふつう応仁の乱で、京都全体が荒廃してしまったかのようにいわれるが、これは正確ではない。たしかに乱中三度の大きな合戦によって、「二条より上、北山・東・西ことごとく焼野の原と成て、すこぶる残る所は、将軍の御所ばかり」で、禁裏(土御門内裏)・仙洞(院御所)は「陣屋」になった(『応仁略記』)。これにたいし、下京《しもぎょう》はさしたる被害を受けなかったらしい。

ところが、明応三年(一四九四)七月の大火で、北は三条坊門小路、南は五条大路、東は烏丸小路、西は堀川小路にいたる広大な範囲が焼け、焼失家屋は一万軒、土倉四〇数カ所といわれる。下京は壊滅状態になった。その後も上京《かみぎょう》・下京を問わず火事が頻発した。盗賊団のしわざである。一方上京でも明応九年(一五〇〇)の大火で、内裏は無事だったものの、公家・武家屋

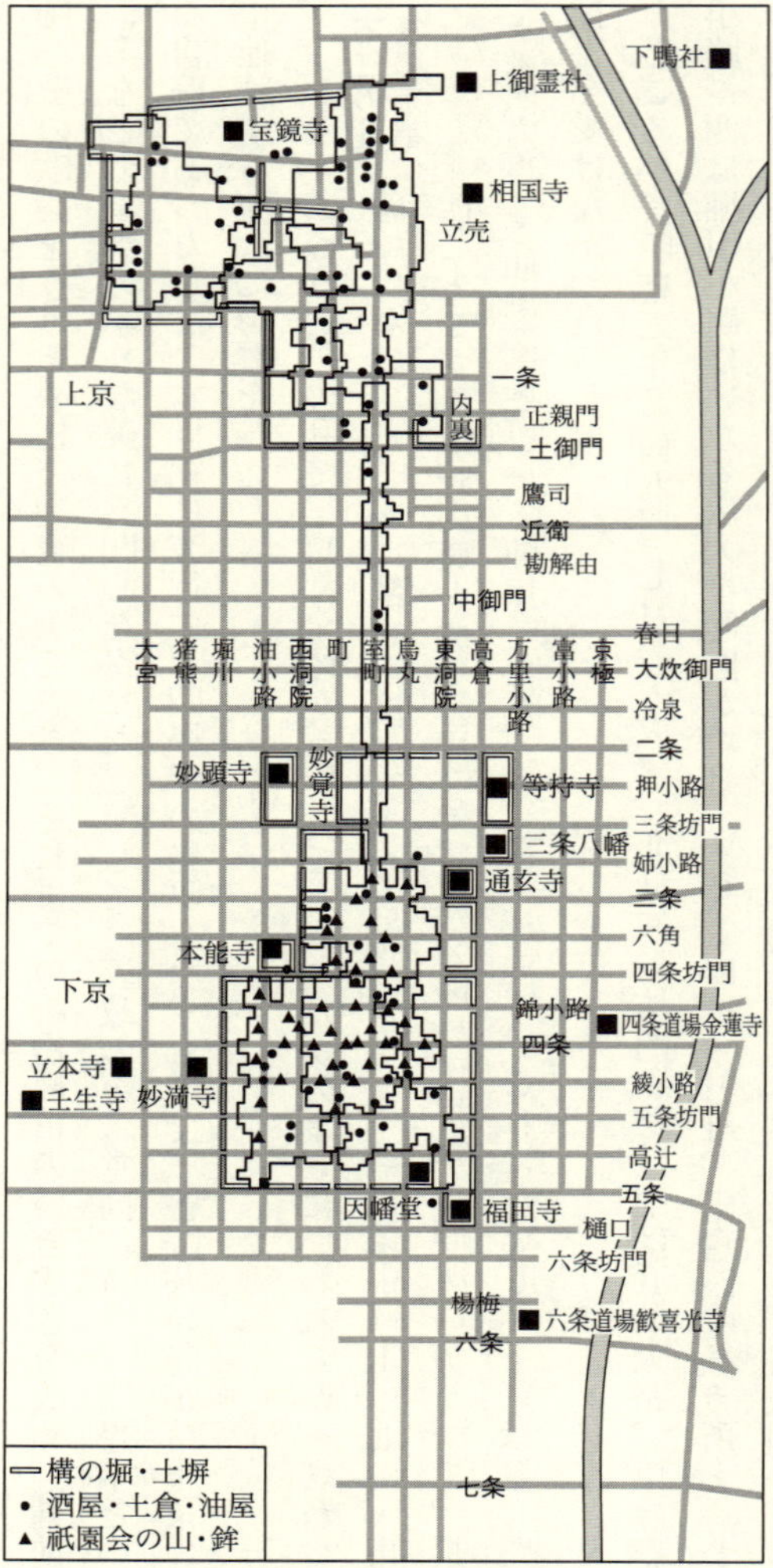

図 6-1　戦国期の京都市街図　（原図：髙橋康夫氏）

敷を含め中心部分が焼けてしまう。焼失の家数は明応の下京を上回った。また延徳《えんとく》四年(一四九二)五月には、流行り病で洛中洛外の富裕者が大半死に、上京の路地には病人・死人が充満した。明応九年五月にも、都鄙に疫病が流行し、死人多数といわれた。

応仁の乱終了によって東西両軍が姿を消しただけでなく、在京の縛りから解放された守護の関係者も国元に引き上げてしまう。公家と併せ顧客の多くを失った土倉・酒屋は「三百余カ所断絶」といわれるほどの打撃を受けた(『別本賦引付《くばりひきつけ》』)。それに乱後の大火や疫病の打撃が加わって、都市人口は激減し、戦国期の京都は極小化する。

右に上京・下京の語を使ったが、それが上辺・下辺にかわって使用され始めた一四世紀の末期では、まだ連続した町並みを区分する地域呼称だった。しかし、一六世紀の戦国期には、上京・下京の間に広大な空地が横たわり、両者は完全に分離する。武家を中核とし公家や寺社が居住する政治色の濃い上京、商業地区の下京、二つの都市といってもおかしくない。上京は近衛通が南限、下京は北が二条通、南が五条通、東側が東洞院、西が油小路の範囲で、双方は南北の通りである室町通によって、わずかに結ばれていた(図6―1)。人口は三万人程度まで減少したと推定されている。

応仁の乱後の幕府の衰弱によって、京都の治安も悪化した。当時の公家は日記に「惣じて京中毎夜の狼藉もってのほかなり、あるいは盗人、あるいは放火、あるいは飛礫《つぶて》などあげて計《かぞ》ふべからず」と書き、家々・町々では人びとは夜になっても眠ることができないとこぼしている(『後慈眼院殿記《ごじげんいんどのき》』)。そのほか、土一揆もしばしば蜂起し、明応四年(一四九五)には「町人ならびに土倉衆」が、高倉室町で一揆の人数「数十人を打ち取る」といった場面があった(『後法興院記《ごほうこういんき》』)。ことあるごとに京都に出入りする武将の軍隊の乱暴狼藉、寄宿、不法な課役賦課もやまない。

治安の悪化と構の出現

治安の悪化は、京都の自警・自衛を促した。それはすでに鎌倉末からはじまっており、文安四年(一四四七)の土一揆に際しては、「御用心」のため「御所辺り釘貫《くぎぬき》を閉」ずとある(『建内記』)。釘貫は「一つ一つの街路の入り口にあって、夜になると閉ざす門」(『日葡辞書《にっぽ》』)である。内裏の釘貫は各門の外側に常設されており、公卿・有力大名の被官人といえども自由な通行は許されなかった。

応仁の乱後、洛中所々に要害として「構《かまえ》」が出現し、町人による自衛軍も置かれた。構は、集落をとり囲む土塀、出入口に造られた木戸門・釘貫・櫓《やぐら》などからなり、堀がめぐらされることも多い。個別の町の周囲のほか、東寺の構や建仁寺の総構などが文献に見える。上賀茂でも

図6-2　四条坊門西洞院あたりの町屋　上杉本『洛中洛外図屏風』下京隻第四扇，部分(所蔵：米沢市(上杉博物館))

応仁・文明の乱を契機に数カ町が堀と土塁に囲まれた地域に集住していた。さらに天文三年(一五三四)四月には、細川晴元の命により洛中の町々が、上・下京をとり囲む「総堀《そうぼり》」を掘った(『言継卿記《ときつぐきょうき》』)。近年の京都の発掘では、戦場の陣地も含め、室町期の堀状遺構および土塁らしきものを、数多く確認している。京都七口にも、釘貫が設けられた。まさに城塞都市であり、構の集積としての京都である。

洛中洛外図屏風《らくちゅうらくがいずびょうぶ》は、室町後期から江戸期まで続いて制作された、京都市中と郊外を描いた風俗画の一種である。戦火と大火によって荒廃した京都の町が復興し、明応九年(一五〇〇)、長らく途絶えていた祇園会が復興したころ登場した。戦国時代に描かれた洛中洛外図屏風原本で現存するのは、国立歴史民俗博物館(略称歴博)が所蔵する甲本(旧町田本)・乙本(旧高橋本)および米沢市所蔵の国宝上杉本の三品である。それらは足利将軍や管領など京都を支配した人びとの屋敷が集まる上京（右隻《うせき》）と、内裏と祇園会でにぎわう下京を中心とする画面（左隻《させき》）に、多数の画中人物、四季の自然や折々の行事などを織り交ぜた一対の屏風である。両方の屏風を向かい合わせで置いたとき、上京・下京の間の地点で、上空高くから見下ろし、京都を一望するように描いた。

このうちもっともよく知られており美術的評価の高い上杉本には、自衛する京都の意外な顔が見えている。典型的なのは四条坊門西洞院あたりの町屋だろう（図6―2）。西洞院川と並行する塀に口を開く門には櫓が上っている。櫓の窓のようなものは、弓を射る矢《や》狭間《はざま》で、四条坊門西洞院角には釘貫も構えられている。

法華一揆と山科本願寺

下京の周囲には、多数の法華宗《ほっけしゅう》（日蓮宗）寺院がとりまいていた。上杉本にも、本《ほん》圀寺《こくじ》・本能寺・妙覚寺・妙顕寺・頂妙寺・本満寺が見える。法華宗は南北朝期に京都に進出、その徒は「文明の乱以後、京中に充満す」といわれた（『後慈眼院殿記』）。これら法華の信者は洛中の町人たちで、当時それぞれが帰依する檀那《だんな》寺《でら》を中心に結束し、軍事行動もおこなった。

一方、浄土真宗（一向宗《いっこうしゅう》）中興の祖といわれる八世蓮如《れんにょ》は、積極的な教化により末寺・門弟を組織し、北陸地方を経て近畿に進出、勢力を扶植する。商工業者・農民を主体とする門徒の結合を一向一揆といい、本願寺の教えや権益を守るため守護・幕府などと争っている。蓮如は、文明一〇年(一四七八)以降、山科盆地の中央やや西に、本願寺を建設しはじめた。主要な堂舎が立ちならぶ西端の「御本寺《ごほんじ》」、その東の門主《もんす》の傍系庶子一族や門主に近侍する僧侶が生活する「内寺内《うちじない》」、さらにその東北の一般門徒・商工業者が居住する「外寺内《そとじない》」の三つのゾーンから構成され、寺域は南北一キロ、東西〇・八キロにおよんだといわれる。周囲には土塁や堀をめぐらす防御施設も備え、「寺中広大無辺、荘厳ただ仏国のごとしと云々、在家また洛中に異ならず」と形容された(『二水記《にすいき》』)。

一九九七年の御本寺南西部分の発掘で、堀の規模や土塁の構造が明らかになった。土塁は調査地点で高さ五〜六メートル、基底部の幅約一五メートルで、両傾斜面はかなりの角度をもっている。断面を観察すると効率的に土を積み上げ、版築《はんちく》(土壁や土壇の築造法で、板でわくを作り、そのなかに土を盛り、一層ずつ杵《きね》でつき固めるもの)状に造られたことがわかる。蓮如は、明応五年(一四九六)になって、摂津大坂に坊舎を建て隠棲した。これが石山御坊(御堂とも、いわゆる石山本願寺)である。

本願寺は、畿内の門徒に命じて一揆を起こし、一揆勢は堺や奈良に放火、ついで京都乱入の勢いをみせた。天文元年(一五三二)京都で起こった法華一揆は、一向一揆の蜂起に悩む細川晴元が、京都防衛を法華門徒に託したもので、その軍事協力の代償としてえたのが、法華衆による洛中警察・治安維持権だった。法華一揆は一向一揆を撃退し、逆に山科本願寺を襲って焼く。ついで畿内各地で一向一揆や土一揆と戦った。法華衆の高揚は、さらに山科・東山の農村支配の要求や洛中全域での地子《ちし》(後述)不払い運動へと発展した。それらは領主権力の反発をかい、天文五年(一五三六)、近江の戦国大名六角氏や延暦寺山徒の攻撃を受けた。日蓮宗二一ヵ所の本山はすべて焼き討ちされ、一揆は壊滅する(天文法華の乱)。室町幕府は日蓮宗寺院の再興を禁じ、洛中への帰還を許されたのは、天文一一年(一五四二)のことだった。

戦国期の祇園祭

祇園社は応仁の乱で兵火にかかり、ご神体も五条あたりに避難するありさまで、祇園会も停止に追いこまれる。再興するのは三三年後の明応九年(一五〇〇)のことで、神輿渡御・山鉾巡行ともに挙行された。六月七日には桟敷で公家や武家、沿道では大勢の庶民が見物するなかを、山が二五基、鉾が一基巡行し、一四日は山一〇基が出た。神輿のほうは、幕府が、間に合わなければ榊でかわりをせよと命じたが、なんとか間に合ったらしい。山鉾(風流《ふりゅう》)の数は前後合わせて三六基で、乱前の五八基にはおよばなかった。

早島大祐氏は、明応七年から永正《えいしょう》五年(一五〇八)年の間に京都の復興がはじまるが、その時期になぜ祇園会が復興したかと問い、不安定な社会・政治状況、とりわけ火災・疫病流行の慢性化が御霊信仰の広がりを生んだ、祇園会はそれへの対応として、室町幕府および地下人《じげにん》(地域に住む殿上人でない一般住人）双方の力で再興されたとした。

関白九条尚経《ひさつね》の日記に、明応三年の下京大火の後、「姉小路大神宮」というところで託宣があり、このたびの火災は、三三年にわたり祇園御霊会がおこなわれなかったことに腹を立てた祇園神の祟りで、火事は今後も起こるという神意が示された、そこで下京の地下人らは、祇園会の式日に準じて八月の七日と一四日に、神前に風流を構え、怒りを鎮めようとしたとある（『後慈眼院殿記』）。この事例は、大火への恐怖がきっかけになって、町住人の祇園神への信仰が呼び覚まされ、風流の奉納というかたちで、祇園会の再興が試みられた可能性を示唆している。

早島氏は、幕府が祇園山鉾の巡行を従来通り権力を飾り立てる面から重視したのにたいし、下京地下人は、祇園会を御霊信仰の面から、罹災地域住人の祭礼としてとらえたという。そして、一六世紀の中葉までに、山鉾を維持するため、中心となる町（親町《おやちょう》）がそれを補助する寄《より》町《ちょう》を組織（町組《ちょうぐみ》、後述）、財源として各屋地から均一に銭を出させた、そのため屋地の所有権が町外に移らないよう売買の規制も設けるなどして、山鉾の運営を軸に町共同体が確立した、と想定している。この想定はさらに論拠を集め一層具体化される必要があるが、都市民の自治という一般論から一足飛びに「町衆」の山鉾運営を説く従来の見解に比べ、史料に即しより説得

図6-3　祇園祭鶏鉾の懸装品
『イリアス』「出陣するヘクトルと妻子の別れ」，17世紀初期のベルギー製毛綴，重要文化財の復元新調品（協力：公益財団法人祇園祭山鉾連合会）

的である。本書ではひとまずそれにしたがうことにしたい。かくして山鉾巡行は、ようやく京都の民衆が主宰するものになっていった。

ちなみに「鬮罪人《くじざいにん》」という狂言では、祇園会の頭《とう》（世話役）にあたった主《あるじ》が、町の人たちを呼んで、その年の祭礼の行列に出す山の趣向を相談し、いろいろな案が出るが、そのたびに太郎冠者《かじゃ》がしゃしゃり出て反対するさまが演じられる。現在では山鉾の題材は固定しているが、山鉾の運営が各町の町人らにまかされるようになった戦国期の雰囲気を伝えたものと考えられる。その後、山鉾を飾る懸装品《けんそうひん》は、南蛮文化との接触により、中国やインド・ペルシャ、さらにヨーロッパにおよぶ広汎な地域から染織品が流入し、ますます豪華になった（図6－3）。

鉾町では神事はじめの行事が終わる七月一日の夜から、町会所の二階で祇園囃子《ばやし》の練習がはじまる。四条室町界隈からコンチキチンの鉦《かね》の音が聞こえ出せば、生粋の京都人でなくとも心浮き立ち、華やいだ気分になってゆく。京都の夏は山鉾巡行を待って一気に全開する。

両側町の成立

鎌倉時代末期から成立する片側町（四丁町）は、やがて街路を挟む向かい側の片側町と合わさって、両側町《りょうがわちょう》という一つのチョウを形成した（図3－10参照）。両側町は、現代でも京都市の基礎単位で、たとえば中京区新町通蛸薬師《たこやくし》上ルにある六角町《ろっかくちょう》はその一つである。両側町はすべてチョウでマチとは呼ばない。京都の旧市街でマチといえば、室町通・新町通など街路名に限られ、生活共同体の町はチョウという。現在の祇園祭で山や鉾を出す町は山町《やまちょう》・鉾町《ほこちょう》といい、戦国期の下京の範囲に相当する。六角町は北観音山（同じ山でもかつぐ舁山《かきやま》ではなく、車輪があって牽く曳山《ひきやま》）を出す山町である。

両側町がはじめて史料に登場するのは一五世紀末で、戦国期洛中洛外図に見える光景は、まさしく両側町のそれだった。仁木宏氏は、それぞれの町は天文年間（一五三二～五五）までに、①町内の土地や家屋の勝手な売買を抑止し、②各町屋の営む生業の保障や資金融資などにあずかり、③成員一人一人の利害や権利侵害を町全体の問題と考える、そのような連帯した集団、すなわち家持《いえもち》層（町人）の共同体を形成していったという。当時の町の数は上京中で一二〇という数が知られる。

個人間のトラブルが町相互の喧嘩《けんか》、武家側の人間と町の武力紛争へと発展することも珍しくない。天文一九年(一五五〇)七月には、一条殿御門前之町と誓願寺門前町との喧嘩が発生し、討死一人、負傷者多数が出、「上京中《かみぎょうちゅう》」の名で仲裁がおこなわれた(『言継卿記』)。武装した町人の喧嘩がエスカレートすれば戦争と変わらない。天文一四年の将軍家小舎人《こどねり》と「下京一町」との喧嘩は、三条町という一町全体の焼き討ち、住宅破壊に発展している(『巌助往年記《ごんじょおうねんき》』)。治安の乱れや紛争の頻発は、町人の身体と資産の安全にとって大きな脅威である。町が地縁的な共同保障の場であり、自力救済《じりききゅうさい》(侵害された権益を自己の実力により回復・実現すること)の主体である以上、武装し自己主張する町は当然のことであった。

一方では、外部の武力・暴力への対抗や山鉾の維持、市中を貫流する川筋の清掃や側溝の溝さらいなど、個別町だけでは対処できない問題がある。そのため町と町は地縁で日常的に結びついていた。この組織が町組《ちょうぐみ》(組町)である。町組がさらに上京・下京の範囲でゆるやかにまとまったのが惣町《そうちょう》で、各町組から選ばれた宿老《しゅくろう》たちによって運営された。惣町は天文一〇年(一五四一)ごろにはすでに現れており、上京の革堂《こうどう》、下京の六角堂は、惣町の会所(集会所・事務所)としての役割を果たし、危急のときは鐘をならし惣町全体に知らせる。戦国期京都の住民は、町組—個別町の自治や自律性を、緊急必要なときには惣町というかたちで保障した。つまり京都には、住民による惣町—町組—個別町の重層構造ができあがったのである。

といって、この都市を自由都市あるいは住民自治の楽園と過大評価することはできない。何といっても、当時の京都には、天皇・公家・寺社・幕府・武士など各種支配者がおり、公・私さまざまな支配が錯綜し、荘園からの収益が期待できなくなった土地領主が、京の市街地・宅地に課した広義の年貢である地子（屋地子《やちし》）のほか、幕府の酒屋・土倉役、地口銭・棟別銭などの都市税も課せられていた。だが、町組―個別町によって形成された上京・下京の自主・自律の秩序は、支配層をさまざまに制約し、この秩序に依拠し、それを何らかのかたちで利用することなしには、安定した都市支配はできなかった。「町衆の自治」とは、実際にはこのような内容をさしていたのである。

都市衛生状態の推移

平安京の衛生状態については第二章で詳しく紹介したが、その後も事態に大きな改善はみられなかった。南北朝期の有名な「二条河原落書」の一節に、「去年火災の空地共、くそ福（便所）にこそなりにけれ」とあり、少なくとも京中庶民はまだ路上や空地に入りこんで排泄していた。

京中屎尿たれ流しの終末期と思われる史料の一つは、『応仁記』（一巻本）であろう。一五世紀末成立と考えられるこの書物では、応仁の乱で京都が荒廃したことが語られ、そのなかに、二条御池殿では不法侵入者が「賎が屋を、御池の上に造かけ、不浄を流すありさま」で、作者はいにしえの金谷園《きんこくえん》と題する詩のパロディとして、「当時二条の地、糞離々《りり》（散らばるさま）を説《よろこ》ばざるに、今日二条 尽《ことごと》く満園に尿垂《た》る」と述べる。

祇園御霊会再興のきっかけとなった疫病の流行は、こうした不衛生な都市環境によるところが大きい。ところが洛中洛外図屏風の時代になると、大きな進展があった。歴博甲本には町屋の共同便所、同乙本に路上の公衆便所が描かれている。堺市博物館蔵『聚楽第行幸図屏風』になると、屋敷の中庭に設けられた公衆便所まで登場する。これら屏風絵の制作時期については諸説あるが、歴博甲本は一五二五～三五年ごろ、『聚楽第行幸図屏風』は天正一六年（一五八八）の後陽成天皇の行幸を描き、歴博乙本は時代が降って一六世紀末の制作だろう。一方、近衛・西洞院辻の西北、安土・桃山時代整地層直下からは、路上の共同便所らしい施設も発掘された。その後の京都でも、道路脇に通行人を対象にした小便壺が設けられていた。

いずれも、平安貴族の樋殿とは質的に異なる、貯留して汲みとる式の便所であることにご注意いただきたい。路上の公衆便所の存在は、永禄六年（一五六三）来日したポルトガルの宣教師ルイス・フロイスの、「われわれの便所は家の後の、人目につかない所にある。彼らのは、家の前にあって、すべての人に開放されている」（『日欧文化比較』）という証言を裏書きする。京都では一六世紀に入ると、街頭排便から汲みとり式の便所へと変化した。

汲みとり式便所の普及は、農業の発展にともなって、肥料への需要が高まり、都市の人糞尿が注目されてゆくことと関係があろう。人糞尿を速効性と肥効成分にとんだ肥料にするには、肥溜《こえだめ》に貯蔵し青みがかるまで腐熟させねばならず、その前提として便所で排泄を管理しなければならないからである。

人糞の肥料化

洛中洛外図屏風にも、洛外(近郊)農村の農作業の点描がある。上杉本の描写では稲作は一部で、むしろ麦作・野菜作に大きな比重がかかっている。代表が、下京隻第六扇(左端)から第五扇にかけての、吉田在所での麦の刈りとり、脱穀・精麦の過程と、同じく下京隻第五扇の声門師村の下方の、畠での野菜の収穫風景である。後者では肥桶《こえおけ》を天秤棒でかついでいる。歴博甲本の下京隻五扇ほぼ中央には、畠に下肥《しもごえ》をかけている場面もある。

畠作の光景が優越しているのは、当時京都周辺では消費地を控えた近郊型農業が広範に成立していたからだろう。麦は米と違ってよほど多くの肥料分を必要とするから、二毛作の普及によって裏作麦が栽培されるようになると、肥料への需要が増大する。野菜はもちろん肥料の施用が絶対である。

美食者の糞尿は粗食者より肥料効果が大きい。当然農村より生活水準の高い都市のものが歓迎される。京都近郊では野菜など畠作物への需要が大きいばかりか、良質の人糞尿確保という点でも有利な条件が存在した。菜園に人糞尿肥料を施すことは、端緒としては古代からあったが、近郊型農業への対応としての汲みとり式便所は、この時期の京都ではじめて本格的に成立する。

フロイスはまた、「われわれは糞尿を取り去る人に金を払う。日本ではそれを買い、米と金を支払う」「ヨーロッパでは馬の糞を菜園に投じ、人糞を塵芥捨場に投ずる。日本では馬糞を塵芥捨場に、人糞を菜園に投ずる」(同右)と述べているが、京都の町屋住民から買い取られた人糞は、肥溜で十分腐熟の上、畠に投入されたのである。

世界一清潔な都市へ

公衆便所で通行人が排泄した屎尿は、その道路と便所を管理している両側町のもので、近郊農民に売却した代金はそれぞれの町入用《ちょういりよう》(町における収支会計)にくりこまれ、町の運営経費にあてられたのだろう。

京野菜のおいしさには定評がある。スグキ・タケノコ・聖護院《しょうごいん》大根・壬生菜《みぶな》・桂瓜《かつらうり》・七条のセリ・九条ネギ・堀川ゴボウ・鹿ケ谷《ししがたに》カボチャ……。千枚づけなど京漬物も全国ブランドである。京野菜の名声確立の前史には、京都に汲みとり式便所が普及し、並行して街頭排便の習慣が過去のものとなってゆく過程があった。

慶長《けいちょう》一四年(一六〇九)、日本に立ち寄ったスペイン人ドン・ロドリゴが、「かくの如く広大にして交通盛に、又街路及び家屋の清潔なる町々は世界のいずれの国に於ても見ることなきこと確実なり」(『日本見聞録』)と述べたように、前近代日本の道路や都市の清潔ぶりは世界的にきわだっている。それは以上見たように、都市の糞尿が肥料として近郊農村に用いられるかたちで、リサイクルと生態系維持が図られるようになった結果である。

これにたいし、ヨーロッパ都市の社会史が、飽きもせずスカトロジー(糞尿譚)をくり広げるのは、休閑と畜糞によって地力維持を図る農業の特質が、人間の排泄物を不要物として、近代までもてあまし続けたからにほかならない。

信長入京

永禄一一年(一五六八)、織田信長は足利義昭をともなって上洛。三好三人衆(長慶の家臣ら)を追放して幕府を再興、実質的な畿内支配を実現する。義昭のため二条城(以下現二条城と区別し旧二条城と称す。安土築城の際解体)を造営したが、政治の実権は信長の手中にあった。そのため両者はしだいに反目し、天正元年(一五七三)、義昭は浅井《あざい》・朝倉、武田氏らと結んで旧二条城で挙兵したが敗れる。このとき信長は上・下京に軍用金を賦課し、下京は応じたが、拒んだ上京は焼き討ちされた。義昭はいったんの和睦ののち、同年七月宇治槇島《まきしま》で挙兵するが、再び敗れて京都から追放され、幕府は一五代で亡んだ。

旧二条城は、現二条城とはまったく関係がない。場所も違う。上京・下京を結ぶ室町通の中

図6-4　将軍邸と輿に乗る貴人　上杉本『洛中洛外図屏風』上京隻第四〜五扉，部分（所蔵：米沢市（上杉博物館））

間にあって、双方を掌握する意図を示している。これはかつての武衛陣《ぶえい》（有力守護斯波《しば》氏代々の邸）跡、のちの将軍義輝邸を整備して建てられたもので、信長入京以前の支配者であり、義輝を襲って殺した三好氏の体制否定の象徴的な意味をもっていただろう。その遺構は、一九七四年からはじまる市営地下鉄烏丸線工事の最中、出水《でみず》から丸太町までの各東西通りとの交差点付近で東西方向の石垣が発見された。二重の堀をともなった石垣は、自然石をそのまま積んだいわゆる野面積《のづらづみ》である。石垣の一部は京都御苑と二条城内に移築して保存されている。

上杉本『洛中洛外図屏風』

上杉本については、近年制作年代を中心に多くの議論があるが、それらを実りあるものにするためには、画像にこめられた注文主の意図を正しく読み解かねばならない。瀬田勝哉氏は、上京隻ほぼ中央に管領細川晴元の豪邸、それをとりまいて細川一族、晴元の被官である三好義輿《よしおき》(長慶の子)、さらに三好家に仕える松永久秀らの屋敷が、それぞれの立場にふさわしく秩序だって描写され、その左下に将軍邸(今出川御所)が一段と立派に描かれていることに着目する。そして、屏風にはすでに崩壊し失われた細川晴元の体制と、それにとってかわった三好・松永の新興勢力の双方が描かれており、制作時点の実景ではありえないと指摘。そこには、三好らの傀儡《かいらい》になることを嫌い、諸国の大名と結んで将軍権威の回復を図ろうとした公方(足利義輝)にとってのあるべき政治秩序、つまり義輝が願望した政治構想が画像化されているとし、当然義輝が殺された永禄八年(一五六五)以前に制作されたもので、彼の盟友だった上杉謙信のもとにあるのが自然な作品だ、と論じた。

この視点を継承した黒田日出男氏は、上杉本は義輝が狩野永徳《えいとく》に発注した品であり、将軍邸に向かう輿《こし》に乗った人物が上杉謙信で(図6－4右上)、彼に上洛して幕府をもり立てるよう促す意図がこめられていた、しかし義輝は松永久秀らに襲われて非業の死を遂げた、その後永徳は自分の画業を京都の新たな支配者である織田信長に売りこむため、注文主を失った屏風を持ちこんだ、信長は甲斐の武田氏と対抗する同盟を維持したかったので、それを天正二年(一五七四)上杉謙信に贈った、と書いている。

信長時代の京都

織田信長は入京すると、村井貞勝《さだかつ》を京都奉行に任じ、京都の支配にあたらせた。村井は戦国期に荒廃した御所の大修理を監督し、明智光秀とともに京都の施政にあたっている。幕府の滅亡にともない所司代《しょしだい》(都市行政を担当する所司〈幕府侍所の長官〉の代理)になるなど、信長の信頼する吏僚の一人だったが、本能寺の変の際、二条新御所(誠仁《さねひと》親王御所)で、信長の長子信忠ともに討死した。

信長の京都支配は本能寺で横死した天正一〇年までの一五年間にすぎない。彼自身は各地の転戦に忙しかったし、本拠の岐阜や安土に引き上げることも多く、在京の日数は総計八〇〇日程度である。京都の本格的な復活は豊臣秀吉の時代を待たねばならない。

信長の理解と村井の援助で建立されたものに南蛮寺《なんばんじ》がある。当時日本に建立されたキリスト教聖堂で、京都にも幾つかあったが、室町通と新町通に挟まれた四条坊門小路北側(現中京区姥《うば》柳《やなぎ》町)のものが有名である。天正五年(一五七七)までに完成した。狩野元秀描く「南蛮寺扇面図」では三階建ての和風建築で、周囲に五人の黒衣の宣教師の姿が見える。妙心寺の塔頭春光院には南蛮寺にあったという鐘が伝わり、一五七七年の年号とイエズス会の紋章IHSが鋳刻されている。一九七三年、南蛮寺跡の発掘がおこなわれ、ゴミ捨て穴から石の硯《すずり》が見つかった。裏面にキリスト教のミサを執りおこなう、鼻の大きい眼鏡をかけたズボン姿の司祭が線刻されていた。

信長時代の天正三年四月の中旬から五月下旬にかけて、薩摩の武将島津《しまづ》家久《いえひさ》が伊勢神宮参詣の途中京都に立ち寄り、連歌師里村紹巴《さとむらじょうは》の案内で寺社参詣、名所めぐりをする。訪れた先は嵯峨・東山(清水・祇園)・北野(千本・北山)・鞍馬などだった。五月一日には賀茂の祭見物、五月中旬には、紹巴と親しかった明智光秀の近江坂本城でもてなしを受け、屋形船で琵琶湖を遊覧、日吉社、大津・石山にも詣でている。これらはいずれも後世の京都めぐりの場所として外せない所で、紹巴には、京上りした地方人に案内すべき場所として、以前から念頭にあったものだろう。家久は伊勢参宮の帰途、六月に三日ほど京都に立ち寄り、宇治・伏見・稲荷を通過し、祇園会も見学している。賀茂祭・祇園会の見物は、はじめから旅程に組まれていたと思う。

秀吉の京都改造

前田玄以《げんい》は、はじめ織田氏に仕え村井貞勝の娘婿になった。本能寺の変以後、信長の次子信雄《のぶかつ》のもとで京都の奉行を務める。豊臣秀吉が政権を掌握すると、そのまま京都の庶政を担当、故実に明るく水ぎわだった手腕で秀吉の期待に応え、慶長五年(一六〇〇)の関ヶ原戦の直前まで、一七年間その地位にあった。

図 6-5　聚楽第の石垣　聚楽第本丸南端の石垣最下段の遺構，上部は破壊されている．2012 年 12 月 24 日現地説明会時に撮影（提供：中村武生氏）

秀吉は、天下統一が進むと、京都を全国政権の中枢にふさわしい都市へと大改造した。まず天正一四年（一五八六）正月から、大内裏跡（内野）の東北の角に聚楽第《じゅらくだい》を造りはじめる。翌年九月秀吉が移り、周辺には諸大名を集めた武家町を建設する。天正一六年四月には後陽成天皇を迎えた。続いて天正一八年、土御門東洞院内裏の主要な建物を新造し、周辺に公家屋敷を集め公家町として再編。公家町は江戸期になると、民家を立ち退かせてさらに拡大され、宝永《ほうえい》六年（一七〇九）最大規模になった。そのほか天正一五年・一七年二度の洛中検地と地子銭の免除、長方形街区（天正地割）の設定、寺町・寺之内の設定、本願寺の移転、天正一九年の御土居堀《おどいぼり》の築造と、次々に大胆な都市改造策が打ち出されていった。

聚楽第は、旧二条城と同じく平城《ひらじろ》で、内郭・外郭の二重構造になっている。往時の様子は三井文庫蔵『聚楽第図屛風』(一七世紀前期制作)によってうかがうことができる。内郭北西に天守があり、隅櫓《すみやぐら》や塀まで金箔瓦《きんぱくがわら》で飾られた。御殿の屋根が檜皮葺になっているのは、前年関白に就任し公家の伝統を意識したから。外郭には堀に架かる橋や大手門が造られていた。その故地は一部の堀跡とゆかりの地名を残すのみだったが、二〇一二年、京都府警察本部西陣待機宿舎建設工事にともなう発掘調査で、本丸南辺東西方向の石垣と本丸の南堀が検出された(図6—5)。石垣は大きな自然石を安定した勾配《こうばい》で整然と積む高い技術が用いられており、同時期に秀吉が造った大坂城との共通性がうかがえる。遺跡保存の声があがったが、実現しなかった。

京都は街区が東西南北の街路によって碁盤の目のかたちをしているといわれるが、じつは碁盤目の正方形ではなく短冊形の長方形街区が基本である。これは秀吉の京都改造で、旧来の町割中央部の有効利用をはかるため、平安京以来の南北道路の中間に、新たに街路を通した結果である。これまでこの種の地割は、下京地区の既成市街地にはみられないので、そこには実施されなかったと考えられていた。ところが、市立堀川高校の校舎改築にともなう発掘によって、条坊制に由来する油小路と堀川通の間に、室町後期から江戸前期のものと思われる路面(豊臣期の醒ケ井通《さめがい》)と柵列、その西に接する堀(古田織部《おりべ》邸の東堀)が検出された。これによって豊臣政権は「町衆」の自治が強かった旧下京には手を出せなかったという通説は、再考の必要が生ま

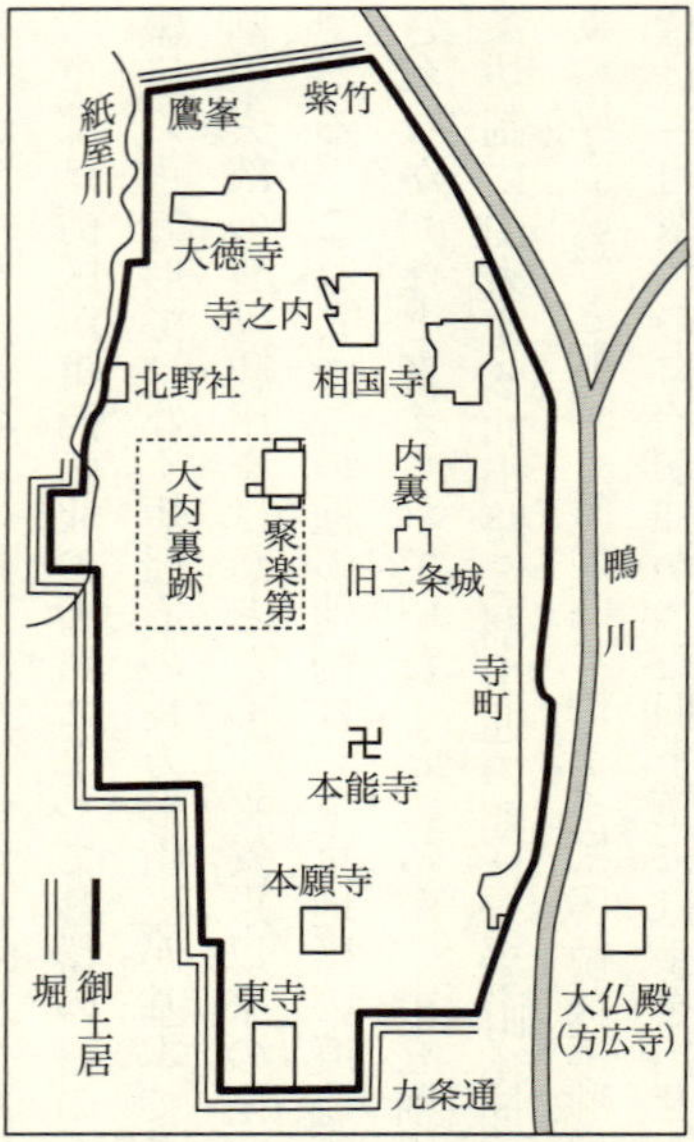

図6-6　織田・豊臣期京都の推定図
(原図：中村武生氏，一部加筆)

れている。

秀吉による洛中地子銭の永代免除は、貴族や社寺などが市中にもっていた領主としての権限をすべて否定し、統一権力が京都を独占的に支配するための措置だった。同時に法華一揆のような地子銭不払いの経験をもつ都市住民の不満を解消し、京都を無税の地とすることで商工業の保護育成を図ろうとする、一石三鳥の効果をねらったものである。

洛中・洛外と寺町

三条・五条で鴨川の川幅いっぱいに大橋が架けられたのは、天正一八年である。五条大橋は平安京の五条(現松原通)ではなく、ほぼ六条坊門通の延長に移された。後述する大仏殿への参詣を考慮したのである。鴨川のほかの橋は、水流の部分だけに板を渡した仮橋(浮橋)のままで、祇園会の神輿も幕末まで四条の仮橋を往復した(図2－5参照)。

御土居堀は、それぞれ幅二〇メートルある巨大な土塁と堀で、総延長二三キロあり、京都を大きくとり囲んだ(図6―6)。その目的は、市街地を鴨川の洪水から守る、都市規模を策定する、など諸説が唱えられている。御土居堀によって内部が洛中(上京・下京)、その外は洛外になった。御土居堀は御神幸や祇園社への参拝のじゃまになる。そうした訴えにより四条口が開いたのは、秀吉死後の慶長六年(一六〇一)だった。

寺町と寺之内は、現寺町通、上京の現寺之内通東側に寺院が集められたことから、その名前がついた。信長が横死した本能寺も堀川高校近くから、いまの寺町御池に移転している。寺町は都市の東壁の役割を兼ねている。御土居堀と寺町は、個別町の構を解消するかわりに、京都全体を防衛する試みともいえよう。個別町単位の安穏と平和から京都全体の平和へ、である。その中心で、かつての平安京大内裏跡地に一足早く造られた聚楽第が、楽(自由・平和)を聚《あつ》(集)めるという意味であったのは、偶然ではあるまい。

山科から大坂の御坊に移った本願寺は、元亀《げんき》元年(一五七〇)以降、信長軍と石山合戦を戦った。天正八年(一五八〇)、朝廷の斡旋により講和し、一一世顕如《けんにょ》らは石山本願寺を退去した。各地を転々としたのち、天正一九年、秀吉から七条堀川の地を与えられ寺を移す(西本願寺)。顕如の没後、長男教如《きょうにょ》が跡を継いだが、翌年秀吉の命により弟に譲って隠退した。慶長七年(一六〇二)、教如は徳川家康から七条烏丸を与えられ寺を造る(東本願寺)。これで本願寺は東西両派に分かれた。東西本願寺それぞれの広大な境内町は、東寺内・西寺内と呼ばれ町制をしいたが、洛中には属さず、両本願寺が管理し明治にいたる。

秀吉は天正一一年、石山本願寺の跡地に大坂城を築き始めた。そののち秀吉の死までの一五年間で九回の正月を大坂城で迎えている。大坂に在住する豊臣家の直属家臣たちから、年始の祝いをうけるためだった。大坂が彼の本城(城下町)であるのにたいし、京都は徳川・毛利・伊達・島津など外様《とざま》大名を集住させ、天皇や公家を含んだ儀礼をおこないうる「公儀《こうぎ》」の都である。

鎌倉・室町・江戸の三つの武家の全国政権だけを幕府と呼称する約束事は、じつは明治の近代歴史学の揺籃期につくられ、以後継承され常識化したものである。それにたいし自立した権力間の闘争が激しくなった中世後期以降、覇権の正統性を示す言葉として使用されたのが「公儀」で、天下統一後の国家や領国を代表する正統権力も「公儀」と呼ばれた。徳川権力を幕府と呼ぶようになるのは江戸後期以降であり、それまでは「公儀」、藩が「公儀」のときは「大《おお》公儀《こうぎ》」だった。そうであれば、豊臣権力を幕府と呼んでも差し支えないはずなのだが……。

伏見築城

天正一五年(一五八七)一〇月、九州島津氏を降した秀吉は、北野天満宮の神域と松原において、天下統一を誇示する大茶会を開く。茶の湯に関心があるものは貴賤・

貧富にかかわらず参加せよと呼びかけた。会場には八〇〇席とも一五〇〇席ともいわれる茶席がしつらえられ、天下の珍器名物をそろえて茶席を飾り、千利休《せんのりきゅう》ら三人の茶人と秀吉自身が亭主になり、参会者に茶をふるまった。

堺の人千利休は、武野紹鷗《たけのじょうおう》の弟子で、町人の間に盛んになったわび茶の伝統を受けつぎ、茶会と点前《てまえ》形式の完成、独創的な茶室と道具の創造、精神性の深化、といった現代につながる茶道の型を定立する。利休は信長・秀吉に仕え茶頭《さどう》として活躍したが、天正一九年、秀吉の怒りに触れ自刃した。秀吉政権内の派閥争いにまきこまれたともいわれるが、真相は明らかでない。利休死後数年を経て千家の再興が許され、三千家の茶道の源流になった。

同じ天正一九年末、秀吉は甥の秀次《ひでつぐ》に関白と京都を譲り、文禄《ぶんろく》元年(一五九二)、伏見に城を築きはじめた。伏見城の歴史は四期ある。第一期は秀吉の隠居城としてのそれで、巨椋池を臨む指月《しづき》の岡に作られた。ところが、文禄二年、側室浅井氏(淀殿)が拾《ひろい》(秀頼《ひでより》)を生むと、秀次を後継者とする政治構想は修正された。翌年、指月の隠居城を大々的に拡張し、秀頼も滞在するようになる。第二期である。同四年には、謀反を企てたとして秀次を死に追いやって、聚楽第を破却、その建物の多くを伏見城に移し、新たな「公儀」の場とする。聚楽第周囲に造られていた大名屋敷も全面移転させ、伏見城下に諸大名が妻子とともに常住する体制が、さらに強化された。秀次の一味と嫌疑をかけられた伊達政宗などは、以後秀吉在世中には一度も奥州の国元に帰っていない。

文禄伏見地震

第二期伏見城の工事は、豪華絢爛をめざして続けられ、前年巨椋池の東から北へと迂回《うかい》するよう河道を付け替えた宇治川左岸堤防上の向島《むかいじま》にも普請を拡げた。秀吉は川を挟んだ二つの城によって、政権の威信を高めることを意図したのである。

伏見築城や後述の大仏殿建設の時期は、秀吉の二度にわたる朝鮮侵略の時期と重なる。文禄五年、苦戦になった第一次の朝鮮での戦争収拾のため、伏見城で明との講和交渉をおこなおうとするが、正使が来る直前の閏七月一三日、畿内一円を大地震が襲う。下京から伏見にいたる間の被害はとくに大きく、指月城の天守は石垣もろとも崩れ、数百人の圧死者が出た。地震の規模はマグニチュード七・五前後といわれている。元暦二年(一一八五)以後も、京都を襲った大地震には、正和六年(一三一七)正月五日、康安《こうあん》元年(一三六一)六月二四日(南海地震)などがあるが、規模・被害の面でこのたびが格段に大きい。なお秀吉は向島の水辺に大規模な桜並木を作ろうとして失敗し、花見は場所を醍醐にかえて、慶長三年(一五九八)、大々的に挙行された。醍醐寺は、応仁の乱で伽藍のほとんどを焼失、寺領も失ったが、座主の義演《ぎえん》が、秀吉の援助を仰いで三宝院を再興し、荒廃していた境内を復興する。

秀吉は、第二期指月城が壊滅すると、直ちに地盤堅固な背後の木幡山《こはたやま》に敷地を移して、第三期の伏見城（木幡山城）を築きはじめた。この城は、近代になって、その中心部分に明治天皇の伏見桃山陵が造営されたため、一般の立ち入りが禁止され、遺跡に臨んでの自由な研究ができない状態になっている。第三期伏見城は、秀吉の死後徳川家康が入って政務をみ、関ヶ原の戦の際西軍に焼かれた。家康はこれを再建し、幕府の畿内における本拠地とする。最後の第四期である。

家康が征夷大将軍に任じられたのは江戸ではなく、この伏見においてであり、二年五カ月の将軍在職中の大部分も江戸ではなく、伏見に詰めていた。豊臣氏滅亡後の元和《げんな》六年（一六二〇）、幕府は伏見城を廃し大坂城にその役割を担わせることにし、諸大名に命じて徳川期大坂城を築城した。伏見城の建物は天守を二条城へ移したのをはじめ、各所に移築する。廃城後荒廃していた城山に数万本の桃の木が植えられ、花の季節には全山桃色に染まり、人びとが花見に集うようになったのは一七世紀後半である。桃山時代という時代の区切り方は、陽気で派手好きの秀吉にはぴったりだが、当地が桃山の名で親しまれるようになったのは、じつは江戸中期以降だった。

図 6-7　耳塚現況

大仏殿の造立

東山山麓、現在の京都国立博物館の北、大和大路に沿った東側に巨石を使った石垣跡が残っている。秀吉の命で作られた大仏殿（方広《ほうこう》寺《じ》）の石垣である。その名が示すように、永禄一〇年（一五六七）の兵火で焼失した奈良東大寺の、京都での再建を意図したものだった。天正四年（一五八六）以来、諸国の大名、京都の民衆を動員した大建築事業で、文禄四年（一五九五）になってようやく完成した。本尊の大仏座像は高さで奈良の大仏を上回る一八メートルという巨大なものだが、工期短縮のため木造仏に漆喰《しっくい》を塗って作ったといわれている。漆喰仏は中国明の技術を採用したものだが、これが裏目に出て、第二期伏見城を壊した文禄伏見地震で大破した。

慶長二年（一五九七）九月、大仏殿の前で明・朝鮮の戦死者鎮魂のための施餓鬼会《せがきえ》（餓鬼道にあって苦しむ一切の衆生に食物を施して供養する法会）がおこなわれた。このとき首級のかわりにもち帰った大量の朝鮮の人びとの鼻が、「大仏の近所」に埋められ塚が築かれる(『義演准后日記《ぎえんじゅごうにっき》』)。方広寺の門前、正面通南側にある巨大な耳塚《みみづか》がそれにあたる(図6－7)。この施餓鬼は鎮魂をうたっているが、第二次朝鮮出兵の戦局が悪化の一途をたどっていたので、日本軍の優勢と秀吉の「慈愍《じびん》(憐れみ)の心」を、国内向けに宣伝する意図で実施された(『鹿苑日録』)。

秀吉死す　慶長三年(一五九八)八月に秀吉が死ぬ。彼は死後神として祭られることを望んでいた。そこで、伏見城に安置されていた遺骸が、翌年四月、東山の阿弥陀ヶ峰に埋葬される。このとき、家康が万事を指図した。山麓には豊国《とよくに》社が創建され、豊国大明神の神号が宣下された。秀吉七回忌の慶長九年八月には、臨時の祭礼が盛大におこなわれる。そのにぎわいは『豊国祭礼図屏風』が生き生きと伝えている。

慶長七年大仏殿が炎上した。秀頼は復興を命じ、慶長一七年銅製の大仏が落成する。ほかにも著名な寺社の建物で、この時期秀頼の名で復興再建されたものは数多い。東寺の金堂、北野天満宮の社殿・中門などもそうである。慶長一九年、大仏殿の梵鐘が鋳造されたが、鐘銘の「国家安康」の文字がきっかけとなって、大坂の陣に発展したことはよく知られているだろう。そののち大仏殿は地震や火災にあい、現在は鐘楼と鐘を残すのみである。

豊臣氏滅亡後、江戸幕府は豊国社の社号を停止、社殿を釘付けにして朽ちるにまかせた。現在阿弥陀ヶ峰の山頂に秀吉の墓という巨大な五輪塔があるが、これは、一八九七年(明治三〇)に、翌年の秀吉没後三〇〇年を記念して、豊国会という組織が墓域を整備した際、建てられたものである。日清戦争後、朝鮮への支配権をめぐって、日本とロシアの対立が深まっていた時期のことだった。

第七章　イメージとしての古都――江戸時代の京都

秀吉の都市改造で京都の市街は急激に拡張し、上京と下京は連続した一つの町並みにもどり、一七世紀初頭には人口二〇万人に近い大都市に復興した。一方、秀吉によって関東に移された徳川家康は、領国経営の拠点として江戸を整備、慶長五年（一六〇〇）の関ヶ原戦後、諸大名に命じて大城下町を建設する。

翌年、家康は、京都の警衛ならびに上洛時の宿所として、上京と下京の中間、堀川通に面して二条城を建設する。町屋を立ち退かせて四町四方の広さを確保、周囲を水堀と石垣で囲い、そこに京内の自分の屋敷を移築した。翌々年家康が入城。豊臣氏を討った大坂冬の陣・夏の陣のときも、ここから出陣する。

当時の日本社会は、列島の東西で、経済の発展度、文化の成熟度、社会の組織や慣行、親族構造などの面に大きな違いがあった。総じていえば西高東低である。徳川幕府はその違いを前提に、江戸および関八州を基盤とする国家のあり方を選んだ。だから幕府にとって、おのれの支配体制のなかに、西日本をどのように位置づけるかは慎重な考慮を要する政治課題になった。

近代以前の首都とは

中央集権を実現した近代国家の首都は原則一つでしかありえない。これにたいし、統治体制の未成熟や複数の権力(複数の政治権力の場合もあれば、政治と宗教、権威と権力のような機能的な多元性もある)が併存している前近代にあっては、複数の中心、複数の都をもつ場合が多い。実際、中国や朝鮮の各王朝では、両京制や三京・四京・五京の各制度が普通だった。王権(含む政府機関)と首都がヴェルサイユとパリに分離していた、一七世紀末以降のフランス・ルイ一四世時代の例もある。

日本でも、古代の前期・後期の難波宮(京)や恭仁京《くにきょう》・紫香楽宮《しがらきのみや》・保良宮《ほらのみや》など副都が存在する。とくに奈良時代の後期難波京には、光明《こうみょう》皇后や藤原氏の勢力に対抗し、天皇の親族が実権を握る政治(皇親政治)の再建をねらった元正太上天皇《げんしょうだいじょうてんのう》らの期待がこめられていたといわれる。さらに平安初期、平城上皇が平城京への還都を断行しようとして、諸官衙が二分し人心動揺の事態が生じた例も挙げられるだろう。

鎌倉期には、権門体制というゆるやかな政治統合のなかで、京都・奈良・鎌倉が公家・寺社・武家それぞれの権門の拠点であったし、室町期の武家勢力は、京都の幕府のほか、東国の一〇カ国を統轄するため、鎌倉府という政庁を置いた。そして、豊臣期には、京都・伏見・大坂三都の棲み分けがあった。

以上の史実は、政治の中心が江戸に移ったことをもって、江戸が首都になったと即断することをためらわせる。京都には朝廷や公家・寺社などの伝統的勢力があり、朱印船貿易にのりだし全国市場を牛耳った京都商人の経済力も無視できない。京坂一帯では秀吉が築いた体制の記憶が、元和元年(一六一五)までは生きつづけた。関ヶ原戦の勝利に貢献したのは、家康譜代《ふだい》の家臣ではなく、福島・浅野・黒田・加藤(嘉明)ら秀吉恩顧の大名たちであり、西軍参加を理由に没収された所領の大部分は、彼らに加増として配分される。旧豊臣系諸大名は生き残り、かつての同輩として、徳川の権力拡大を内心歓迎しなかった。

だから徳川権力は、当初大名たちの盟主の役割に自己を限定する。各大名は領内では主権者としてふるまう自立的な存在であり、徳川将軍への義務も軍役《ぐんやく》(石高に応じて賦課された軍事上の負担)などに限定されていた。大名がより完全に幕府の権威にしたがうようになったのは、元和期(一六一五〜二四)に入って、大名改易《かいえき》・転封《てんぽう》や領知宛行状《りょうちあてがいじょう》の発給、普請役のたび重なる賦課などがおこなわれた結果である。近世(以下、適宜江戸時代の語と使い分ける)という時代は、江戸が首都であったというよりは、ときとともに首都機能が江戸に集積されてゆく過程として理解されるべきである。

所司代と町奉行

こうした状況のなか、京都では、その歴史や特性に配慮した、江戸とは少し異なった統治をおこなわせるため、所司代が置かれ、二条城の北に広大な所司代屋敷が設けられた。所司代の権限は、朝廷・公家・寺社の支配、京都市中、五畿内・近江・丹波・播磨八カ国の訴訟・裁判、警察、さらには西国支配にもおよんでいる。幕府の職制上は老中に次ぐ重職であり、職を終えたときはおおむね老中に昇格する。

初代板倉勝重《いたくらかつしげ》の所司代在職は、慶長六年（一六〇一）から一八年間つづき、あとを子の重宗《しげむね》が継ぎ、承応《じょうおう》三年（一六五四）まで三四年間その地位にあった。勝重は豊臣時代の前田玄以同様禅僧出身で、公家や寺社を相手とする所司代にはうってつけだった。幕府の京都支配は板倉父子の時代に確定するが、とりわけ重宗の時代に定められた「板倉重宗二十一カ条」は、訴訟・質物・売買契約など、町政や商工業のあり方を細部にわたって定めたもので、永く京都施政の基本法になる。

京都町奉行は、一七世紀中ごろの幕府の畿内支配体制の改編にともない、寛文《かんぶん》一〇年（一六七〇）、最終的に成立する。江戸・大坂にならって東西二人制で、所司代などの職務の一部を吸収しながら成立した。また四座雑色《しざのぞうしき》は、室町幕府侍所《さむらいどころ》の下級役人に起源をもち、所司代（のち町奉行）のもとで、洛外の町々や農村、洛中の寺社への触《ふれ》（法令や役所からの告示）の伝達、公武寺社の儀式・祭礼の警固、治安警察や囚人の監督などに従事した。四座といわれるのは、雑色の四家が、四条室町の辻を中心に京都を四分割した四つの持場を担当したからである。

町の行政

戦国期に惣町―町組―個別町の重層構造が成立したが、近世後期には、上京・下京のほか、禁裏六町町組と東西両本願寺の寺内、併せて五つの惣町があり、このうち上京では一二の町組とその下に七六七町の個別町、下京では八つの町組、六〇七の個別町が存在した。洛中の個別町は原則として町組に編成されたが、各町組は必ずしもすべてが空間的にまとまっているわけではなく、町数にもかなりの不均衡がある。しかも内部の戦国期以来の古い町と新しく開発された町との間には、親町と枝町（古町と新町）という上下の格差があった。一方親町の間では平等な結合が維持され、町組の運営も、一カ月交替の当番町（月行事町《がちぎょうじちょう》）が中心になっておこなわれていた。

町への支配は、秀吉時代は月行事町を介した間接的なものだったが、徳川政権になると直接の支配に変わる。その手段となったのが町人身分の町代《ちょうだい》である。町代は寛文期（一六六一〜七三）で上京に九名、下京に六名がいて、奉行所から洛中各町への触の伝達・筆写・配付を受けもった。また役所向きのことに不案内な町人に代わって、町奉行所への出訴・出願のとり次ぎなどにあたった。かつての研究は初期の町代を「町組の使用人」と理解していたが、それは適当ではない。支配機構の末端では、町年寄《ちょうどしより》が町の行政を担当した。町内の家持たちのなかから就任する名誉職的な役人である。

町人の身分を有するには、家屋敷の所持が基本条件である。それを元禄一三年(一七〇〇)、家屋敷の売買にあたり、町代が調査し承認の判を捺すようになった。町代が町人身分の認定権をもったことを意味する。また上京・下京の公費・町費の各町への割りあてについて、それまで両京の年寄も立ち会って決めていたのに、江戸中期には、町代が自分で算定した負担額を、各町に通告するようになる。そのため文化一四年(一八一七)、下京のある町組が町代の横暴を訴え、ついに上下京一七組が一致団結した一年半の大闘争の結果(町代改儀一件《ちょうだいあらためぎいっけん》)、町組が勝訴し、町組の自治をある程度回復させた。

三都

大坂は、幕藩制下で淀川琵琶湖水運と瀬戸内水運の結び目となり、全国の流通経済の中心になる。諸藩が大坂の蔵屋敷に運んだ年貢米や特産物の売却をとり扱い、財政金融にあたった。京都、新興江戸、そして大坂の発展によって三都が形成される。よくいわれるように、江戸は政治の中心、大坂は商業の中心で、京都は政治・金融の中心だった伝統に加え、宗教、学問・出版、美術工芸、芸能などの中心地として、それぞれ特色を有した。三都の人口は、元禄《げんろく》(一六八八〜一七〇四)ごろで、いずれもほぼ三五万人前後である。同じ幕府直轄都市の堺が約六万、長崎が約五万、また城下町としてもっとも規模が大きかった金沢・鹿児島・名古屋が約五万だったから、三都の突出ぶりがわかる。ただしこの数字は町人人口のみで、公家や社寺、武家人口は除かれている。たとえば江戸には、町人とほぼ同数の武家人口があり合計約七〇万人、京都の総人口は四〇万人程度だろう。

江戸時代京都の市街地は、北端は鞍馬口通、南端はだいたいが七条で東寺あたりが九条まで、東端は寺町通、西端は北部が千本あたり南部は大宮通がおよその範囲である。御土居堀の内側でいえば北部と西部に広い空地が残っていたが、やがて御土居堀を越え、あるいは壊してしだいに市街地が拡大する。とくに寺町以東の河原町通・木屋町《きやまち》通あたり、鴨東の三条・四条間では、三条通沿いが粟田口に向かってのび、祇園町北側と知恩院門前、大和大路沿いが都市化した。御土居堀内では東本願寺東方の新屋敷(新寺内)あたり、北西部の千本以西地域などが開発された。かくして近代京都の市街地の原型は、一七世紀末までにほぼ形成された。これは都市の内部に発生した零細民を都市外縁に押しやった結果でもある。

町奉行所が編集した『京都御役所向大概覚書《きょうとおやくしょむきたいがいおぼえがき》』によると、正徳《しょうとく》五年(一七一五)調べで、町数は洛中一六一五、洛外町続町《ちょうつづきちょう》二二八で合計一八四三町、家数は洛中三万九六四九軒、洛外五二五八軒で合計四万四九〇七軒、人数は洛中三〇万二七五五人、洛外四万一六二四人で合計三四万四三七九人と記されている。このほか洛外非人(乞食)が八五〇六人、被差別部落が洛外に一一カ村、エタ合計二〇六四人の多数にのぼった。

鴨の河原

鴨川には、北の賀茂川・高野川《たかのがわ》が合流する河合一帯の糺河原《ただすがわら》をはじめ、多くの河原と中州(中島)があり、広場として前代から人びとを集め、三条河原は刑場、五条河原は芝居興行の地として使われた。

戦国時代の京都では、御霊会にともなう風流踊が流行した。歌舞伎の始源にあたるお国歌舞伎は、この風流踊を舞台化したものといわれる。一六世紀末、出雲のお国と名のる女性芸能者が京都にのぼり、ややこ踊と呼ぶ芸能を演じた。さらにお国は伊達《だて》なかぶき者に扮し、女装した茶屋女のもとへ通う茶屋遊びを、レビュー式の官能的な踊り(歌舞伎踊)で演じ、京都の貴賤大衆から熱狂的な支持を受けた。お国は一座を率いて、北野社の境内で勧進興行をおこない、女院の御所や公家の邸にもしばしば招かれている。その後、歌舞伎踊は遊女や女芸人の女歌舞伎となったが、風俗を乱すとのことで、幕府の禁止(一六二九年)にあい、ついで若衆《わかしゅ》歌舞伎が同じ理由で禁止され(一六五二年)、あとを受けて起こった野郎《やろう》歌舞伎が現在の歌舞伎につながってゆく。

四条河原（中島）は、元和年間（一六一五〜二四）に七カ所の芝居小屋が公認されたといわれ、興行街化した。寛文年間（一六六一〜七三）になると、上賀茂社から五条にかけて鴨川の護岸工事がおこなわれ、二条からは町による恒久的な石垣の堤が築かれた。これにより河原と市街地がはっきり区別され、芝居小屋は西岸から東岸に移り、一挙に賑わいをます。その歴史を継承して唯一残るのが現在の南座である。こうした賑わいの反面、都市化が進んだ元禄年間（一六八八〜一七〇四）ごろの鴨川は、塵芥の投棄先になり、鞍馬口・今出川口などの河畔に幕府の塵芥投棄禁止の高札が建てられた。

床涼《ゆかすず》みは京都の夏の風物詩で、四条河原で座敷から河原に向けて桟敷を張り出し、納涼客をもてなすもので、貴船《きぶね》などでもみられる。起源は江戸時代半ばころらしい。祇園神輿が御旅所に移っている六月七日の夜から一八日夜まで、三条以南、松原以北の河原に、移動用の簡易腰掛けが据えられ、脚を水にひたして涼をとったという。

高瀬川　いま浅い川底の上を清流がすべるように流れる三条〜四条あたりの高瀬川《たかせがわ》は、京情緒を体感できるスポットの一つである。これは慶長一六年（一六一一）、豪商・貿易商であった角倉了以《すみのくらりょうい》によって開削された運河で、二条大橋西畔から鴨川の水を引き入れ、鴨川西岸に沿って南下、南区東九条でいったん鴨川に合流、ついで鴨川東岸を南流、伏見の市街地西部を通って宇治川に入る。全長十数キロにおよぶ。

二条大橋南西には、高瀬川最上流の物資積卸場である「一之《いちの》舟入《ふないり》」がある(図7―1)。角倉家はここに屋敷を置き、高瀬川の支配権と諸物資の輸送権を独占する。この舟運によって大坂・伏見方面の物資が京に運ばれ、川筋の九つの船入には多数の問屋が置かれ、商人や職人が同業者町をつくっていた。あまり知られていないが、ここには京都の屎尿《しにょう》を扱う屎《こやし》問屋や肥桶《こえおけ》を保管する屎納屋も立ちならんでいた。都会人の屎尿が農業の肥料として珍重された当時のこととて、それらを屎舟で京都近郊、淀川両岸の摂津・河内方面の需要先へと大量に運び出したのである。

図7-1　高瀬川「一之舟入」現況　高瀬川と一之船入の分岐．柵の向こうが船入，川には再現された高瀬舟がうかぶ．高瀬川には荷物の上げ下ろしや船の方向転換をするための船入が九カ所，川から西側に直角に突き出すように作られた．史跡指定されている「一之舟入」を除いて，現在すべてうめ立てられている

寛文堤の完成によって防水壁としての御土居堀は用済みになり、これを崩して河原に市街地が進出した結果が、前に述べた河原町通・木屋町通あたりの市街地化である。木屋町通は高瀬川東岸の南北通りで、江戸後期には鴨川との間は「酒楼旗亭《しゅろうきてい》（料理屋）を設け遊宴娯楽の場」になった（『京都坊目誌』）。いまも京都有数の飲み屋街である。高瀬川は本来川幅約八メートルあったが、現状は五メートル程度と狭い。一八九五年（明治二八）、木屋町通に日本最初の市電を走らせることになり、川幅を狭めたからである。

朝廷を統制する

徳川政権は最初の数十年、諸大名にたいする権威を高めるため、天皇と朝廷の伝統的権威を利用しようとした。二代将軍秀忠は四回にわたって上洛し、参内をくり返した。しかし朝廷の権威に頼りすぎると、朝廷に頭が上がらなくなる危険も生ずる。それで幕府が天皇や公家を規制し、おのれの優越を示すため定めた法度が禁中並公家諸法度《きんちゅうならびにくげしょはっと》である。大坂の陣直後の元和元年（一六一五）、大御所徳川家康・将軍秀忠・前関白二条昭実《にじょうあきざね》が連署した一七カ条の本文を、二条城で公家側の武家伝奏にわたす形式で発布された。

寛永四年（一六二七）七月、幕府は、後水尾《ごみずのお》天皇が大徳寺・妙心寺の高僧に紫の袈裟《けさ》を下賜したことが、禁中並公家諸法度に反していると咎《とが》めだてした。翌春、大徳寺の沢庵宗彭《たくあんそうほう》らが抗議したため、幕府は態度を硬化させ、抵抗する沢庵らを東北各地に配流する。さらに幕府が許可していない元和元年以来の紫衣《しえ》は無効にした。この事件を紫衣事件といい、寛永六年の天皇譲位の引き金になった。

不安定な朝幕関係のなかで、元和六年(一六二〇)に、秀忠の娘 和子《かずこ(まさこ)》が、後水尾天皇の女御として入内する。幕府の権力を背景とした強引な結婚だったが、夫婦仲はよく興子《おきこ》(のちの明正《めいしょう》天皇)を含む二男五女を生み、元和一〇年中宮になった。東福門院《とうふくもんいん》という。彼女の入内で将軍は天皇の外戚としての地位を獲得し、その支配権をより確実なものにした。入内と同時に女院御所が建てられ、女御様《にょうごさま》御付役人として武士が詰所に常駐するようになり、幕府の朝廷監視体制も強化された。

一七世紀後半の段階で、所司代・京都町奉行・禁裏付武士など、幕府から京都での役割を命じられた大名・旗本は一二九人、与力一六四人、同心四八〇人で合計七七三人、所司代や町奉行の家臣、それらの武家奉公人、その家族などを加えると、およそ三〇〇〇から四〇〇〇人程度だろうとされる。数は決して多いといえないが、幕府は京都に幕府関係者以外の武士を極力近づけないようにした。同じ京都在住でも、平家・鎌倉・室町の武家権力の京都警固体制や守護在京制とは、その意味が大きく違っている。それでも京都に屋敷をもつ大名は一七世紀前半で七一家にのぼった。これらは儀式・典礼の作法の情報を仕入れることや、西陣織など当時のブランド品の購入を目的としたものだったといわれている。

寛永一一年(一六三四)、三代将軍家光は三度目の上洛を敢行する。三〇万七〇〇〇人という途方もない大部隊が供奉《ぐぶ》し、前々年に亡くなった大御所秀忠に代わって、彼が天下を掌握したことを誇示した。これが家光最後の上洛であり、以後幕末に一四代家茂《いえもち》が上洛するまで、将軍の上洛はなかった。家光はそれまで制限を加えていた後水尾院の院政を認め、二条城の白洲へ京中の各町から二人、約一〇〇〇人を招き「御代替《みよがわ》りの御上洛」の祝いとして、銀子五〇〇〇貫を京中すべての家、三万五四一九軒に下賜した。一軒につき銀一三四匁《もんめ》(一匁は三・七グラム)、当時の米価にして三石五斗から五石が購入できる額である。

町並みの変化

幕府の統制強化につれて、町並みや町家の建て方もどんどん転変してゆく。近世初頭、一七世紀前半までの町並みは、豊臣政権の経済活性化策を反映して華やかになった。本二階建てが増加し、高くなった屋根には石置板葺のほか、こけら葺や本瓦葺が現れ、風除けのウダツが増加、両妻壁に通柱《とおしばしら》がならぶ。壁は柱を外面に見せた真壁《しんかべ》が大勢であるが、本瓦葺の町家には白亜の漆喰で塗り籠める塗屋《ぬりや》もあった。二階座敷の生活習慣が定着し、通りに面した表蔵のなかには四階建てすら現れる。

それが一七世紀後半になると、二階座敷から人影が消え、つづいて低層・均質化がはじまっ

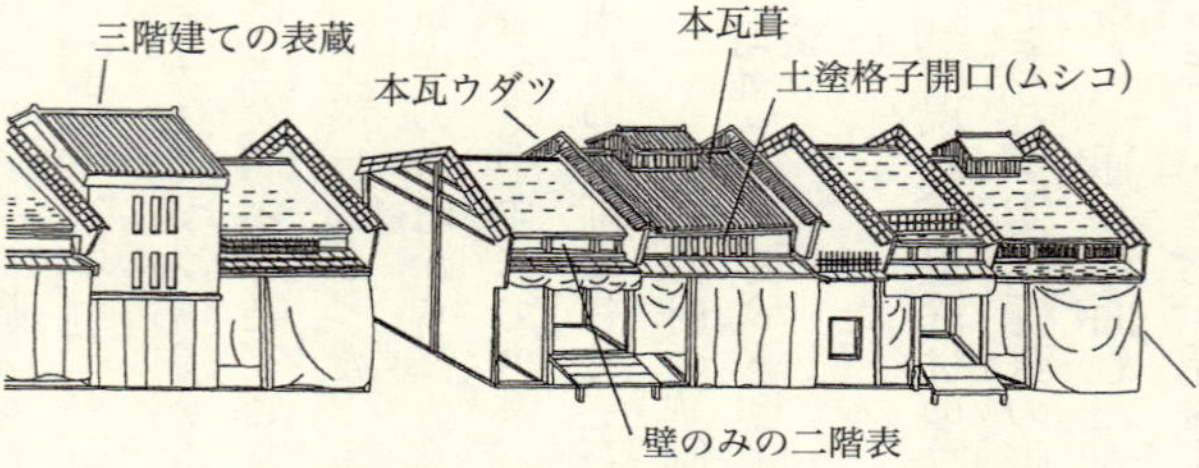

図7-2　寛永後期の京の町並み　(原図：丸山俊明氏)

た。天井が低いので費用がかからない厨子《ずし》二階が町並みの大勢を占める。二階表は多様なデザインを失い、壁や土塗格子(ムシコ)で閉鎖的になった。四階蔵や蔵内にしつらえた座敷も消え、表蔵は敷地奥へ、本瓦や塗屋も減少する。町家は板葺にウダツを上げ、一階は開放的な店構えで揃った(図7―2)。所司代の建築規制の結果であり、町人側の自主判断で厨子二階や土塗格子が生まれたわけではない。

寛永文化

家光は朝廷の監視統制がゆきすぎないよう融和の姿勢を示したが、京都支配の進展は、朝廷・公家をはじめとする京都側の、無意識のそれを含めた反発、抵抗を生んだ。その結果が寛永文化、すなわち寛永年間(一六二四~四四)を中心に、天皇・公家・僧侶・武家・上層町人が結んだ清新な文化の創造である。桂離宮《かつらりきゅう》・修学院《しゅ(う)がくいん》離宮・曼殊院《まんしゅいん》に代表される建築・造園、小堀遠州《こぼりえんしゅう》の大名茶、松永貞徳《ていとく》の俳諧、松永尺五《せきご》らの儒学、石川丈山《じょうざん》の漢詩文、烏丸光広《からすまるみつひろ》の文学、近衛信尹《のぶただ》・松花堂昭乗《しょうかどうしょうじょう》の書、角倉素庵《すみのくらそあん》の嵯峨本、俵屋宗達《たわらやそうたつ》・本阿弥光悦《ほんあみこうえつ》・野々村仁清《にんせい》らの美術など、格調高い作品が数多く生み出され、漢学と和学が重層する近世都市文化の源流になった。

その顕著な特徴の一つに、王朝以来の伝統ないし美意識への回帰がある。代表例は桂離宮だろう。ここは元来江戸初期から前期にかけて、八条（桂）宮智仁《としひと》親王、智忠《としただ》親王父子が、家領の下桂《しもかつら》村、現在の西京区桂御園《みその》（桂川の西岸）に造営した別荘で、そのころは桂別業《かつらのべつぎょう》と呼ばれた。一八八四年（明治一七）、景観保存のため修学院離宮が宮内省所管になると、絶家していた桂宮家の別業も宮内省所管となり離宮になった。

桂離宮を訪ねる

竹垣に囲まれた七万平方メートルの邸内東部中央には、桂川の水を引き入れた大きな池がある。池中には数個の中島、池辺には石組みの岬や州浜、橋が設けられ、池の北・東・南三方に築山を配する回遊式の庭園になっている。月波楼《げっぱろう》・松琴亭《しょうきんてい》・笑意軒《しょういけん》などの茶屋が、ほぼ建築当時の姿のまま残り、西側の平地には、古書院・中書院・新御殿三棟の数寄屋造《すきやづくり》の書院が、北から南へ順に後退するかたちでならんでいる（図7―3）。

歌枕に桂里《かつらのさと》の語がある。桂離宮の所在する地をいう。桂は月の名所で、月の桂を詠んだ歌も多い。月波楼は白楽天の「春　湖上に題す」の一節、「月は波心に点ず、一顆《いっか》の珠《しゅ》（真珠）」からとったもの。『源氏物語』松風巻に、明石から京上して大堰河畔（桂川）の別邸に住む明石の

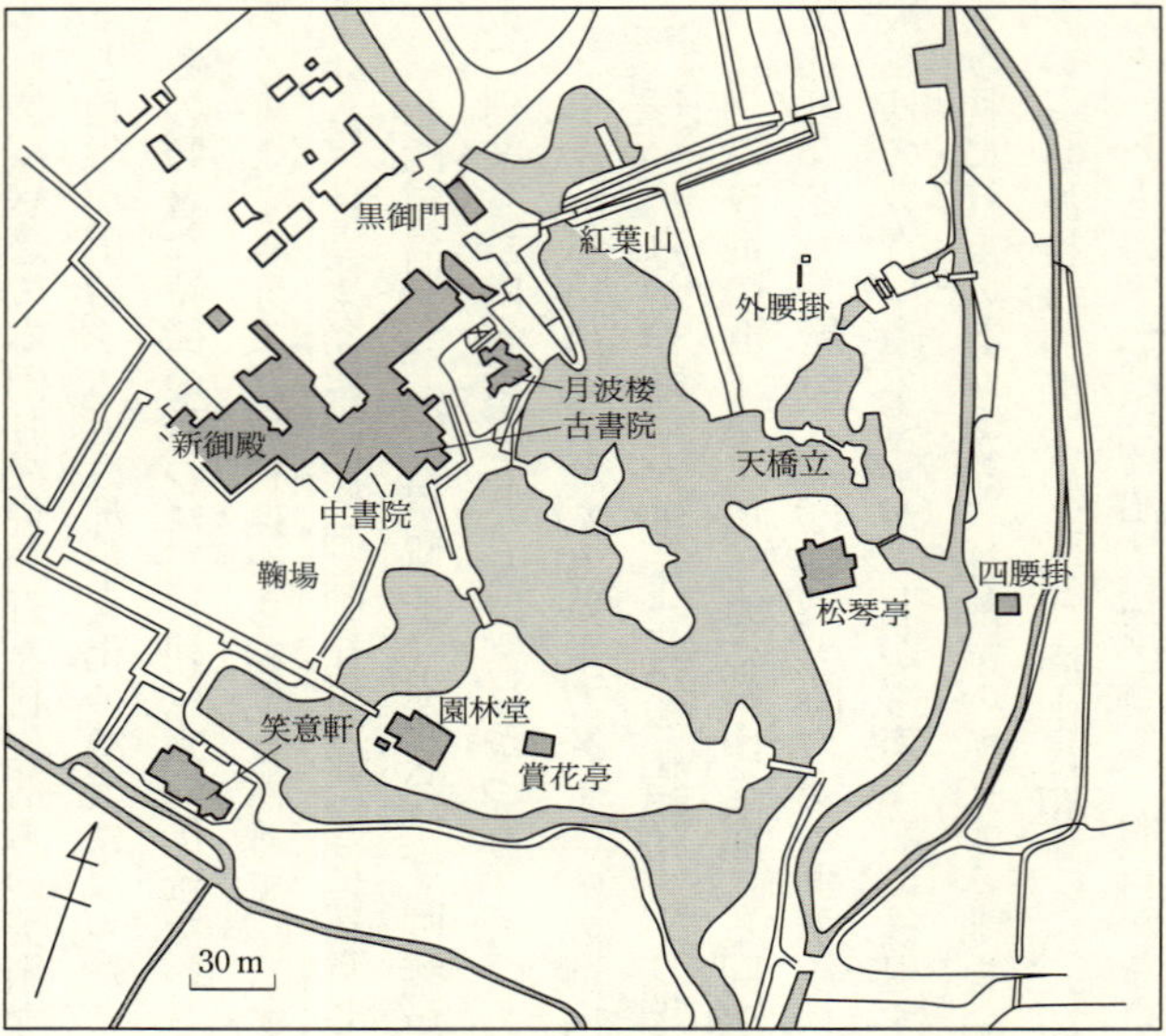

図 7-3　桂離宮平面図

君と、そこを訪れた光源氏が歌を詠み交わす場面があるが、松琴亭の名はそれにちなむ。源氏もその近くに桂の院（桂殿《かつらどの》）という邸宅をもっていた。藤原道長は、長和二年（一〇一三）、桂に別荘を建てるべく側近に具体的な指図をし、その後たびたび多くの公卿らを引きつれてここに遊んだ。寛仁二年（一〇一八）九月には小一条院《こいちじょういん》（敦明《あつあきら》親王）と嵯峨野・大堰川に遊び、摂政頼通以下の貴顕とともに、そのまま舟で「桂の家」に下って、同家で和歌を講じさせている（『御堂関白記』）。

この地に平安時代から貴族たちの

別荘が営まれたことは、桂大納言と号した源経信《つねのぶ》の「今宵わが桂の里の月をみておもひのこせることのなきかな」(『金葉和歌集』)によっても知られる。昭和・平成の大修復(一九七六～九一年)の際、中書院の敷地を一部発掘したことがあり、池の汀《みぎわ》跡が現れた。かつてなんらかの建物があった痕跡と考えられている。道長の「桂の家」とも関連するのが摂関家の荘園桂殿《かつらどの》で、これは近衛家を経て、慶長末年(一六一五)のころ、八条宮家の所領になった。

桂離宮の造営過程

智仁親王は『源氏物語』や道長ゆかりの地に別荘の建設を思い立ち、元和六年(一六二〇)から寛永元年までの間に、古書院と舟を浮かべる池からなる山荘がほぼ完成したらしい。親王は細川幽斎《ゆうさい》から古今伝授《こきんでんじゅ》や『源氏物語』の相伝を受けており、王朝の風情をこの庭園に再現することをめざしたのである。

智仁の死後、山荘は一時荒廃したが、成人した智忠親王の時代に、本格的造営がおこなわれた。慶安二年(一六四九)ころまでに中書院が建てられ、庭園も現在みられる形になった。ついで寛文元年(一六六一)から二年のころ、後水尾上皇の御幸にむけて新御殿や茶屋が造営される。桂離宮は、従来淡泊なわび寂びの感覚が強調されていたが、昭和・平成の大修復の結果、御殿や茶室に、赤い土壁や金箔押しの飾り、藍染紙の貼付など、随所に鮮やかな色彩が用いられ、宮廷貴族の雅な趣きのある建築物だったことが明らかになった。

桂山荘のような大規模な造営は、一親王家がよくなしうるものではない。幕府や加賀前田家の財政援助があり、その背景にはぎくしゃくした公武関係を修復しようとした幕府の政治的配慮があった。

俵屋宗達

美術では、俵屋宗達が、やまと絵の伝統を担ってきた土佐派や、室町期以来権力者と結びついて発展した狩野《かのう》派を横目に、新しい絵画様式を確立、画壇に新風を吹きこんだ。出自も生没年も不明であるが、六波羅で「俵屋」を屋号とする絵屋《えや》を主宰していたらしい。絵屋は弟子を使った絵画・デザイン商品製作の工房で、元和のころ(一六一五〜二四)、京都で『源氏物語』夕顔巻の扇面画が評判を呼んでいた。

研究者は、宗達が歴史に足跡を残す最初のできごとを、慶長七年(一六〇二)の『平家納経《へいけのうきょう》』修復への参加とし、彼が平安時代美術工芸の最高峰といわれる同経の、欠損していた三巻分の表紙・見返し絵の六図を、新しく描いたとみている。この事業にかかわった経験が、彼の画業に大きなインパクトを与えた。

また当代一流の文化人・公卿と親交を結んだことが、画風形成に好結果をもたらす。慶長年間(一五九六〜一六一五)には、ひらがな交り木活字《もっかつじ》本《ぼん》(古活字版)が刊行された。豪商・学者・能書家であり、幅広い教養を身につけていた嵯峨の角倉素庵(了以の子)がスポンサーになって作らせた、いわゆる嵯峨本である。嵯峨本とは『伊勢物語』『方丈記』『徒然草』や『観世流謡《うたい》本《ぼん》』『百人一首』など古典の美装本で、平安時代以来途絶えていた色違いの木版雲母刷料紙《きらずりりょうし》を使った。雲母刷は、薄く膠《にかわ》で溶いた雲母《うんも》を版木《はんぎ》に塗り、銀刷りのような効果を出す豪華な装飾法である。

謡本の表紙や本文の下絵には梅・芒《すすき》、鶴・鹿など動植物文が使われた。これら木版刷で表現された図様は一般に摺絵《すりえ》といわれるが、宗達のほかの金銀泥絵、水墨画あるいは後年の屛風絵に登場するのと同様のモチーフがみられ、『鶴下絵《つるしたえ》三十六歌仙和歌巻《さんじゅうろっかせんわかかん》』などで、素庵と共同の仕事を残した宗達が制作にかかわっていた、と考えられている。

王朝風古典美の再建

宗達は伊勢物語絵にもとりくんだ。「芥川《あくたがわ》」「不二山《ふじさん》」「長岡の里」「禊《みそぎ》」など色紙のセットが、伝宗達のかたちで今日に伝わる。『伊勢物語』は『源氏物語』とならんでもっとも愛好された王朝文学の王者である。絵画としてみた場合「伊勢絵」は、室内場面が主体の類型的な「源氏絵」にくらべ、恋あり、旅あり、日常の暮らしありと内容が多彩で、それだけ画面はバラエティに富んでおもしろい。宗達はそれを金地濃彩《きんじのうさい》で、魅力ある絵物語として描いた。とくに連れ出した高貴な女を背に道中を急ぐ男を描いた「芥川」など、クリムト的世界と呼ぶ研究者もいるほどである(図7―4)。

やがて宗達と禁裏の関係も密になり、元和二年（一六一六）、後水尾天皇は狩野派の絵師に、「俵屋の絵」を参考にするよう命じている。宗達は、寛永七年（一六三〇）の秋には、公家烏丸光広の紹介により、宮中にあった『西行物語絵巻《さいぎょうものがたりえまき》』を模写した。同じ年の一二月には、後水尾院から制作を依頼された屏風絵三双の下絵ができあがり、「楊梅の屏風」は金箔を置く作業が終わっていた（「一条兼遐《かねとう》書状」）。模写した西行絵巻では、烏丸光広奥書により、この年までに「法橋《ほっきょう》」という、画家としては破格の地位をえていたことがわかる。市井《しせい》の工房主宰者は、評価の定まった芸術家へと成長していた。

図 7-4　伝俵屋宗達「芥川」『伊勢物語図色紙』第六段，益田本，部分（所蔵：大和文華館）

宗達の代表作の一つが、『西行物語絵巻』から図様をとった寛永八年作の『源氏物語関屋《せきや》澪《みお》標《つくし》図屏風』（六曲一双）である。右隻は『源氏物語』の「関屋」、左隻は「澪標」といい、前者は光源氏のかつての恋人（空蝉《うつせみ》）、後者は公式の場で逢うことがはばかられる間柄の女性（明石の君）と偶然出くわす場面である。右隻の緑の山と左隻の白い砂浜、山間の閑寂な情景と浜の賑わいが呼応し、しかも、彼女らはともに牛車や沖の舟のなかにとどまり、姿を見せない。そのことで、図らずも源氏に出逢った内心の動揺と緊張をたくみに表現している。

由緒ある寺社の再建

王朝風古典美の再建と並行して、寛永年間、家光最後の上洛前後の時期、平安期以来の由緒ある寺社の建物が、幕府により旧にならって次々と再建された。

中世末の戦乱で荒廃した上・下の賀茂社は、それぞれ寛永五年（一六二八）と六年に同じ規模で復旧する。清水寺は開創以来幾度も焼失と再建をくり返し、現在の本堂も寛永一〇年の再建になるものであるが、堂・舞台ともに創建当時の姿を伝えているとみられる。石清水八幡宮の主要な社殿も寛永一一年に再建され、八月正遷宮《しょうせんぐう》があった。織田信長に焼き討ちされた延暦寺の根本中堂が寛永一七年、寛永一二年年末に炎上した東寺の五重塔は、寛永二一年に再興された。東寺の塔は現存する塔では日本一の高さを誇るが、江戸時代特有の細かな装飾がほとんどない復古的な建築である。

紫衣事件を契機とする後水尾天皇の退位によって、上皇の住居である院御所の造営がはじまった。御所の東南に後水尾院（仙洞御所）と東福門院の御所（大宮御所）が建設され、寛永七年に完成、同一一年から一三年にかけて両御所の東に、小堀遠州政一が奉行になって、直線的な岸辺を有する南北の池庭が造られる。同一六年からは家康による慶長度造営の内裏を撤去し、やはり小堀を総奉行として本格的な内裏造りに着手、翌年明正天皇が仮殿《かりどの》に遷幸する。仁和寺は応仁の乱で一山ほとんど焼亡、荒野化し、双ヶ丘に移されてわずかに法灯を伝えた。上杉本『洛中洛外図屛風』では、簡素な板葺き屋根で描かれている。天正三年(一五七五)、織田信長の力によって旧地に戻った。寛永一一年、家光に伽藍再建を出願すると、寛永の内裏造りにともなって不用になった慶長時紫宸殿が金堂に、同清涼殿が御影堂に移築された。寛永一四年には五重塔も完成、院家も漸次復興した。

平安期以後のものだが、京都のランドマークになる建物も続々再建された。西本願寺は、秀吉の京都改造時に七条堀川の現在地に移ってきたが、その伽藍は元和三年(一六一七)の失火でほぼ壊滅した。本格的な復興は寛永九年からはじまり、一四年、一二〇〇人以上が一度に参拝できるという御影堂《ごえいどう》が竣工している。徳川家の菩提所だった知恩院では、寛永一〇年正月の大火で伽藍の多くを失ったが、ただちに再建にとりかかり、寛永二一年までに、俗に千畳敷といわれる集会堂《しゅうえどう》(法然上人御堂)、広壮な御影堂《みえいどう》(大殿《だいでん》)、大方丈・小方丈、御影堂から大方丈までをつなぐ「鶯張りの廊下」、大書院・唐門などが続々と完成。類焼を免れた二代秀忠の建立になる日本最大級の三門《さんもん》(一六一九年)、経蔵(同)などと併せ偉観を誇った。

また近世初期には、御所の改築、聚楽第や伏見城の解体などによって、既設の建物の京内移建も進んだ。仁和寺についてはすでに述べたが、確かなところでは、南禅寺大方丈が天正時造営の女院御所の対面の殿舎を移築したもの。大徳寺唐門が聚楽第の遺構であることがほぼ確実、現在は否定の意見が多いが、西本願寺の飛雲閣も古くから聚楽第の遺構といわれる。近江の戦国大名浅井氏ゆかりの養源院は伏見城の旧材を用いたと伝えられる。

疑似王朝的な雰囲気

寛永末年を終末とする再建・復興ブームによって、京都は往時の景観をとりもどし、疑似王朝的な雰囲気をまといはじめた。それが幕府の莫大な財政援助によってはじめて可能となったところが、歴史の皮肉であろう。寛永末年がピリオドになったのは、寛永一九～二〇年に全国で餓死者五～一〇万人という大飢饉があり、幕府の当面の関心が本百姓保護の農政確立に向かったからである。

有職故実の分野でも、宮廷文化や朝儀復興に強い意欲を示した後水尾天皇が、住吉如慶《じょけい》・具慶《ぐけい》父子に後白河院によって作られた『年中行事絵巻』を写させ、また『当時年中行事』を著した。天皇即位の大嘗会は、応仁の乱が起こる前年に挙行された後土御門天皇のものを最後に、二二〇年間中断されていた。貞享《じょうきょう》四年（一六八七）、五代将軍綱吉の献金によって、東山《ひがしやま》天皇の式が簡略におこなわれるが、本格的な復興は元文《げんぶん》三年（一七三八）の桜町《さくらまち》天皇のときで、これも幕府の尽力によるところが大きい。中絶していた賀茂・石清水祭も復興された。

琳派の登場

美術では江戸中期になって尾形光琳《おがたこうりん》が登場し、装飾画に新風を吹きこみ琳派《りんぱ》の祖となった。代表作に数え上げられる『燕子花図屏風《かきつばたずびょうぶ》』や「八橋蒔絵硯箱《やつはしまきえすずりばこ》」は、屏風・硯箱という実用品に、『伊勢物語』九段八橋をモチーフにもちこんだ王朝風意匠の一つである。その弟が乾山《けんざん》で、乾山の号は、京都西北(乾)の旧二条家山屋敷を拝領し、鳴滝泉谷《なるたきいずみたに》に乾《けん》山窯《ざんよう》を興して、陶工の生活をはじめたところからきている。

宗達作品の多くは、京坂地域の豪商や彼らが後援者となった寺院、あるいは公家関係からの注文によるものだった。当時宗達の周辺には、高価な金屏風などを注文できる経済力をもった町人層がいた。ところが、光琳の時代になると、宗達時代の豪商は、当主の遊興や大名貸しの踏み倒しなどで五十数家が没落、代わって都市と農村の民衆経済の発展を踏まえ、節約と勤勉をモットーにする新しい型の町人層が台頭してくる。元禄文化は、こうした新興町人の登場に依拠した文化である。

光琳の活躍する少し前、野々村仁清がロクロ技法の妙技と優麗典雅な色絵で、伝統と京文化に憧れる大名や武士たちに評判をとった。光琳の金屏風の多くが、同じく町人層ではなく有力大名家に所蔵されていたのは、このような時代の変化に対応し、光琳が意図的に新しい得意先を開拓した結果である。光琳は元禄一七年(一七〇四)大名屋敷が集中する江戸に乗りこむ。それは彼の新しい経営戦略でもあった。

光琳はやがて京都に復帰するが、弟の乾山は享保《きょうほう》一六年(一七三一)江戸に居を移し、作陶以外にも書画一体の素朴な小世界を創造する。京都人としての誇りを忘れなかったが、亡くなるまでついに京都に帰ることはなかった。その後京都では円山応挙《おうきょ》や伊藤若冲《じゃくちゅう》らが活躍するが、本格的に光琳風を継承してゆくのは、酒井抱一《ほういつ》・鈴木其一《きいつ》ら、一八世紀末以降江戸の地で活躍する画家たちだった。江戸での琳派の継承である(江戸琳派)。

花の田舎

京都町奉行は、五代将軍綱吉の政権期には、老中・勘定頭《かんじょうがしら》(奉行)とならんで全国の幕領支配の最高責任者のメンバーに入っていたが、一八世紀以降地位が低下し、享保七年(一七二二)、支配国も上方《かみがた》八カ国から山城・大和・近江・丹波の四カ国になり、ほかは大坂町奉行の支配国になった。その権限も民政に限られ大きく後退する。

また江戸琳派の成立が象徴しているように、京都は美術・芸能の面でも、しだいにその位置を江戸に脅かされるようになってゆく。歌舞伎は元禄期(一六八八〜一七〇四)に、江戸で荒事《あらごと》(怪力勇猛の武人や超人的な鬼神などによる荒々しく誇張した演出様式)が新興都市の気風にマッチして喜ばれ、非常な人気を博した。これにたいし京都では、初期歌舞伎の傾城買《けいせいか》い(遊女を買って遊興すること)狂言の伝統を受け継ぐ和事《わごと》(男女の恋愛・情事)の演技様式が確立するといわれている。これはいささか類型的な把握で、上方にも荒事があり、江戸にも和事があった。しかし江戸の人気役者初代市川団十郎が一年だけ京都の舞台に立ったが、荒っぽい言葉ばかりだと、あまり評判は良くなかったらしい。

ところが歌舞伎発祥地の京都も、一八世紀中ごろには創造力が衰え、興行の企画力、制作能力も低下した。歌舞伎が三都で競い合っていた時代は去り、江戸・大坂の二極に絞られ、京都は復興しても大坂の支店のごときありさまになった。江戸期の京都がもっとも輝いた時期は、慶長〜寛文(一五九六〜一六七三)のころと考えられる。

安永年間(一七七二〜八一)の終わりごろに、もと旗本の江戸の狂歌師、二鐘亭半山《にしょうていはんざん》が京都にやって来た。彼の著『見た京物語』には、「花の都は二百年前にて、今は花の田舎たり。田舎にしては花残れり」という秀逸なくだりがある。京都は、江戸の後半にかかるころ、「花残れり」という保留はあるが、江戸から見れば田舎に転落したと決めつけられたのである。

政治の中心から離れて久しく、経済面でも、寛文一二年(一六七二)の河村瑞軒《ずいけん》による西廻航路《にしまわりこうろ》の改良によって、それまで敦賀《つるが》・小浜《おばま》から琵琶湖を経由して京都に入っていた日本海側の物産が、日本海—関門海峡—瀬戸内海を回って大坂に直送されはじめ、存在感が大幅に低下してしまった。「花の田舎」は金融・経済面でも大坂に抜かれた状態への、狂歌師らしい辛辣な評価である。

加えて宝永五年(一七〇八)三月の大火で、京都の四九七町、一万四〇〇〇軒が焼け、天明八年(一七八八)正月のいわゆる天明の大火では、一四二四町が焼けた。焼失家屋三万七千といわれる。とくに後者が京都の地盤低下に拍車をかけた。二〇一一年の東北を襲った大震災では、膨大な瓦礫の処理が復興の重荷になっているが、ブルドーザーやダンプカーもない当時、これら災害によって発生した瓦礫類はよそに搬出できず、その場に大きな穴を掘って埋めた。これにより現在重要な地点を発掘しても、平安時代の遺構がゴミ捨て穴のため壊れていることが珍しくない。

天明の大火では、内裏・二条城なども類焼した。秀吉が新造した内裏は文禄五年(一五九六)閏七月の大地震(文禄伏見地震)で被害があったため、慶長一六年(一六一一)徳川家康が造替に着手、翌々年に完成する。これを手始めに江戸期では通算八回の造営を経、もとの八倍に近い大きさになった。平安の本内裏の約一・七倍ある。

寛政二年(一七九〇)の再建時、造営の任にあたった老中松平定信《さだのぶ》は、財政難にもかかわらず朝廷側の強い要求に押され、紫宸殿・清涼殿など一部の殿舎に、旧制(平安末期)をとり入れた荘重で復古的な御所を造営した。公家の裏松光世《うらまつみつよ》(固禅《こぜん》)は、定信の諮問に応え、平安期内裏様式の再現に尽力する。固禅は、宝暦《ほうれき》八年(一七五八)、朝廷内の主導権争いにからんで、国学者・神道家の竹内式部《たけのうちしきぶ》が京都から追放された事件(宝暦事件)に連座して出仕を止められ、以来蟄居《ちっきょ》すること三〇年、その間、平安京大内裏の殿舎の位置・構造・沿革などを考証した『大内裏図考証《だいだいりずこうしょう》』などの著作に没頭していたのである。

このころから、京都の政治的・経済的な後退を補おうとして、王城の地としての歴史が強く意識されはじめた。平安遷都から一〇〇〇年が経過したという事実は、やがて京都を「千年の都」として押し出す動きを生み出し、それが観光と結び、町起しの力になってゆく。

名所案内記

近世文芸のジャンルで、名所案内記という一群の地誌がある。その多くは出版のかたちで、不特定多数の同時代人の目に触れた。「京都もの」は数多く出版されたが、近世初期のものは、古典の教養に裏づけされた名所観を特徴とする「読み物」で、京都は読まれることで居ながらにして享受された(図7-5)。

名所はたんなる風景美ではない。ある様式化されたイメージをかき立て、人事にかんする連想、人間社会に現れた諸事件を思い起こさせる。名所は、意味にあふれ観念の象徴となった地名である。その意味で、次々出版された名所案内記は、実際に京都に足を運ぶ以上に、観念と心性にせまる性質を帯びていた。こうして京都の古都イメージは、まだ見ぬ地方の人びとに滲透し、くり返し再生産されていった。

古都イメージの誘惑は、知識にとどまらない。「京都もの」は一六八〇年ごろを境として「実用書」的なものに変わってゆく。たとえば、後者の初期本に宝永五年(一七〇八)刊の『京内まゐり』がある。これは、三条大橋を起点としながら、八二カ所を三日間の行程で案内した。一日の移動も二〇キロと当時の人間なら十分歩ける距離だろう。初日は百万遍《ひゃくまんべん》から東山山麓を経て清水寺までの南北の広範な地域、二日目は洛中・東西本願寺・三十三間堂・東福寺・伏見稲荷、最終日は下鴨・上賀茂・大徳寺・北野天満宮・金閣寺・二条城と盛りだくさんである。今日の観光対象はすでにほとんど網羅されている。

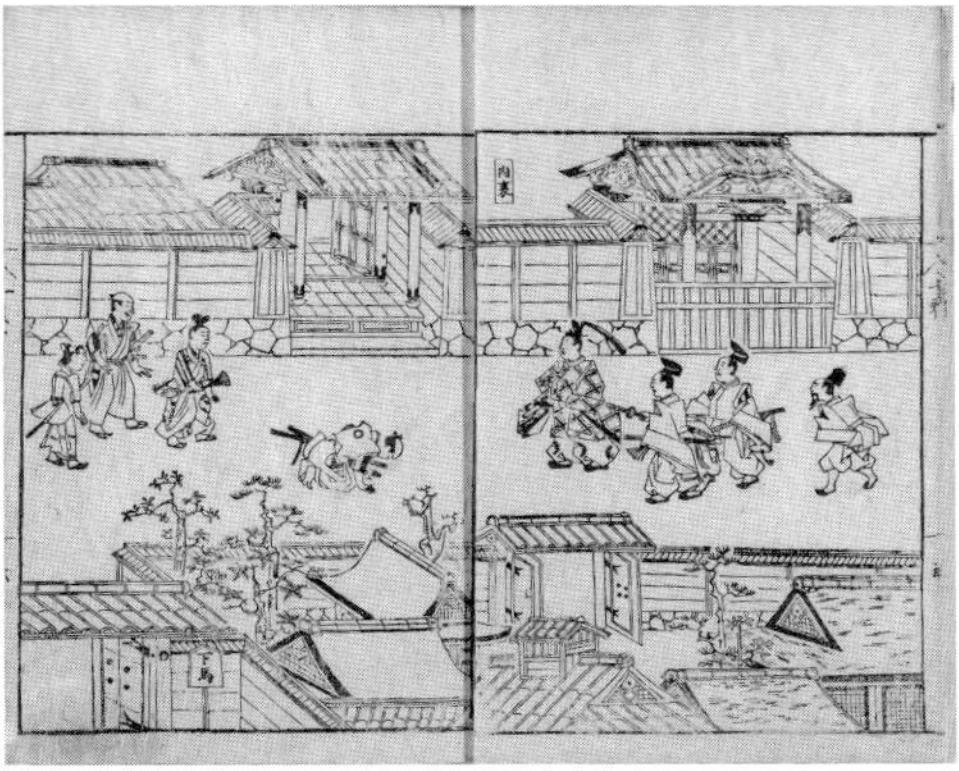

図 7-5　最初の京都案内記『京童』　内裏の場面．明暦 4 年(1658)刊(国立国会図書館ウェブサイトより転載)

いつの時代でも旅の自由さは、社会制度の抑圧や人間関係のわずらわしさから、人をいっときの解放感にひたらせてくれる。江戸中後期は、旅行のための条件や便宜が整備された時代だった。京都は仏教各宗の総本山・本山が軒をならべているから、全国の信徒・門徒を吸引する力がある。このころしきりに催された宗派の開基・開山の遠忌《おんき》や本山の秘仏・秘宝の開帳も、強力な誘い水になった。かくして観光と仏参・社参を兼ねた京都見物が成立し、旅人は都の名所と四季を満喫する。当時これを京内参《きょううちまいり》・京内詣《きょううちもうで》と呼んだ。

観光客や遠忌参列者の故郷への土産は、「京」の名産品である。川柳にも「話をば後から配る京土産」とある(『柳多留《やなぎだる》』)。伝統的な手工業技術を基礎に、観光客用のやきものからはじまって、扇子・人形・仏壇・袋物、白粉《おしろい》・紅・菓子におよんだ。それらは必ず商標として「京」の文字が冠されており、品質はともかく「雅《みやび》」なイメージを発散した。

結び――「古都」京都のゆくえ

京都の衰微

京都が政治面で再び内外に注目されはじめるのは、ペリーの黒船来航以後である。条約勅許問題をめぐって、朝廷の動向が幕末政局の焦点になったからである。そして、尊皇攘夷運動の高揚と朝幕関係の摩擦を憂慮した幕府により、文久《ぶんきゅう》二年（一八六二）、あらたに京都守護職が設置され、京都・大坂所司代もそれに附属することになった。有力諸大名も発言力の強化を求め、朝廷と接近するため、使節・志士、多くの藩兵を京都へ送りこんだ。このため、京都は幕末になって前近代最大の人口を擁するにいたる。

ところが、明治維新の東京遷都で事態は一変。天皇も公家も政治家たちも一斉に東京に移る。天皇のおひざもとであることによって生まれるメリットが消え、一部の商人も東京に移住、人口も四年間で一〇万人以上減少、一八七四年（明治七）には二二万人台に落ちこんでしまった。

「公家社会」は解体し、御所に勤めていた地下《じげ》官人は見捨てられた。

有名寺社は、もともと檀家をもたない上に、幕府に認められていた社寺領や権門勢家からの寄進地を大幅に召し上げられて困窮する。たとえば清水寺では、一五万坪以上あった境内地のうち一四万坪以上をとり上げられた。又聞きであるが、清水寺の貫主《かんじゅ》を務め、一九八三年、一〇七歳で天寿を全うした大西良慶師は、明治のはじめ行商の豆腐屋が、寺の近くではラッパを鳴らさなかった、と昔を語ったそうである。豆腐を買ってくれるのはよいけれど、つけの代金を回収できないからである。

『岩倉公実記《いわくらこうじつき》』によれば、明治維新政府の首脳で、公家出身の岩倉具視《ともみ》は、死の直前の一八八三年、京都嵐山で舟遊びに興じている。ところが、風光明媚で知られる嵐山保津川《ほづがわ》のサクラ・カエデが見る影もなく荒れはてていた。岩倉は同船者に、旧幕府時代は当局が年々衰え枯れた木に代えて新しい苗を補植し、風景を保護してきたことを述べ、幕府の奉行人らの配慮を懐かしんだという。

京都御苑の広大な空間は、江戸時代に御所をとり囲むように公家邸が密集していた場所である。東京遷都により公家町は急速に解体し荒廃した。ここを整備しほぼ今日見る景観に造り始めたのは、一八七七〜七八年のことである。それに尽力したのも岩倉具視だった。

天皇と幕府の後ろ盾をうしなった凋落を回復する方途が近代化で、京都では再開発をめざす町づくりを京都策と称した。これには三期あり、第一期が一八八一年(明治一四)まで、第二期が九五年まで、第三期が九五年以降大正年間(一九一二〜二六)までである。

京都策

第一期には、全国の先頭を切って小学校を創設した。その際、町数も不均等で空間的に十分にまとまっておらず、親町と枝町の間に町間格差があった町組を、広域的で均質化した地域組織に作りかえ(番組《ばんぐみ》)、小学校を創設・維持・運営する組織にした。また織工や技術者を西欧に派遣し、西陣織・友禅染《ゆうぜんぞめ》、清水焼など伝統産業の近代化を図っている。これにはこれまでの王朝風の意匠を、近代にふさわしい新しい美へと転換する努力が付随していた。さらに七一年の京都博覧会を手はじめに、産業博覧会を連続的に開催するイベント型の経済活性化策、などがその主要な内容である。つまり人づくりと勧業だった。

第二期の中心は琵琶湖疏水《そすい》建設で、水路の掘削によって琵琶湖と京都を結び、さらに大阪への輸送路と輸送力を確保しようとするもので、ほかに田畑の灌漑、水車動力による工業の振興、市街地への防火用水の供給、飲料水の確保など多様な目標を掲げていた。第一疏水の建設は、八一年から府知事北垣国道《きたがきくにみち》が積極的に推進し、青年工学士田辺朔郎《たなべさくろう》の設計・指揮の下で、九〇年に第一期工事が完成する。中途で水車動力より水力発電の方が有利なことがわかったので、八九年には蹴上《けあげ》発電所の建設が組みこまれ、九一年に送電を開始した。この電力によってわが国初の市街電車を走らすことができた。

第三期は、三大事業といわれた「道路拡築・電鉄敷設《ふせつ》、上水道建設、第二疏水建設」など、都市のインフラ整備である。ちなみに、現在の京都のメインストリートが、江戸時代に東海道の西の起点だった三条通でないのは、明治になり三条通にいち早く郵便局や銀行など洋風の堅牢な建物が建ったため、狭い道幅を拡幅することが難しく、これを避けて四条通を南に広げたからである。

「古都」保存の始まり

三大事業と並行して、近代化一辺倒でなく、「都」であった記憶を活用し、「文化都市」を標榜することで活路を見いだすべし、という意見が台頭してきた。

これは行政における歴史都市の自覚であり、その早い試みが第四回内国勧業博覧会の開催に合わせての平安京遷都千百年紀念祭の実施、平安神宮の創設と平安京大極殿の復元(図8―1)、『平安通志』の刊行である。時代祭の創始などもある。

八九年、市制の施行によって京都市は京都府から分離するが、東京・京都・大阪は政治的に重要だとして、市長職は官撰の府知事が兼ねた。自治が与えられ自らの市長を選ぶ体制が実現したのは、九八年である。市会で選ばれた初代市長内貴《ないき》甚三郎《じんざぶろう》は、翌々年、市議会で「五十万以上百万の人口を作る京都となす」には、まず市域を拡大し、東・北・北西・西・南の各地域ごとに特色ある発展をめざすとの構想を示した。そのなかで「東方は風致保存の必要あり」として東山の景観保存を提唱していることは注目に値する。また京都は日本の公園の実質を備え、外国人が京都に来る目的は風致にあり、名所旧蹟にあり、外国人は日本に来るというよりも、むしろ京都に来るというのが至当であると述べ、「名勝旧蹟の保存は京都として決して放棄すべからざる事業なり」との見解を示した(『京都市会議事録』明治三三年)。

図 8-1　平安神宮の建立　手前が応天門，後方が大極殿(提供：平安神宮)

天皇制国家の副都

国家の側でも、近代天皇制による国民統合のため、「古都」を必要としていた。八七〜八八年(明治二〇〜二一)のころ、伊藤博文は「凡《およ》そ君主国の国民をして忠君愛国の念を起さしむるもの、其国の歴史に如《し》くものはなし。(中略)況《いわ》んや古《いにしへ》聖帝王の龍躅《りゅうちょく》(天子の徘徊)の地、若くは蒙塵《もうじん》(天子が都外に逃れること)の場所たるに於て、抑《そもそ》も亦《また》王家の歴史と共に保存するの必要あるをや。是を外国の例に問はんに、欧洲諸国殊に君主国に在《あり》て、到る所是等旧跡故地の保存せられざるはなし」(「御料地選定ニ関スル議」)と述べている。八九年成立の皇室典範《てんぱん》で、天皇の「即位ノ礼及大嘗祭」を京都でおこなうことが決まった(一一条)。その背景には、ロシアの首都は歴史の浅いペテルブルグだが、即位は旧都モスクワでおこなっていることが挙げられる。近代日本が世界の列強に伍してゆくには、歴史文化の面でも「大国」でなければならず、東京の近代天皇も、古都で即位し「千年の都」の伝統によって、世俗から隔絶した神聖さを演出する必要があったのである。このためにも京都を「古都」として保存する必要があった。東京が大日本帝国の首都なら、京都は副都としての位置づけである。

内貴市長が七条停車場(京都駅)と京都御所を結ぶ烏丸通を「行幸道路」として拡幅する計画を示したのも、天皇のひんぱんな京都来駕を期待し前提としたからである。そして、即位礼と大嘗祭が連続する国家儀式となった最初の事例は、一九一五年(大正四)の「大正大礼」であり、一九二八年(昭和三)には「昭和大礼」がおこなわれた。大正・昭和二度の天皇即位の「大礼」は、京都の都市インフラ整備のはずみになった。

その後の推移はもはや割愛せざるをえないが、京都は第二次大戦の戦災による被害をまぬがれて、歴史都市空間を大筋で戦後に引き継ぐことができた。この点について、年配の方なら、アメリカは文化財を護るため、京都を空襲対象からはずした、という話を聞いたことがあるだろう。しかし、近年の研究は、京都が原爆投下の第一目標に選定されていたという衝撃的事実を明らかにした。京都が選ばれたのは、適度な大きさの大都会、日本人にとって「宗教的意義をもった重要都市」、三方を山で囲まれた盆地だから爆風が最大の効果を発揮できるなどの理由からである。空襲がなかったのも、原爆の威力を正確に測定するため、通常の爆撃を一切禁止したからである。もし戦争終結がもう少し引き延ばされていたら、原爆の投下は実施されていたであろうし、「千年の都」はあとかたもなく地上から消え去っていただろう。悪夢というべきか強運というべきか、危ないところだった。

古都をまもるために

京都が市民の懸命の努力によって、明治初年の危機を乗り越えて発展してきたことは事実である。と同時に明治国家、天皇制国家の国策や保護により、全国に屹《きつ》立《りつ》する特権的な地位を享受してきたことも、否定できない。いや、古代よりこのかた京都の歴史のほとんどは、国家や権力と深い関係をたもってきた。というより国家そのものだった。

しかし二一世紀の今、京都が日本国家から特別の扱いを受け、それによって繁栄に向かうことはもはや期待できない。京都を愛する人びとの大多数も、いまさらこの街が国家の威光や後光を背負ったり、みずから国家の政策を実現するための手段になることを望んでいないに違いない。街の活性化のために積極的にそれを求めるべきだ、という意見も聞こえてくるが、しょせんは自力あっての他力である。

しかし、そのことと政府や自治体が、住民の声をうけとめながら、それぞれの地域の文化財の保存と公開、そのための援助・補助を進めてゆくこととは別ものであり、この点では今後ともますます努力がもとめられる。最後にわが国と京都市の文化財保護行政の推移について簡単にあとづけておきたい。

日本で文化財保護行政の基本的内容を一応もりこんだ法制の最初は、一八九七年(明治三〇)の古社寺保存法である。その後、一九一九年(大正八)には都市計画法・市街地建築物法が公布された。この両法が一体となって、わが国の近代的な都市計画行政が本格的に進められ、そのなかで京都の景観行政の重要な柱となってきた「風致地区」「美観地区」制度が確立した(二〇〇五年の景観法施行にともない、美観地区は景観地区に移行した)。両法はほぼ同時に制定された史蹟名勝天然紀念物保存法を補完する役割も果たすことになる。

昭和に入って、古社寺保存法に代わり、古社寺所有の物件以外にまで対象を広げた国宝保存法が制定され(一九二九年、昭和四)、さらに美術品の海外流出を防ぎ、適正な保存を図るための重要美術品等の保存に関する法律（一九三三年）が制定され、文化財保護法制は大きな前進をみせるにいたった。京都の風致地区も、一九三四年段階で市域面積の二七パーセントに達し、東京・大阪の〇・三パーセント、九・四パーセントをはるかに凌駕した。

しかし、これらも第二次大戦後の時代の変化の中で不備がめだつようになり、とくに一九四九年の法隆寺金堂の炎上による壁画の焼失を契機に、文化財保護行政の強化・充実がめざされ、現行の文化財保護法が成立。史蹟名勝天然紀念物保存法以下の旧法はこれに引き継がれた。

一九六〇年代の高度経済成長期に入ると、全国各地で開発による歴史的環境の破壊が社会問題化する。京都をゆるがせたのは、六四年に建設が進められた京都駅前の京都タワー建設計画であり、同年に起こった双ヶ丘開発計画などだった。前者は大論争をまきおこしたが結局完成し、後者は保存に成功するが、これら反対運動の盛り上がりは、鎌倉の鶴岡八幡宮裏山開発反対運動などと連携し、それがきっかけとなって六六年、古都保存法が制定された。京都・奈良・鎌倉など国民に継承されるべき古都の歴史的風土を保存するための法律である。文化財保護法などが重点的な物の保護であったのにたいし、同法は文化財の広域保存を内容とする法的措置である点に特色がある。その内容および運用について各種の批判があるが、半世紀にわたって一定の役割を果たしてきたことは否定できない。

原則として撤廃される。京都では、翌年「まちづくり構想」が発表され、三山三川の自然や文化財周辺、歴史的町並み地区の保全と、市街地における高層建築物などについて、景観との調和をはかることがうたわれた。そして七二年には、その趣旨を具体化した京都市市街地景観整備条例が制定される。これにより独自制度として、産寧坂（三年坂）地区、祇園新橋地区が、歴史的町並み保存のための歴史的景観保全修景地区として指定された。二地域は七五年に文化財保護法改正により伝統的建造物群保存地区制度ができると、その「特に価値の高い」重要伝統的建造物群保存地区に指定され、のちこれに嵯峨鳥居本および上賀茂地区が加わった（合計面積約一四・九ヘクタール）。

古都、京都の行方

しかし、バブル経済などをきっかけに、京都でも景観の劣化や都市魅力の減退が深刻さをまし、新たな対応にせまられるようになる。京都は敷地の高度地区制限で、高さ四五メートル（第六種高度地区）ないし三一メートル（第五種高度地区）に制限されていた。そこへ六〇メートルの京都ホテルオークラやJR京都駅ビルといった高層建築が建つことが明らかになって、景観論争が起こった。

さらにその後の長く続く不況や首都圏一極集中により、京都の地盤沈下もいちじるしく、それがため地域経済の挽回を望む事業的・商業的欲求も盛んで、たとえば、三条から四条までの河原町通などは、一段とけばけばしい変貌をとげている。京のヘソといわれる池坊の六角堂などは、三方のビルの谷底に位置するが、プロのカメラマンはそれらを巧みに避けて撮影する。その写真を使用した京都もの出版物や旅行案内書などを見ると、あたかも景観が保存されているかのように錯覚する。そして現地を訪れてはじめてあぜんとする。同様のことはいくらでもあり、よかれと思うことが、虚像をふりまく結果になっているのが残念であり、悲しくもある。

このままでは、いやすでにそうなっているかもしれないが、年間五〇〇〇万人と言われる京都の観光客に、これが古都か！という失望を与えるのは必至だろう。いまほど京都内外、住民・行政の知恵を集めた、地道でより実効ある対策が求められているときはない。

あとがき

平安時代中期の天皇の日常生活の場は、内裏の清涼殿である。古典文学でここが舞台となるもっとも印象的な場面は、「清涼殿の丑寅の隅の」で始まる『枕草子』第二一段だろう。前半は例によって彼女の機転で中宮定子の賞賛を得る話であるが、筆者が本好きが昂じて変り者視されていた高校生のころ、古典の授業でこの段にさしかかった。冒頭部分の「高欄のもとに青きかめの大きなるをすゑて、桜の、いみじうおもしろき枝の五尺ばかりなるを、いとおほくさしたれば、高欄の外《と》まで咲きこぼれたる昼方《ひるかた》」というくだりに心惹かれた。うららとのどかな陽光の下、青磁の瓶にさした桜が咲きこぼれる絵画的な情景を思い浮かべながら、教室で陶然となっていたことを覚えている。それは清少納言が中宮のもとに出仕して間もない正暦五年(九九四)の春、主家の中関白家《なかのかんぱくけ》が大いに盛んだったころ、と考えられている。

ところがずっとのちに、この年が平安京にとってどんな年だったのかを知り、愕然となった。都では前年以来流行していた疫病が一段と激しくなり、「死亡の者多く路頭に満ち、往還の過《か》客《きゃく》鼻を掩《ふさ》ぎこれを過ぐ、烏犬食に飽き、骸骨巷を塞ぐ」(『本朝世紀』四月二四日条)、「京師死者過半、五位以上六十七人」(『日本紀略』同年七月末条)という空前の惨状を呈していた。それは幸い日本史の大学教員に採用され、さらに一五年ほどもたち、歳だけはもはや中堅という年ごろだった。清涼殿の光景が清少納言の描いた通りのものだったかどうかは別にして、大内裏外では、間違いなく地獄絵巻がくりひろげられていた。そのはなはだしい落差を思い覚らされて以来、平安京・京都一二〇〇年の「光と影」を過不足なく描くのが、私のいくつかある努力目標の一つになった。

* * *

筆者が、同志社大学文学部・大学院文学研究科で、とくにお世話になった秋山國三《くにぞう》・仲村研《けん》両先生、富井康夫・黒田紘一郎両先輩は、すべて故人になってしまわれたが、いずれも京都史の研究者として多くの業績を残された方々である。とくに秋山先生は、京都帝国大学文学部の卒業論文以来、生涯かけて京都の「町」の歴史を研究された。そして第二次大戦末期の一九四四年、『公同《こうどう》沿革史』上巻を刊行されている。

書名の公同とは、京都に存在した公同組合のことで、戦国期から一八八九年(明治二二)まで続いた町組制度が廃止されたのち、一八九七年市民の要望によって再生されたものである。その公同組合は、さらに一九四〇年（昭和一五）、国からの通達により解散させられ、町内会に編成されていった。それで解散を機に、公同組合成立にいたる「町」の歴史を書き残そうという気運が起こり、公同組合連合会事務所からの要請をうけて、まだ三〇代、気鋭の先生が、町組廃止までの三〇〇年の歴史を執筆されたのである。

刊行時は、自由な思想や学問研究が厳しく弾圧された戦時下である。その中にあって、『公同沿革史』上巻は、都市自治の発展を克明に明らかにし、戦後花開く京都都市史研究の、ゆるぎない基礎となった。参考文献にあげた先生の『近世京都町組発達史』という大著は、その改訂版で、先生ご自身では改訂作業を仕上げられることなく、一九七八年、突然長逝された。

筆者はよき教え子とはとてもいえないが、このたび岩波新書編集部の古川義子さんのお勧めで、本書を執筆することになった。前著『平家の群像　物語から史実へ』以来の巧みなリードに応えるべく、自分なりに努めたつもりだが、もし秋山先生がご存命でも、お褒めにあずかることは決してないだろう。いつも温顔の先生の「髙橋は、口ばかり達者だからなあ」との適評が、いまだに耳に残っている。

なお本書執筆時に、僭越ながら越えるべき大目標と定めたのは、半世紀以上前に刊行された林屋辰三郎氏の岩波新書『京都』である。同時に本書の、京都を「千年の都」と観念するようになる上で、寛永期の文化や著名寺社の再建ラッシュが大きかったという箇所は、林屋氏から学んだもので、卓見だと思う。また京都歴史地理同考会を主宰する中村武生氏に呼びかけて、氏のもとに集う市民の皆さんと、「林屋氏の『京都』を読む会」を続け、いろいろ意見交換ができたことは、とてもためになった。さらに研究仲間として同会に参加された同志社女子大学の山田邦和氏には、本書の地図・図版をはじめとして、大変なご協力をいただいた。記してあつくお礼申し上げたい。

二〇一四年七月三〇日

髙橋昌明

文献一覧

平安京や京都にかんする研究には膨大なものがある。本書は、これらから学ぶことなしには、一頁たりとも書くことはできなかった。それらすべてを紹介することは不可能であるので、本書執筆にかかわって、直接学ばせていただいた、それも主な研究を挙げるにとどめた。紹介できなかったもののなかにも重要なお仕事はほんとうに多いが、新書という書物の性格上、割愛せざるをえなかった。非礼を深くおわびし、事情ご海容いただきたく思う。

○本書に直接かかわる筆者の関係論文・論稿

「洛中洛外図が描かれるとき」「よごれの中の京都」髙橋昌明編『朝日百科　日本の歴史別冊　歴史を読みなおす12　洛中洛外　京は〝花の都〟か』朝日新聞社、一九九四年
「平家の館について——六波羅・西八条・九条の末」「六波羅幕府再論」髙橋昌明『平家と六波羅幕府』東京大学出版会、二〇一三年
「養和の飢饉、元暦の地震と鴨長明」『文学』隔月刊一三巻二号、岩波書店、二〇一二年

「大内裏の変貌――平安末から鎌倉中期まで」髙橋昌明編『院政期の内裏・大内裏と院御所』文理閣、二〇〇六年
「西国地頭と王朝貴族――安芸国沼田荘地頭小早川氏の場合」『日本史研究』二三一号、一九八一年
「中世の身分制」髙橋昌明『中世史の理論と方法――日本封建社会・身分制・社会史』校倉書房、一九九七年
「ワンパターンの京都像を克服しよう」『歴史評論』五三三号、一九九四年
「日本前近代首都論の構築のために」『日本史研究』四七六号、二〇〇二年

○その他、参考にした著書・論文

全体にかかわるものとして
京都市編『京都の歴史』全一〇巻、京都市史編さん所、一九七〇～一九七六年
『日本歴史地名大系27　京都市の地名』平凡社、一九七九年
秋山國三・仲村研『京都「町」の研究』法政大学出版局、一九七五年
財団法人古代学協会・古代学研究所編『平安京提要』角川書店、一九九四年などがある。

序（以下各章ごとに）

小林大祐「大報恩寺本堂」『週刊朝日百科 日本の国宝』六一号、一九九八年

第一章

京都市考古資料館・特定非営利活動法人NPO平安京編「文化財・遺跡ウォーク平安京ガイド」二〇一一年
辻 祐司「平安前期の京の町」髙橋昌明編『洛中洛外 京は〝花の都〟か』(前掲)
西山良平『都市平安京』京都大学学術出版会、二〇〇四年
橋本義則『平安宮成立史の研究』塙書房、一九九五年
山田邦和「「前期平安京」の復元」同『京都都市史の研究』吉川弘文館、二〇〇九年
吉川真司『天皇の歴史02 聖武天皇と仏都平城京』講談社、二〇一一年

第二章

大山喬平「中世の身分制と国家」同『日本中世農村史の研究』岩波書店、一九七八年
瀬田勝哉「中世の祇園御霊会——大政所御旅所と馬上役制」同『[増補]洛中洛外の群像——失われた中世京都へ』平凡社ライブラリー版、二〇〇九年
戸田芳實「王朝都市論の問題点」同『初期中世社会史の研究』東京大学出版会、一九九一年
西山良平『都市平安京』(前掲)

藤田勝也・古賀秀策編『日本建築史』昭和堂、一九九九年
目崎徳衛『王朝のみやび』吉川弘文館、一九七八年
山田邦和『京都都市史の研究』(前掲)
吉川真司『天皇の歴史02　聖武天皇と仏都平城京』(前掲)

第三章

上原真人「院政期平安宮──瓦からみた」髙橋昌明編『院政期の内裏・大内裏と院御所』(前掲)
川端　新『荘園制成立史の研究』思文閣出版、二〇〇〇年
財団法人京都市埋蔵文化財研究所監修『平清盛──院政と京の変革』ユニプラン、二〇一二年
佐藤進一『日本の中世国家』岩波現代文庫、二〇〇七年
髙橋康夫「町家」小泉和子ほか編『絵巻物の建築を読む』東京大学出版会、一九九六年
冨島義幸「八角九重の幻の塔」上田篤編『五重塔はなぜ倒れないか』新潮選書、一九九六年
冨島義幸『平等院鳳凰堂──現世と浄土の間』吉川弘文館、二〇一〇年
本郷恵子「中世における政務運営と諸官司の空間」髙橋昌明編『院政期の内裏・大内裏と院御所』(前掲)
美川　圭『院政──もう一つの天皇制』中公新書、二〇〇六年

第四章
馬田綾子「東寺領巷所——荘園領主による都市支配の一考察」『日本史研究』一五九号、一九七五年
木内正広「鎌倉幕府と都市京都」『日本史研究』一七五号、一九七七年
木村英一「六波羅探題の成立と公家政権」『ヒストリア』一七八号、二〇〇二年
木村英一「王権・内裏と大番」髙橋昌明編『院政期の内裏・大内裏と院御所』(前掲)
井ヶ田良治ほか編『黒田俊雄著作集』第二巻〜第四巻、法蔵館、一九九四〜九五年
髙橋慎一朗「「武家地」六波羅の成立」同『中世の都市と武士』吉川弘文館、一九九六年
丹生谷哲一「検非違使とキヨメ」同『[増補]検非違使——中世のけがれと権力』平凡社ライブラリー、二〇〇八年
原田正俊『日本中世の禅宗と社会』吉川弘文館、一九九八年
三枝暁子「中世犬神人の存在形態」同『比叡山と室町幕府——寺社と武家の京都支配』東京大学出版会、二〇一一年

第五章
伊藤　毅「中世都市と寺院」高橋康夫・吉田伸之編『日本都市史入門Ⅰ　空間』東京大学出版会、一九八九年
上島　有『中世花押の謎を解く——足利将軍家とその花押』山川出版社、二〇〇四年

小川剛生『足利義満——公武に君臨した室町将軍』中公新書、二〇一二年
片平博文・吉越昭久編「京都歴史災害年表」『京都歴史災害研究』六号、立命館大学歴史都市防災研究センター・京都歴史災害研究会、二〇〇六年
河内将芳「柳酒屋について」同『中世京都の民衆と社会』思文閣出版、二〇〇〇年
河内将芳『祇園祭の中世——室町・戦国期を中心に』思文閣出版、二〇一二年
桜井英治「職人・商人の組織」同『日本中世の経済構造』岩波書店、一九九六年
下坂　守『京を支配する山法師たち——中世延暦寺の富と力』吉川弘文館、二〇一一年
瀬田勝哉『［増補］洛中洛外の群像』（前掲）
髙橋康夫「室町期京都の都市空間——室町殿と相国寺と土御門内裏」『中世都市研究』九号、新人物往来社、二〇〇四年
千葉徳爾『はげ山の文化』学生社、一九七三年
早島大祐「中世後期社会の展開と首都」同『首都の経済と室町幕府』吉川弘文館、二〇〇六年
宮上茂隆「金閣寺」同『日本名建築写真選集11——金閣寺・銀閣寺』新潮社、一九九二年
村井康彦『茶の文化史』岩波新書、一九七九年
山田邦和『日本中世の首都と王権都市——京都・嵯峨・福原』第四章、文理閣、二〇一二年
呂　晶淼「十〜十六世紀の東アジアにおける扇の流通と伝播」中島楽章・伊藤幸司編『寧波と博多』汲古書院、二〇一三年

第六章

河内将芳『秀吉の大仏造立』法蔵館、二〇〇八年
河内将芳『信長が見た戦国京都――城塞に囲まれた異貌の都』洋泉社、二〇一〇年
黒田日出男『謎解き 洛中洛外図』岩波新書、一九九六年
瀬田勝哉「公方の構想――上杉本『洛中洛外図』の政治秩序」『[増補]洛中洛外の群像』(前掲)
瀬田勝哉「秀吉が果たせなかった花見――伏見向島の植樹とその後」『中世都市研究』一二号、新人物往来社、二〇〇六年
髙橋康夫「戦国動乱と京の都市空間」同『京都中世都市史研究』思文閣出版、一九八三年
富田正弘「戦国期の公家衆」『立命館文学』五〇九号、一九八八年
仁木 宏『京都の都市共同体と権力』思文閣出版、二〇一〇年
日本史研究会編『豊臣秀吉と京都――聚楽第・御土居と伏見城』文理閣、二〇〇一年
野地英俊「中世後期京都における参詣の場と人」『新しい歴史学のために』二八二号、二〇一三年
早島大祐『首都の経済と室町幕府』第三部(前掲)
藤井讓治編『織豊期主要人物居所集成』思文閣出版、二〇一一年

第七章

秋山國三『近世京都町組発達史』法政大学出版局、一九八〇年
小田美鈴「京都における観光空間の歴史的変遷」『京都に学ぶ――立命館京都学の挑戦』立命館大学文学部京都学プログラム、二〇一三年
鎌田道隆『近世都市・京都』角川書店、一九七六年
熊倉功夫「桂離宮」同『寛永文化の研究』吉川弘文館、一九八八年
熊倉功夫『後水尾天皇』岩波同時代ライブラリー、一九九四年
佐藤　里『昭和・平成の大修復全記録――桂離宮の建築』木耳社、一九九九年
杉森哲也「近世京都における町代の成立について」『史学雑誌』九八編一〇号、一九八九年
仲町啓子『もっと知りたい尾形光琳――生涯と作品』東京美術、二〇〇八年
仲町啓子監修『すぐわかる琳派の美術【改訂版】』東京美術、二〇一二年
中村武生『京都の江戸時代をあるく』文理閣、二〇〇八年
林　進「宗達を検証する――宗達の居住地、及び宗達の社会的基盤について」『美術史論集』一三号、二〇一三年
藤井譲治『徳川家光』吉川弘文館、一九九七年
藤井譲治『近世史小論集――古文書とともに』思文閣出版、二〇一二年
藤田　覚『松平定信――政治改革に挑んだ老中』中公新書、一九九三年

古田　亮『俵屋宗達――琳派の祖の真実』平凡社新書、二〇一〇年
丸山俊明『京都の町家と町なみ』昭和堂、二〇〇七年
村重　寧『もっと知りたい俵屋宗達――生涯と作品』東京美術、二〇〇八年
目崎徳衛『漂泊――日本思想史の底流』角川選書、一九七五年
山近博義「近世名所案内記類の特性に関する覚書――「京都もの」を中心に」『地理学報』三四号、一九九九年
渡辺　保『江戸演劇史(上)』講談社、二〇〇九年

結　び

刈谷勇雅『京都――古都の近代と景観保存』至文堂、二〇〇五年
小林丈広『明治維新と京都――公家社会の解体』臨川選書、一九九八年
高木博志「日本の近代化と皇室儀礼――一八八〇年代の「旧慣」保存」『日本史研究』三二〇号、一九八九年
吉田守男『京都に原爆を投下せよ――ウォーナー伝説の真実』角川書店、一九九五年

考古学の発掘情報については、財団法人京都市埋蔵文化財研究所編『つちの中の京都1〜4』や同研究所編の『調査報告』、年次毎の『発掘概報』・『年報』、その時々の「現地説明会資料」などを随時参照した。

図版出典一覧

（「文献一覧」に記載があるものについては、書誌を割愛する）

図1―4、1―8、3―3／『平安京提要』

図1―7、2―1、2―2、3―2、3―11／京都市編・発行『甦る平安京　平安建都1200年記念』一九九四年

図1―9／(財)京都市埋蔵文化財研究所編・発行『つちの中の京都』一九九六年

図1―11、3―8、3―10、4―3、8―1／『洛中洛外　京は〝花の都〟か』

図2―3／奈良国立文化財研究所編・発行『奈良国立文化財研究所年報』一九九二年

図2―5、5―3、6―2、6―4／岡見正雄・佐竹昭広『標注　洛中洛外屛風　上杉本』岩波書店、一九八三年

なお洛中洛外図屛風について、下京隻を右隻、上京隻を左隻と呼ぶのがかなり一般的であることは承知しているが、本書では「上京(右隻)」、下京(左隻)」(本文一八四頁一行目)とした。洛中洛外図屛風は本来、上京隻・下京隻を横に並べるのではなく、両者を向かい合わせるように置き、屛風の端で両隻の真ん中にいて観ると、京都が一望できるように描かれている。これを東京国立博物館の特別展「京都――洛中洛外図と障壁画の美」(二〇一三年)では、観る者は京都を北から南に見通す位置にいる

ものとし、東山が描かれた下京隻を左に、金閣寺や嵐山が描かれた上京隻を右に置き、つまり下京隻を左隻、上京隻を右隻と呼んで展示の解説をおこなった。この屏風の置き方および左右隻の呼び方が合理的だと判断し、本書ではこれを踏襲して叙述した。

図3—7／『院政期の内裏・大内裏と院御所』
図3—9／長岡京市史編さん委員会編『長岡京市史』本文編第一巻、一九九一年
図4—2／中世都市研究会編『中世都市研究12　中世のなかの「京都」』新人物往来社、二〇〇六年
図5—5／京都市埋蔵文化財研究所発掘調査報告『平安京左京五条三坊九町跡・烏丸綾小路遺跡』二〇〇八年
図5—2、6—6／中世都市研究会編『中世都市研究9　政権都市』新人物往来社、二〇〇四年
図6—1／髙橋康夫ほか編『図集日本都市史』東京大学出版会、一九九三年
図7—2／『京都の町家と町なみ』
図7—3／『平凡社世界大百科事典』(二〇〇七年版)「庭園」

主要地名・建物名索引

あ 行

か 行

さ 行

た 行

な 行

は 行

ま 行

や 行

ら 行

高橋昌明

1945年高知市に生まれる
1969年同志社大学大学院文学研究科修士課程修了．滋賀大学教育学部教授，神戸大学大学院人文学研究科教授を経て
現在－神戸大学名誉教授　博士(文学，大阪大学，2002年)
専攻－日本中世史
著書－『武士の成立　武士像の創出』(東京大学出版会)，『平家の群像　物語から史実へ』(岩波新書)，『[増補・改訂]清盛以前――伊勢平氏の興隆』(平凡社ライブラリー)，『平家と六波羅幕府』(東京大学出版会)，『洛中洛外　京は“花の都”か』(文理閣)，『武士の日本史』(岩波新書)，『定本　酒呑童子の誕生――もうひとつの日本文化』(岩波現代文庫)，『都鄙大乱――「源平合戦」の真実』(岩波書店)，『増補　平清盛　福原の夢』(岩波現代文庫)ほか

京都〈千年の都〉の歴史　　岩波新書(新赤版)1503

2014年9月19日　第1刷発行
2024年12月13日　第12刷発行

著　者　高橋昌明《たかはしまさあき》

発行者　坂本政謙

発行所　株式会社　岩波書店
〒101-8002 東京都千代田区一ツ橋2-5-5
案内 03-5210-4000　営業部 03-5210-4111
https://www.iwanami.co.jp/

新書編集部 03-5210-4054
https://www.iwanami.co.jp/sin/

印刷製本・法令印刷　カバー・半七印刷

ISBN 978-4-00-431503-2　　Printed in Japan

岩波新書新赤版一〇〇〇点に際して

ひとつの時代が終わったと言われて久しい。だが、その先にいかなる時代を展望するのか、私たちはその輪郭すら描きえていない。二〇世紀から持ち越した課題の多くは、未だ解決の緒を見つけることのできないままであり、二一世紀が新たに招きよせた問題も少なくない。グローバル資本主義の浸透、憎悪の連鎖、暴力の応酬——世界は混沌として深い不安の只中にある。

現代社会においては変化が常態となり、速さと新しさに絶対的な価値が与えられた。消費社会の深化と情報技術の革命は、種々の境界を無くし、人々の生活やコミュニケーションの様式を根底から変容させてきた。ライフスタイルは多様化し、一面では個人の生き方をそれぞれが選びとる時代が始まっている。同時に、新たな格差が生まれ、様々な次元での亀裂や分断が深まっている。社会や歴史に対する意識が揺らぎ、普遍的な理念に対する根本的な懐疑や、現実を変えることへの無力感がひそかに根を張りつつある。そして生きることに誰もが困難を覚える時代が到来している。

しかし、日常生活のそれぞれの場で、自由と民主主義を獲得し実践することを通じて、私たち自身がそうした閉塞を乗り超え、希望の時代の幕開けを告げてゆくことは不可能ではあるまい。そのために、いま求められていること——それは、個と個の間で開かれた対話を積み重ねながら、人間らしく生きることの条件について一人ひとりが粘り強く思考することではないか。その営みの糧となるものが、教養に外ならないと私たちは考える。歴史とは何か、よく生きるとはいかなることか、世界そして人間はどこへ向かうべきなのか——こうした根源的な問いとの格闘が、文化と知の厚みを作り出し、個人と社会を支える基盤としての教養となった。まさにそのような教養への道案内こそ、岩波新書が創刊以来、追求してきたことである。

岩波新書は、日中戦争下の一九三八年一一月に赤版として創刊された。創刊の辞は、道義の精神に則らない日本の行動を憂慮し、批判的精神と良心的行動の欠如を戒めつつ、現代人の現代的教養を刊行の目的とする、と謳っている。以後、青版、黄版、新赤版と装いを改めながら、合計二五〇〇点余りを世に問うてきた。そして、いままた新赤版が一〇〇〇点を迎えたのを機に、人間の理性と良心への信頼を再確認し、それに裏打ちされた文化を培っていく決意を込めて、新しい装丁のもとに再出発したいと思う。一冊一冊から吹き出す新風が一人でも多くの読者の許に届くこと、そして希望ある時代への想像力を豊かにかき立てることを切に願う。

（二〇〇六年四月）

岩波新書より

日本史

古墳と埴輪	和田晴吾
〈一人前〉と戦後社会	沼尻晃伸・禹宗杬
豆腐の文化史	原田信男
桓武天皇	瀧浪貞子
読み書きの日本史	八鍬友広
日本中世の民衆世界	三枝暁子
森と木と建築の日本史	海野聡
幕末社会	須田努
江戸の学びと思想家たち	辻本雅史
上杉鷹山 「富国安民」の政治	小関悠一郎
藤原定家『明月記』の世界	村井康彦
性からよむ江戸時代	沢山美果子
景観からよむ日本の歴史	金田章裕
律令国家と隋唐文明	大津透
伊勢神宮と斎宮	西宮秀紀
百姓一揆	若尾政希
給食の歴史	藤原辰史
大化改新を考える	吉村武彦
江戸東京の明治維新	横山百合子
戦国大名と分国法	清水克行
東大寺のなりたち	森本公誠
武士の日本史	髙橋昌明
五日市憲法	新井勝紘
後醍醐天皇	兵藤裕己
茶と琉球人	武井弘一
近代日本一五〇年	山本義隆
語る歴史、聞く歴史	大門正克
義経伝説と為朝伝説 日本史の北と南	原田信男
出羽三山 山岳信仰の歴史を歩く	岩鼻通明
日本の歴史を旅する	五味文彦
一茶の相続争い	高橋敏
鏡が語る古代史	岡村秀典
日本の近代とは何であったか	三谷太一郎
戦国と宗教	神田千里
古代出雲を歩く	平野芳英
自由民権運動 〈デモクラシー〉の夢と挫折	松沢裕作
風土記の世界	三浦佑之
京都の歴史を歩く	小林丈広・高木博志・三枝暁子
蘇我氏の古代	吉村武彦
昭和史のかたち◆	保阪正康
「昭和天皇実録」を読む◆	原武史
生きて帰ってきた男	小熊英二
遺骨 戦没者三一〇万人の戦後史	栗原俊雄
在日朝鮮人 歴史と現在	水野直樹・文京洙
京都〈千年の都〉の歴史	高橋昌明
唐物の文化史◆	河添房江
小林一茶 時代を詠んだ俳諧師	青木美智男
信長の城	千田嘉博
出雲と大和	村井康彦
女帝の古代日本◆	吉村武彦
古代国家はいつ成立したか	都出比呂志